Marion Ritz-Valentin

Die Wiedergeburt des Goldenen Zeitalters

W0282819

NEUE ERDE

1. Auflage 2009

Marion Ritz-Valentin
Die Wiedergeburt des Goldenen Zeitalters

© Marion Ritz-Valentin/Neue Erde GmbH 2009
Alle Rechte vorbehalten.

Titelseite:
Foto: Edward Parker, Eva Rischar
Gestaltung: Dragon Design, GB

Satz und Gestaltung:
Dragon Design, GB
Gesetzt aus der Sabon

Gesamtherstellung: L.E.G.O. S.p.A. Lavis (TN)

Printed in Italy

ISBN 978-3-89060-535-7

Neue Erde GmbH
Cecilienstr. 29 · 66111 Saarbrücken · Deutschland · Planet Erde
www.neue-erde.de

Inhalt

Das Mondzeichen ☽ kennzeichnet die Botschaften der sibirischen Schamaninnen

Das Sonnenzeichen ● kennzeichnet das Leben vor 5000 Jahren

Liebe ist kein Gefängnis. Im Gegenteil, Liebe ist ein offener Hafen, in dem immer frischer Wind weht – pure Lebendigkeit.

Wir sollten nicht glauben, die Liebe festhalten zu können. Wenn wir versuchen, die Liebe zu halten, nehmen wir ihr die Luft zum Atmen, und sie stirbt.

Wahrhaftige Liebe ist frei und fließt, wohin sie will. Sie hat keine Grenzen und läßt sich nicht begrenzen. Sie grenzt nicht ein und schließt nicht aus. Sie fordert nicht ein und erzwingt nichts. Sie ist das Strömen des Lebens selbst.

Sie ergießt sich in jede Form und läßt jede Form materialisieren.

Sie öffnet unsere Augen für die Schönheit des Lebens und unsere Körper für Gefühle und Empfindungen, die wir sonst nie wahrnehmen würden.

Liebe ist das Elixier des Lebens, unser kostbarstes Gut. Sind wir großzügig damit und verschenken es reichlich, so wird es reichlich zu uns zurückkehren. Sind wir aber sparsam und vorsichtig damit, wollen wir es horten und schützen, so wird der Fluß unserer Liebe versiegen. Wir werden austrocknen, und kümmerlich wird unser Leben sein.

Seien wir also strahlend und freigiebig in unserer Liebe. Öffnen wir unsere Herzen weit. Unsere Herzen sind stark, sie wollen gefordert sein – sie wollen lieben. Unsere Herzen haben keine Angst vor der Liebe, sie fürchten nur unsere Kleinlichkeit.

Also öffnen wir uns und fürchten uns nicht. Wenn wir uns wahrhaftig öffnen, wird uns geholfen werden.

VORWORT

Ich möchte mich, gemeinsam mit Ihnen, auf die Suche nach dem Goldenen Zeitalter begeben, einer Zeit, die es wirklich einmal gegeben hat und aus der wir – an diesem besonderen Punkt der Menschheitsgeschichte – wertvolle Informationen für das Überleben auf und mit dem Planeten Erde schöpfen können. Dieses Buch zu schreiben war für mich eine der schwierigsten Aufgaben meines Lebens. Ich wurde aus der Jetztzeit in ein vergangenes Leben geworfen, indem ich ein vor 5000 Jahren gegebenes Versprechen einlöste. Ich brauchte drei Jahre, um meine Gedanken und Gefühle zu ordnen und zwei sehr unterschiedliche Lebenskonzepte in Einklang zu bringen. Die Botschaften, die ich bekam, stammen von verschiedenen Bewußtseinsebenen, es waren Visionen, Träume, schriftliche Durchgaben von der anderen Ebene und wissenschaftliche Studien, die mir in die Hand fielen.

Jede Ebene hat ihre eigene Sprache und Ausdruckskraft und läßt sich nicht so ohne weiteres in die Schriftsprache übersetzen. Andererseits wollte ich gerne zeigen, von wie vielen Seiten die Botschaften auf mich zukamen, bis ich schließlich sicher war, daß hier tatsächlich in mir ein anderes Zeitalter in die Gegenwart durchbricht. Ich habe mich daher entschieden, das Buch wie ein Kaleidoskop aufzubauen. Je nach dem, an welcher Stelle Sie es aufschlagen, befinden Sie sich in der Vergangenheit vor 5000 Jahren, in der Gegenwart, in der möglichen Zukunft oder in meiner oder ihrer eigenen Traumwelt. Um die Orientierung zu erleichtern, tragen die Botschaften der sibirischen Schamaninnen einen blauen Rand und die Visionen aus meinem Leben als Priesterin vor 5000 Jahren einen roten Rand. Sie finden auch Übungskapitel, die Ihnen helfen, Ihre Wahrnehmung für die schöpferische Vitalkraft der Erde zu erweitern und eine liebevollere und erfülltere Sexualität in Ihr Leben einziehen zu lassen. Sexualität wird als natürlicher Zugang zur spirituellen Welt beschrieben.

Ich habe mich bemüht, die völlig andere Erfahrungswelt eines Menschen der Jungsteinzeit in die Sprache der modernen westlichen Welt zu übersetzen. Die Botschaften wurden mir als Gefühle und Bilder übermittelt. Für viele dieser Gefühle gibt es in unserer modernen Sprache keine Ausdrücke, so daß auch ich auf Bilder zurückgreifen mußte. Die meisten Worte, die wir heute verwenden, gab es vor 5000 Jahren nicht. Die Menschen dachten mehr in Bildern und redeten insgesamt weniger als wir. Viele Botschaften wurden telepathisch übermittelt. Gemeinsam erlebte Ereignisse brauchte man auch nicht zu besprechen, weil sowieso alle Beteiligten im selben Wahrnehmungsfeld waren und sich nicht gegenseitig versichern mußten, dasselbe zu fühlen. Ich habe daher an einer Stelle eine besondere Form gewählt, um Sie am Leben vor 5000 Jahren teilhaben zu lassen: Ich nehme Sie bei der Hand und lasse Sie mit mir selbst dort Erfahrungen sammeln. Sie können sich so leichter in die andersartige Erlebniswelt hineinversetzen.

Die Geschichte, die ich erzählen werde, hat mein Leben völlig verändert. Ich wurde gezwungen, mein scheinbar perfektes Leben zu verlassen. Ich hatte einen engagierten Lebenspartner, der sich liebevoll um unsere beiden Kinder kümmerte und mich in meinem Beruf als Musikerin und bei meinen spirituellen Experimenten unterstützte. Ich besaß ein wunderschönes Jugendstilhaus mit Palisanderholzböden und Meditationsraum. Trotz meiner Gegenwehr konnte ich all das nicht halten. Ich wurde auf die Frage zurückgeworfen, wer ich wirklich bin. Im Nachhinein kommt es mir so vor, als hätte es eine festgelegte Dramaturgie gegeben. Alle Personen standen an ihren Plätzen bereit, um zum richtigen Zeitpunkt in das Geschehen einzugreifen. Mit zeitlichem Abstand erscheint mir alles wie ein durchdachter Plan, eine göttliche Inszenierung, bei der die beteiligten Menschen mitgewirkt haben. Ich hoffe, daß andere Menschen, die zur Zeit ähnliche Botschaften empfangen wie ich, durch dieses Buch bestärkt werden in ihrem Weg.

Marion Ritz-Valentin

»Vielleicht erinnert ihr euch nicht,
Und dennoch will ich euch sagen:
Irgend jemand wird in einer kommenden Zeit
an uns denken.«

Sappho, Dichterin, Komponistin, Musikerin,
Lehrerin, Priesterin der Aphrodite, 7. Jahrhundert v.Chr.

EINLEITUNG

Erdbeben, Stürme, Flutwellen: Viele Menschen spüren, daß die Belastung der Erde dabei ist, einen kritischen Punkt zu überschreiten. Die Gegenbewegung kommt zögerlich, die Zeit drängt. Wie kann sich das Bewußtsein der Menschen ändern? Sind wir zu retten oder sollten wir besser untergehen? Sind wir ein Fehler der Natur? Oder sind wir Kinder der Erde? In dieser unsicheren Situation drängen mit Macht Informationen alter Kulte in unser Bewußtsein. Sie kommen aus der Frühgeschichte der Menschheit und erreichen breite Bevölkerungskreise. Es geht um weibliche Spiritualität, Anbindung an die Schöpfungsgeschichte der Erde und Heiligung der Sexualität. Die Erde ruft um Hilfe, und gleichzeitig bietet sie uns Hilfe an, indem sie Visionen und Traumbotschaften übermittelt, die uns Menschen zeigen, wie wir den nächsten Entwicklungsschritt gehen können. Auf verschiedenen Stellen der Erde kommen zur Zeit Informationen in das Bewußtsein der Menschen, die ähnliche Botschaften enthalten:

1. Es gab um die Erde früher eine goldene Gitternetzstruktur, die zerstört wurde. Dieses goldene Gitternetz muß wieder aufgebaut werde. Die Knotenpunkte sind Menschen.
2. Alle Leiden sind durch das blaue Licht, das aus dem Herzen strömt, zu heilen.
3. Es gibt kein Gut und kein Böse. Licht und Dunkel sind gleichwertig.
4. Die Erde ist ein lebendiger Organismus. Sie hat Teil an uns, und wir sind ein Teil von ihr.
5. Die Erde braucht unsere Hilfe, so wie wir ihre Hilfe brauchen – gerade jetzt.
6. Der weibliche Aspekt muß in unsere Vorstellung von Göttlichkeit integriert werden. Sexualität muß wieder heilig werden.

Die Visionen, die für dieses Buch den Anstoß gaben, beziehen sich auf die alten Kulte. Beschrieben werden Fruchtbarkeitsriten und Heilungszeremonien aus vorgeschichtlichen Zeiten, und es werden Parallelen zu unserem heutigen Leben aufgezeigt und Möglichkeiten, das alte Wissen in unser modernes Leben zu integrieren. Der geschilderte Einweihungsweg – der Einweihungsweg der Autorin – ging durch die Sexualität, getragen von einem umfassenden Mitgefühl. Die Erlebnisse werden unverändert wiedergegeben, lediglich die beteiligten Menschen werden zum Schutz ihrer Persönlichkeit verschleiert dargestellt.

Die erste Botschaft

18. Februar 2005
(nach dem Maya-Kalender im Zeitraum:
Erster Bolontiku, Perfektion des Spiegels
der Erleuchtung der Seele)

Ich liege auf dem Behandlungstisch einer Craniosacral-Therapeutin und erhoffe mir eigentlich Hilfe gegen meine unerklärlichen Schwächeanfälle, Hitzewallungen und Herzrhythmusstörungen. Ich habe schon eine mittlere Odyssee durch diverse Arztpraxen und alternative Behandlungsmethoden hinter mir, und immer noch ist keine Besserung in Sicht. Mein Körper, den ich durch jahrelange Meditation und intensives Kampfkunsttraining eigentlich gut zu kennen glaube, ist mir völlig fremd. Ohne erkennbaren Grund steigt eine nicht kontrollierbare Energie in mir hoch. Nachts werde ich oft wach, und Botschaften, die ich nicht deuten kann, erfüllen mich mit Unruhe. Manchmal habe ich regelrecht Angst, innerlich zu verbrennen. Selbst einige meiner Freunde sprachen mich besorgt an. Sie spürten, daß etwas nicht stimmt.

Heute bin ich also wieder einmal auf der Suche nach Hilfe. Der Raum ist nur schwach beheizt, und ich habe so meine Zweifel, ob ich hier am richtigen Ort bin. Die Therapeutin teilt sich die Praxis mit vier anderen Kollegen. Durch die dünne Holztür des kleinen Behandlungszimmers höre ich ständig draußen die anderen Patienten vorbeilaufen – fast neben meinem Kopf. Auf ihrem Schreibtisch blinkt der Anrufbeantworter. Sie geht zwar nicht dran, aber man kann ihre Ansage und die Worte der Anrufer genau verstehen. Zudem wirkt sie nervös und hatte beim begrüßenden Händedruck eiskalte Finger. Sie erzählt, daß sie bald aus dieser Praxis auszieht und gerade den Umzug organisiert und deswegen etwas gestreßt ist. Irgendwie für mein Empfinden nicht die idealen Voraussetzungen für eine Behandlung. Ich beschließe, mich trotzdem auf sie einzulassen, jetzt, wo ich schon mal da bin. Kaum berührt sie mich mit ihren kalten Fingern am Kopf, zucke ich zusammen.

»Entspannen Sie sich!« ist ihr einziger Kommentar. Ich versuche mein Bestes und atme tief aus. Im selben Augenblick ist das Behandlungszimmer verschwunden.

Ich sehe von oben eine große weite schneebedeckte Ebene. Mein sibirischer Freund Gendos steht dort unten und winkt mir zu. Er deutet auf eine weiße Schamanentrommel, die im Schnee liegt. Es ist klar, daß es meine Trommel ist. Sie ist wunderschön. Mir laufen die Tränen aus den Augen, so sehr sehne ich mich nach dieser Trommel. Rechts hinter Gendos sehe ich in einiger Entfernung ein spitzes Zelt, ähnlich einem indianischen Tipi, das mit zotteligen Fellen bedeckt ist. Ich laufe hin und schaue hinein. Drinnen sitzen um ein Feuer mehrere Schamaninnen am Boden. Sie tragen Röcke und mehrere Kleidungsstücke übereinander. Ich kann ihre Gesichter nicht erkennen. In der Luft liegt eine eigentümliche Spannung. Sie haben mich erwartet. Ich setze mich zu ihnen ans Feuer. Vor dem Feuer liegen auf einem roten Tuch Orakelknochen als Geschenk für mich.

Ich betrachte das Tuch genauer. Es ist aus grob gewebtem Stoff und in das Tuch ist eine Botschaft als Muster eingewebt. Es sind klare Symbole, fast schon Schriftzeichen, aber keine Schrift, die ich kenne, obwohl sie mir irgendwie vertraut vorkommt. Trotzdem verstehe ich die Bedeutung sofort: ***»Dies ist der weibliche Weg zur Spiritualität. Wie man ihn auf der dreidimensionalen Realitätsebene umsetzt, sollst du verbreiten.«*** *Darunter ist eine strahlend gelbe Linie eingewebt. »Diese Linie symbolisiert die Lebenskraft. Sie gibt der ganzen Entwicklung Struktur, und sie will auch, daß diese Botschaft verbreitet wird. Sie garantiert auch, daß du dich in diesem Prozeß nicht verlierst und daß du wieder zurückkannst.« Es gibt noch zwei weitere Zeilen, aber diese sind noch leer. Die anderen Zeichen werden mir erst zu einem späteren Zeitpunkt gezeigt werden.*

Ich hebe meinen Blick wieder zu den Schamaninnen. Keine schaut mich an. Sie schauen mit hoher Konzentration in das Feuer. Es ist fast, als wäre ich nicht da. Die Ausstrahlung der Frauen ist von großer Klarheit. Ihre Zielgerichtetheit ist in dem Zelt fast greifbar. Das Feuer in ihrer Mitte lodert und erleuchtet ihre gespannten Gesichter. Immer noch schauen sie mich nicht an, und mit einem Mal verstehe ich, daß ich gar nicht wirklich bei ihnen bin, sondern, daß sie über das Feuer mit mir Kontakt aufnehmen. Sie haben über Raum und Zeit hinweg eine Verbindung zu mir hergestellt. Ich öffne mich für ihre Botschaft und erfasse die Bedeutung jenseits von Worten:

»Es gab einstmals eine goldene schützende Gitternetzstruktur um die Erde. Diese soll wieder aufgebaut werden. Du sollst Verbindungen aufnehmen zu Heilerinnen und Heilern. Die Schamaninnen wollen ihr Wissen in den Westen bringen. Das ist Dein Auftrag. Du bist ihre Verbindung zum Westen.«

Als Geschenk für die Therapeutin zeigen sie mir noch einen Beutel aus Rentierhaut mit Heilkräutern darin. Sie bekommt auch eine Trommel, aber aus grauer Haut, nicht weiß, wie meine. Im nächsten Bild sehe ich mich vor dem Zelt mit meiner Trommel tanzen. Ich trage ein langes dunkelbraunes Lederkleid mit zahlreichen Glöckchen daran und drehe mich im Kreis. Ich fühle mich unendlich leicht und glücklich. Dieses Tanzen hat mir so lange gefehlt. Ich werde mir der Diskrepanz zu meinem jetzigen Leben bewußt. Ein schmerzhaftes Sehnen nach diesen Schamaninnen erfüllt mich. Wie soll ich nach Sibirien kommen? Tränen der Sehnsucht laufen mir aus den Augen. Dann verblaßt die Vision.

Die Therapeutin schaut mich zweifelnd an. Für sie war ich plötzlich nicht mehr ansprechbar. Um die Erfahrung mit ihr zu teilen, setze ich mich auf und beginne zu erzählen. Aber an ihrer Reaktion erkenne ich, daß sie mit sibirischen Schamaninnen und mit Kontaktaufnahme über eine Feuerstelle nicht viel anfangen kann. Also bezahle ich und verlasse die Praxis. Draußen im Freien merke ich, daß ich kaum laufen kann, geschweige denn Auto fahren. Ich hänge irgendwie noch zwischen den Welten. Diese Frauen waren in mir so präsent. Was war das für eine seltsame Gitternetzstruktur? Was hatte es mit der weiblichen Spiritualität auf sich? Und wie sollte ich zu meiner weißen Schamanentrommel kommen? Ich beschloß, Gendos zu schreiben. Mit diesem Entschluß ging es mir schon besser.

GENDOS

Meine Bekanntschaft mit Gendos wurde wahrhaftig magisch eingefädelt. In meinem Aikido-Verein gab es plötzlich irgendwann einen jungen Russen namens Victor, der morgens mit uns trainierte. Er sprach hervorragend Deutsch und sagte, daß er an der Saarbrücker Universität studieren würde. Wir kamen öfter ins Gespräch, und er war sehr an meinen musikalischen Weltmusikprojekten interessiert. Ich erzählte ihm von einem bevorstehenden Konzert mit einem hervorragenden mongolischen Musiker und lud ihn ein, zu kommen. Beim nächsten Treffen fragte er mich, ob ich nicht auch einmal mit einem besonderen sibirischen Musiker zusammenarbeiten wolle. Er gehöre einer Vereinigung an, die sich für interkulturellen Austausch einsetzt. Sie würden sämtliche Visa- und Reisekosten übernehmen. Ich bräuchte mich nur um die Aufenthaltsgenehmigung zu kümmern. Ich sagte zu.

Danach hörte und sah ich von Victor lange Zeit nichts mehr. Ich fuhr zu der Adresse im Studentenwohnheim, die er mir angegeben hatte, aber dort war er nicht gemeldet. Er war wie vom Erdboden verschluckt. Kurze Zeit danach fand das Konzert mit dem mongolischen Sänger statt. Nach dem Auftritt stand plötzlich ein schlanker junger Mann mit Pferdeschwanz an der Bühne, verneigte sich vor mir und sagte: »Ein sibirischer Schamane möchte mit dir Musik machen.«

Dieser junge Mann sagte, er komme aus Polen, sei aber eigentlich Reisender zwischen den Welten und Kontaktmann dieses Schamanen. Der Schamane sei gerade in Deutschland, ich könnte ihn in einer Woche in Frankfurt treffen. Dort sei ein Festival mit sibirischer Musik. Ich sagte zu, mitzukommen und war ganz gespannt. In der Zwischenzeit erreichten mich die verschiedensten Warnungen: »Der macht dir Feuer in der Wohnung«, »Die werfen die leeren Gläser gegen die Wand«, »Unterweltschamanen sind unberechenbar«, aber das machte mich alles nur neugieriger. Ein Freund fuhr mit mir zum Veranstaltungsort. Der junge Mann mit dem Pferdeschwanz kam mit, er wollte ins Russische übersetzen. Wir erreichten

am frühen Nachmittag die Eventhalle. Die Bands machten gerade Soundcheck. Gendos, so hieß der Schamane, wartete auf seinen Einsatz. Ich betrat die schwarz gestrichene Bühne hinter dem schwarzen Vorhang. Auf dem Boden saß Gendos, ganz schwarz gekleidet, auf den Knien ein schwarzes Saiteninstrument, ähnlich einer Zither, das er wohl gerade gestimmt hatte.

Als wir näherkamen, stand er kurz auf und reichte mir die Hand, ohne zu lächeln und setzte sich wieder. Ich setzte mich neben ihn auf den schwarzen Boden und wartete auf ein Zeichen, ob ich mich mit diesem Menschen einlassen sollte oder nicht. In diesem Augenblick nahm er aus seiner Jackentasche ein kleines rot gebundenes Buch. Er bat den jungen Polen zu übersetzen, ob ich für dieses Buch einen Käufer wüßte. Sein Manager in Moskau brauche Geld und wolle deswegen dieses alte Buch verkaufen. Der Pole gab das Buch an mich weiter. Ich traute meinen Augen kaum. Es war ein alter Gedichtband von Goethe.

Ich dachte: »Na, wenn das kein Zeichen ist, ein knallrotes Buch in einer tiefschwarzen Umgebung.« Ich schlug es an einer Stelle auf und sagte mir dabei, daß ich an dieser Stelle finden wolle, was dieser dunkel gekleidete und fremdländisch aussehende Mann für mich bedeuten könnte. Ich traf auf das Gedicht »Weltenseele«, und freudige Schauer der Vorahnung durchrieselten mich. Obwohl ich in der Kürze der Zeit den Text nur überfliegen konnte, spürte ich schon das bekannte Gefühl, wenn ein heiliger Schauer mich überläuft. Die Verbindung stand unter einem guten Stern, dessen war ich sicher. Der Text klang nach Weite, Weltenreise und Überwindung von Gegensätzen. Damit war für mich alles klar, und ich lud Gendos für den

Herbst zu mir nach Hause ein. Wir hatten gemeinsame Konzerte und Gesangsworkshops, und ich zeigte ihm besondere Kraftplätze meiner Gegend. Er lehrte mich seine schamanische Sicht der Welt.

Im Laufe der Jahre entwickelte sich zwischen uns eine tiefe Freundschaft. Mindestens einmal im Jahr kam er für einige Tage zu mir, unterrichtete Unterton- und Obertongesang, gab mit meiner Weltmusikgruppe Konzerte und reiste mit mir durch die Gegend. Ich zeigte ihm magische Plätze und gestaltete mit ihm gemeinsam Rituale.

Aber dieser wunderbare Freund reagierte nun nicht auf meinen Brief, in dem ich ihm vom meiner Vision erzählte. Auch ein zweiter Brief blieb ohne Antwort. Ich war ratlos und etwas enttäuscht. Erst im Herbst sollte sich meine Spannung lösen, denn Gendos erschien zum verabredeten Konzerttermin und – hatte *meine* Trommel dabei. Er zeigte sie mir ohne Kommentar und reichte sie mir mit würdevoller Haltung. Er erklärte mir, daß sie noch zum Leben erweckt werden müsse. Wir würden sie nach original tuvinischem Ritual einweihen...

Der Ruf der Kröte

Im gleichen Herbst meldete sich mein peruanischer Freund Leonardo, ein Schamane der Quechua-Indianer. Er erzählte mir, daß er eine gute Freundin habe, die zu einer Lesetournee nach Deutschland käme, und fragte, ob ich für sie einen Auftritt vermitteln könnte. Ich sagte meine Unterstützung zu und hatte »per Zufall« noch am selben Tag die Gelegenheit, in einem kleinen alternativen Veranstaltungsort nachzufragen. Die Leute dort waren begeistert von der Idee. Sie wollten das Projekt gerne unterstützen.

Wir machten also irgendwann einen Abend mit Lesung und Musik. Ich dolmetschte und moderierte, mein Freund, der peruanische Schamane, und sein Bruder Roman, der die Frau aus Peru begleitete, machten traditionelle Musik, und die Frau erzählte vom schweren Schicksal der Quechua-Indianer in Peru.

Besonders schwer haben es dort die Frauen, denn sie werden nicht nur als Indianerinnen von der Regierung, sondern auch noch als Frauen von ihren Männern unterdrückt. Die Indianerin selbst wurde als kleines Mädchen von ihrem Vater in die Stadt als Dienstmädchen verkauft. Von ihrem Herrn wurde sie mit vierzehn zum ersten Mal schwanger. Indianische Frauen leben in Peru oft in absoluter Unterdrückung und ohne den Schutz durch Menschenrechte. 300 000 Indianerinnen wurden in den letzten Jahren von der peruanischen Regierung zwangssterilisiert, teils indem ihren Männern Versprechungen gemacht wurden, teils ohne Vorankündigung bei angeblichen Routinekontrollen in Krankenstationen. Die medizinische Versorgung nach diesen Eingriffen war in der Regel sehr schlecht, und viele Frauen starben oder hatten ständig Schmerzen. Sie mußten frisch operiert stundenlang zu Fuß nach Hause laufen.

Die Indianerin wollte mit ihrem Buch und den Lesungen dieses Unrecht öffentlich machen. Mein Freund, der Schamane, und dessen Bruder unterstützten sie tatkräftig dabei. Trotz der traurigen Botschaft verströmten die drei sehr viel Hoffnung und Herzlichkeit, was sich auch auf die Zuschauer übertrug. Nach der Veranstaltung bedankten sie sich mit viel Wärme bei mir. Hilaria schenkte mir eine von Frauen gewebte Tasche und ein Haarband mit für ihren Stamm typischem Muster.

Am nächsten Tag rief mich mein Freund an und lud mich als Dank für meinen Einsatz zu einer Medizinzeremonie ein, das heißt zu einem rituellen Abschiedsfest mit einer sogenannten Helferpflanze als Medizin, weil die anderen am Montag schon wieder nach Hause fliegen mußten. Bei einer Medizinzeremonie werden von den Indianern bewußtseinsverändernde Pflanzen eingenommen. Für die Indianer sind diese Pflanzen heilig, und sie werden nur in bestimmten Ritualen benutzt und als heilige Medizin angesehen. Ihre mißbräuchliche Nutzung als Droge in unserem Sinne, also ohne rituellen Zusammenhang, gilt als Tabu. Bis zu diesem Zeitpunkt hatte ich jede Form von bewußtseinsverändernden Stoffen konsequent gemieden. Jetzt hörte ich mich plötzlich am Telefon sagen: »Ja, ich komme.« Als ich den Hörer aufgelegt hatte, fragte ich mich, was mich getrieben hatte, zuzusagen. Ich verstand es nicht. Ich saß in meiner Küche und hatte ein ähnliches Gefühl, wie wenn man mit dem Auto in die Waschstraße fährt und ab einem bestimmten Punkt von selber weitergezogen wird. Alles wurde mir irgendwie aus der Hand genommen. Ich konnte nur noch folgen.

Mein Freund, der Schamane, hatte mir noch gesagt, daß ich zwei Tage fasten müsse, also beschloß ich, die nächsten beiden Tage nichts zu essen und ansonsten nicht weiter darüber nachzudenken, sondern einfach zu schauen, was passieren würde. Mit völligem Vertrauen in die Kräfte oder Gott oder die Götter ließ ich mich also führen. Hätte ich vorher gewußt, was mir bevorstand, hätte mich der Mut verlassen. Aber ich war völlig unvoreingenommen und freute mich auf das Treffen mit den Indianern.

Am Tag der Medizinzeremonie spürte ich eine eigentümliche innere Spannung. Ich dachte nicht bewußt an das, was mir bevorstand, aber ich war ständig auf einem leicht erhöhten Energieniveau. Eine Stunde bevor ich losfahren wollte, kam ich noch auf die Idee, einen Küchenschrank auszuräumen, ein Impuls, der mich sonst äußerst selten befällt. Ich räumte also den Schrank aus und fand als allerletztes im letzten Winkel des weißen Schrankes einen roten vergessenen Glückskeks. Ich dachte lächelnd »Aha, ein Symbol«, und nahm ihn aus dem Schrank. Ich öffnete ihn und fand den Spruch:

»Nur, wenn du um Hilfe bittest, wirst du sie auch erhalten.«

Das Ausräumen des Schrankes hatte einige Zeit in Anspruch genommen. Also steckte ich den Zettel in meine Hosentasche, räumte schnell den Schrank wieder ein und fuhr los. Unterwegs versperrten mir mehrere Baustellen den Weg, und ich wurde über Umleitungen geleitet, so daß ich verspätet ankam, genau zu dem Zeitpunkt als das Ritual begann. So konnte ich also keinerlei Fragen mehr stellen. Mir blieb gerade noch Zeit, die Schuhe auszuziehen und ins Tipi zu schlüpfen. Ich setzte mich irgendwo links vom Eingang des Tipis auf die Frauenseite, aber Hilaria wollte, daß ich mich zu ihr setzte. Sie selbst saß auf einem Klappstuhl neben dem Altar, wegen ihrer verkrüppelten Füße konnte sie nicht auf dem Boden sitzen wie die anderen. Ich selbst saß nun ganz dicht am Altar, und ich spürte deutlich, daß dies ein besonderer Platz war, den die Indianerin für mich freigehalten hatte.

Der Altar war geschmückt mit schönen gewebten roten Tüchern aus Peru, Ritualgegenständen und einem großen rosafarbenen Kristall mit langer Spitze. In der Mitte des Tipis brannte ein Feuer. Das Ritual wurde von Roman, dem Bruder meines schamanischen Freundes Leonardo, geleitet. Leonardo übersetzte die Fragen der Teilnehmer vom Deutschen ins Spanische. Es standen einige Eimer mit Plastiktüten im Zelt, von denen später rege Gebrauch gemacht wurde.

Der Schamane wies gleich darauf hin, daß jeder einen Eimer in erreichbarer Nähe bräuchte. Ich dachte nur: »Das fängt ja schon gut an. Vielleicht hätte ich mich doch etwas genauer erkundigen sollen.« Aber jetzt war es zu spät, wir bekamen noch die Information, daß wir »Mama Huilka« zu uns nehmen würden. Das Ritual würde die ganze Nacht dauern. Wir sollten auf unseren Sitzen bleiben und die anderen Teilnehmer und Teilnehmerinnen nicht berühren. Mehr Informationen gab es nicht. An jeden Teilnehmer wurde ein Stückchen bitteres Holz ausgeteilt, das man kauen und schlucken sollte. Das war zur Stärkung der Leber gedacht.

Ich kaute und schluckte das Ding und sah, daß sich Hilaria von dem Schamanen ein Stück von einer anderen Pflanze geben ließ. Währenddessen schabte der Schamane auf einem kleinen Tonteller eine trockene Pflanze zu Pulver. Ich wurde als erste nach vorne gerufen. Der Schamane bildete aus einem Teil des Pulvers einen kleinen Hügel mit einem kleinen Kreis drum herum, gab mir einen Gegenstand mit zwei Röhrchen in die Hand. Ich sollte durch die Röhrchen den Hügel und den Kreis in die Nase einsaugen. Während ich mich bemühte, alles in meine Nase zu saugen, was wegen meiner kleinen Nasenlöcher nicht so einfach war, machten die beiden Schamanen Witze, und ich dachte nur: »Hoffentlich haben die das mit der Dosis im Griff.« Ich hielt ein Nasenloch zu und saugte den Hügel komplett ein. Sofort brannte mir die Nase, und schon eine Sekunde später durchfuhr es meinen Körper wie ein heißer Blitz. Ich hatte keine Körperkontrolle mehr, zitterte am ganzen Leib und schaffte es nur mit äußerster Konzentration wieder zurück an meinen Platz neben der Indianerin.

Mein Körper ist mir völlig fremd, ich höre scheppernde Geräusche, und eine unglaubliche Panik beginnt, in mir aufzusteigen. Ich sehe dünne grafische Linien im Raum, die sich überlagern und zwischen diesen Linien springt eine kleine bunte Figur, die aus einem Comic-Heft stammen könnte, umher. Sie trägt eine Zipfelmütze und macht sich über mich lustig. Sie hat irgendwie die Macht über mich. Es ist wie ein übermächtiger Alptraum, aus dem ich aber nicht aufwachen kann. Ich denke kurz, daß das wohl ein Horror-Trip ist und daß ich bei meiner Arbeit in der Psychiatrie manchmal Patienten hatte, die aus so was nie mehr herauskamen.

In diesem Moment erinnere ich mich an die Botschaft des Glückskeks. Ich bitte die Kräfte um Hilfe und lehne mich auch hilfesuchend an die Indianerin. Sie nimmt meinen Kopf und drückt an verschiedene Punkte auf meiner Schädeldecke, und sofort wird es besser. Ich sehe zum Tipi über mir auf und bemerke eine faszinierende Gitternetzstruktur. Von dieser Struktur hatte ich in einer anderen Vision erfahren und bin überrascht, daß sie so grafisch aussieht, denn ich habe sie mir anders vorgestellt. Dieses Gitternetz umspannt die Erde, vielleicht sah es ursprünglich auch anders aus…

Ich habe keine Zeit, länger zuzusehen, denn das Bild ändert sich, und ich bekomme die Botschaft, daß ich jetzt verschiedene Lektionen lernen werde. Die erste Lektion heißt: ***»Mitgefühl«.*** *Es ist die zentrale Botschaft. Alle Lektionen werden mir über das Mitgefühl vermittelt. Ich fühle, wie sich mein Herz weitet; es wird groß und warm, und ich spüre seine kraftvollen Schläge. Ich beuge mich über die verkrüppelten Füße der Indianerin, streichele sie und empfinde plötzlich ihr Leid und das Leid aller mißhandelten Indianerinnen in Peru in mir. Ich beginne zu schluchzen und weine Tränen auf ihre Füße, die ich ganz sanft in meinem Schoß halte.*

Sofort kommt der Schamane Roman zu mir und sagt. »Setz dich wieder an deinen Platz und schließe den Kreis. Du sollst niemanden anfassen. Was du hier tust, ist zu viel, dafür ist vielleicht später Zeit.« Ich versuche, mich zu konzentrieren, und setze mich zurück auf meinen Platz am Boden neben der Indianerin. Ich habe das Gefühl, daß er mich von ihr trennen will. Ich will die Verbindung aber nicht ganz aufgeben, und so schlinge ich ein gewebtes Frauenband, das sie mir geschenkt hat, locker um ihren Fuß und halte die Enden fest. So habe ich das Gefühl, mich nicht ganz zu verlieren. Dann kommt die nächste Lektion. ***»Mit allem in Harmonie leben.«*** *Das Gitternetz verändert sein Aussehen. Zunächst erinnert es mich an eine gotische Kathedrale, und im Feuer in der Mitte des Tipis sehe ich ein buddhistisches Mandala, dann nimmt es orientalische, asiatische, gotische Ornamentik an. Die Botschaft ist,* *daß die Unterschiede in den Religionen nur die Bedeutung von äußerer Darstellung haben. Im Inhalt sind sie alle gleich. Durch den ständigen Wechsel der Ornamentik stellt das Gitternetz die Verbindung zwischen den Menschen aller Kulturen dar.*

Plötzlich höre ich die Stimme eines alten Aikido-Meisters, dessen Workshop ich im Sommer in Frankreich besucht hatte: »Halt dich gerade. Streck nicht den Hintern raus, man sieht, daß du Angst hast.« Also setze ich mich aufrecht hin, auch wenn mein Körper mir nicht richtig zu gehören scheint. Danach habe ich das Gefühl, daß meine Chakren überprüft werden. Ich höre die Botschaft: ***»Alle Chakren müssen gleichgewichtig mitwirken.«*** *Mir werden bestimmte kreisende Handbewegungen gezeigt, mit denen ich den Zustand meiner Chakren überprüfen kann.*

Ich bin überrascht, daß auch auf den energetischen Zustand meiner Knie besonderer Wert gelegt wird. Der gesamte energetische Zustand meines Körpers und meine aufrechte Haltung sind sehr wichtig. Ich kniee mich hin, wie beim Gebet in einer katholischen Kirche. Plötzlich packt jemand meine Hüften und schüttelt mich. Ich höre den japanischen Meister sagen: »Laß die Hüften locker.« Ab diesem Moment scheint mein Becken ein Eigenleben zu führen. Es bewegt sich lustvoll, und meinem Mund entgleitet ein Stöhnen. Der rosa Bergkristall auf dem Altar sieht aus wie ein Phallussymbol mit Hoden. Ich spüre, wie die sexuelle Energie des Schamanen Roman durch den Kristall in mich einströmt. Ich sehe einen schmalen blauen Strahl aus seinem Unterleib, der in den Kristall fließt und von dort im rechten Winkel in meine Richtung umgeleitet wird. Ich höre die Botschaft: ***»Mann und Frau müssen sich partnerschaftlich ergänzen.«***

Ich kniee vor dem Altar und bewege mich leicht stöhnend vor und zurück, mein Becken vollführt kreisende Bewegungen. Die beiden Schamanen lachen und geben mir die Ritualtrommel. Die Trommel ist rund wie ein Faß und auf beiden Seiten mit Fell bespannt. Sie rollen sie zu mir herüber: »Sing ein Lied,« sagt Roman lachend. Ich kann nicht, denn ich fühle mich wie bei einer Geburt und lege mich mit dem Bauch über die Ritualtrommel, als müßte ich ein Kind gebären.

Ich höre eine innere Stimme: »Die beiden Schamanen wissen, was zu tun ist, sie sollen dir bei der Geburt helfen.« Ich gebe die Botschaft weiter. Roman schickt mich zurück an meinen Platz und sagt mir, ich solle meinen Mund öffnen. Mit einem dicken Rohr bläst er mir Rauch in den Mund. Dann berührt er mich auf dem Rücken mit einem Ritualgegenstand. Er spricht in einer eigenartigen magischen Sprache mit mir. Ich werde ruhiger und kann auch die Trommel nehmen und singen. Ich singe so tief und kraftvoll, wie ich noch nie in meinem Leben gesungen habe, und habe während des Spielens der Trommel das Gefühl, daß Gendos, der sibirische Schamane auf der Trommel mittrommelt, so als würde er mit mir gemeinsam die Trommel spielen.

Ich spiele die Trommel laut und kraftvoll, wechsele immer wieder den Rhythmus und singe dazu. Gegen Ende wird mein Gesang ganz sanft und zärtlich, das Trommelspiel ganz leise. Ich spüre, daß auch viel Kraft in meinem Gesang liegt, wenn ich leise singe, ja, daß ich eigentlich mit dem leisen Gesang am Punkt der höchsten Wirkung angekommen bin.

Der Schamane Roman ruft mich mit meiner Aufmerksamkeit zurück in den Kreis. »Konzentriere dich und schließe wieder den Kreis«, sagt er knapp auf Englisch. Ich setze mich wieder hin und versuche mich auf meine Umgebung zu konzentrieren. Vor mir auf dem Boden kann ich im Halbdunkeln eine kleine Pflanze erkennen. Sie ist etwas plattgetrampelt. Neben ihr liegt auch ein kleiner roter Teppich. Ich bin erstaunt. Es ist derselbe Teppich, den ich bei den sibirischen Schamaninnen gesehen habe, dasselbe Rot, dieselbe grobe Struktur, nur diesmal ein anderes Muster.

Einige der anderen um mich herum sind über die Eimer gebeugt oder liegen stöhnend auf dem Boden. Mir wird auch schlecht. Da verändert die Pflanze vor mir plötzlich ihr Aussehen. Sie wird dicker und saftiger. Ich bekomme den Impuls, eines der Blätter zu essen. Ich stecke es in den Mund und kaue drauf herum und erkenne den Geschmack von Sauerampfer. Sofort ist meine Übelkeit verschwunden.

Ich beschließe, ein Stück der Pflanze meinem Freund Leonardo als Geschenk zu bringen und mache mich mit wackeligen Beinen unter höchster Konzentration auf den Weg auf die andere Seite des Tipis. Es sind vielleicht drei Meter Distanz, die ich zu überwinden habe, aber die schaffe ich nur mit höchster Konzentration. Ich muß förmlich überlegen, welche Muskeln ich brauche, um einen Fuß vor den anderen zu setzen. Ich bringe also die Pflanzenteile zu Leonardo, obwohl mir sein Bruder eigentlich verboten hat, meinen Platz zu verlassen. Ich bin mir nicht sicher, ob Leonardo versteht, wozu die Pflanze gut ist und warum ich sie ihm bringe. Er schaut etwas ausdruckslos, aber ich bin mir sicher, daß ich den Geist der Pflanze erkannt habe. Ich höre in meinem Kopf die Botschaft: ***»Dir stehen Helferpflanzen zur Verfügung.«*** *Das freut mich, denn bisher waren Pflanzen für mich immer ein Buch mit sieben Siegeln.*

Die nächste Sequenz betrifft den Tod. Ich höre die Botschaft: ***»Der Tod ist immer gegenwärtig.«*** *Alles wird dunkel, und ich sehe mir gegenüber einen großen schwarzen Schatten. Es ist… der Tod. Ich entspanne mich. Den Tod kenne ich gut. Mein eigener Tod, der sonst in meiner Vorstellung als mein Berater immer links von mir steht, stellt sich vor den großen Schatten des Todes. Dieses Bild strahlt auf mich große Ruhe aus.*

Ich genieße die Verschnaufpause und denke, ein bißchen stolz, wie gut es ist, daß ich mich mit meinem Tod angefreundet habe. Doch diese Ruhe dauert nicht lange.

Von rechts kommt mein Schutztier, ein großer schwarzer gutgelaunter Hund und bellt die beiden Schatten an: »Und, was machen wir jetzt, Jungs?« Sofort ändert sich das Bild. Ich höre die Botschaft: ***»Das, was einem wichtig ist, muß man auch schützen.«***

Ich kniee lange regungslos mit der Hand an einem imaginären Schwertknauf als Kriegerin vor dem Altar. Ich bin voll wachsamer Gespanntheit, bereit, sofort mein Schwert zu ziehen. Mein Blick ist geradeaus gerichtet, ich habe fast das ganze Tipi im Blick. Das Tipi ist leer, von der besonderen Leere eines Raumes zur Zen-Meditation, so als würde der gesamte Raum meine Aufmerksamkeit teilen. Die Zeit scheint stillzustehen, um mit mir ganz im Augenblick zu sein. Die anderen Menschen im Zelt sind verschwunden. Ich halte alleine Wache, aufs äußerste gespannt.

Die nächste Botschaft lautet: ***»Schließe die Kreise«.*** *Sofort ändert sich meine Wahrnehmung. Ich sehe die anderen wieder um das Feuer sitzen und nehme auch den Altar wieder wahr.*

Ich verstehe, daß ich mit meinem Dasein als Einzelkämpferin aufhören soll. Ich soll Verbündete suchen. Einem Impuls folgend, nehme ich etwas Wasser in den Mund und besprühe damit die Pflanze und sprühe auch etwas in die Luft. Die beiden Schamanen freuen sich erst über die Erfrischung, aber dann ruft mich Roman neben sich und hat eine strenge Ausstrahlung. Ich fühle mich wie ein kleines Mädchen, das zu seinem Lehrer zitiert wird, gleichzeitig fühle ich mich ihm sehr nahe. Er beschreibt meine Aufgabe, Gemeinschaften zu bilden und meine Energiearbeit fortzuführen, bemängelt aber gleichzeitig meine mangelnde Achtung vor den Elementen und vor allen Dingen mein großes Ego.

Ich schleiche beschämt zurück zu meinem Platz. Bis dorthin war ich eigentlich ganz stolz auf mich. Ich hatte das Gefühl, daß ich bei dem Ritual ganz gut mithalte, obwohl es meinen gewohnten Rahmen der Sinneswahrnehmung sprengte. Es gibt eine Gesprächsrunde, in der man seine Eindrücke mitteilen kann. Nach diesem Rüffel traue ich mich nicht, von meinen Visionen zu erzählen, weil ich nicht will, daß es als zu große Selbstdarstellung erscheint, und bedanke mich lediglich für das Ritual.

In dieser Situation wird der Mann, der mir schräg gegenüber sitzt mein Fürsprecher. Als er an der Reihe ist, sagt er unter anderem sinngemäß, man solle nicht alles so streng sehen. Es gäbe auch spirituelle Weisheit bei uns in Europa. Dann bespricht er mit den Schamanen noch drei Dinge, die sich für mich wie Botschaften anhörten:

Wenn man viel Energie besitzt, muß man auch lernen, sie zu fokussieren.

Spirituelle Hilfe bekommt man über das Fühlen, statt über das Denken.

Heilen ist wichtig.

Ich sitze immer noch ziemlich kleinlaut auf meinem Platz. Doch dann fühle ich plötzlich Unterstützung von der Frauenseite. Die Indianerin singt ein Lied und mildert damit die Schärfe des Tadels. Ich gewinne wieder Selbstvertrauen und Mut. Sie erzählt, daß das Band um ihren Fuß sie an die Unterdrückung der Frauen in Peru erinnert hätte. Es sei ihr vorgekommen wie eine Fessel.

In diesem Moment macht es plötzlich »Bong!«, und eine kleine braune Erdkröte springt genau auf die Ritualtrommel und dann zu mir. Die Schamanen freuen sich augenscheinlich über dieses Zeichen der Erde für Vitalität und Fruchtbarkeit. Ich bin unsicher, was ich mit ihr tun soll. Der Schamane sagt mir, ich solle sie raussetzen. Die Kröte läßt sich ohne zu zappeln von mir in die Hand nehmen. Sie fühlt sich warm, verletzlich und angenehm an. Vor dem Tipi setze ich sie sanft ins Gras.

Kurze Zeit später ist sie wieder im Zelt. Sie kommt aus der Richtung des Altars wieder auf mich zugehüpft, steuert wieder genau auf mich zu. Aus Erfahrung weiß ich, daß doppelte Zeichen mächtige Botschaften ankündigen. Mir wird mulmig zumute. Die Schamanen lachen. Mir bleibt keine Zeit, über die Kröte nachzudenken. Als nächste Lektion kommt eine detaillierte Unterweisung für verschiedene Rituale, so schnell, daß ich die Einzelheiten gar nicht überblicke, aber ich spüre, daß sie mir, wenn ich sie irgendwann brauche, einfallen werden. Es sind exakte Handlungsanweisungen, Handbewegungen und Worte für bestimmte Gelegenheiten, passend zum jeweiligen Kulturkreis.

Der Schamane sagt ständig zu mir, daß ich mich konzentrieren soll. Ich darf mich nicht gehen lassen und soll auch immer wieder den Kreis schließen und die anderen wahrnehmen. Während der Lektionen tauche ich völlig in das jeweilige Bild ein, ich nehme mich selbst und die anderen Teilnehmer und Teilnehmerinnen der Zeremonie überhaupt nicht mehr wahr. Innerhalb der Lektionen ist mein Selbst nur ein Traumbild. Die nächste Lektion heißt »Herzenergie«: ***»Heilen funktioniert nur aus dem Herzen heraus.«***

Eine Frau neben mir schildert ihr Leiden seit ihrer Kindheit, und in diesem Moment fliegt ein Glutstück aus dem Feuer in das Zentrum einer weiteren Helferpflanze, die vor mir wächst und ein wenig die Form eines Menschen hat. Es sieht aus, als würde das Herz der Pflanze gelb-orange leuchten. Ein Symbol für die Heilkraft, die aus dem Herzen kommt. Ich verstehe, daß ich die Aufgabe, zu heilen, jetzt ohne zu zögern übernehmen soll. Ich willige ein. Ein ganzes Jahr lang war ich mit Heilungen sehr zurückhaltend gewesen, weil ich mir über meine eigene Kraft nicht im Klaren war. Jetzt bin ich bereit.

Die strenge Ansprache des Schamanen hat mich sehr verunsichert. Wie viel Ego brauche ich, um meine Aufgaben zu bewältigen? Der Mann gegenüber läßt an seinem

Platz zwei Räucherkerzen brennen, an ihnen kann ich mich im dunklen Zelt immer wieder orientieren. Er muntert mich immer wieder auf und bringt mich zum Lachen. Ich fasse neuen Mut und erzähle in der zweiten Gesprächsrunde doch von meinen Visionen, nachdem Hilaria mich darum gebeten hat. Mein Freund Leonardo geht auf den Unterschied zwischen Visionen und dreidimensionaler Wahrnehmung ein. Er betont, daß die Kröte, die wir zwei Mal gesehen haben, keine Vision, sondern ein wirkliches Tier war; er habe sich über ihr Kommen sehr gefreut. Die Kröte sei ein starkes Zeichen der Erde.

Ich spüre seine Freude darüber auch in mir, aber gleichzeitig stellt sich ein ganz bestimmtes Gefühl ein, daß ich für mich »Schicksalsgefühl« nenne. Dieses Gefühl habe ich, wenn ich spüre, daß ich in einen größeren Zusammenhang gerate, der mir die Fäden aus der Hand nimmt. Die Kröte wird für mich zum zentralen Symbol der gesamten Zeremonie, die Erde will mir etwas sagen, was es ist, weiß ich noch nicht. Im nächsten Botschaftszyklus singen der Mann und ich spontan gemeinsam ein improvisiertes Heilungslied. Die Botschaft ist: ***»Wir sind alle Kinder des Universums und alle komplett und heil und ganz.«***

Ich nehme eine Körperhaltung ein, als würde ich ein Kind in den Schlaf wiegen, und das Heilungslied entwickelt sich zu einem Schlaflied. Dann singt der Mann gegenüber alleine weiter, und es kommt die Botschaft: ***»Wir sind alle im Universum geborgen.«*** *Dabei umarme ich mich selbst, als würde ich mich selbst zärtlich im Arm halten. Die nächste Botschaft ist:* ***»Sich an die Erde richten«****, dabei tun sich im Boden vor mir Vertiefungen auf, und ich muß an Gendos, den sibirischen Unterwelt-Schamanen denken. Ich habe das Gefühl, daß er mich begleitet.*

Zum Abschluß wird mir bewußt, warum ich in dieses Ritual eingewilligt habe: Ich habe beschlossen, mein Leben den Kräften zu widmen. Diese Erkenntnis erfüllt mich mit Freude, und als hätte mein Freund das geahnt, beginnt er ein fröhliches peruanisches Festtagslied zu singen, Hilaria steht auf und tanzt dazu. Ich bewundere ihre spirituelle Kraft, die ihr die Energie gibt, noch mitten in der Nacht auf ihren verkrüppelten Füßen zu tanzen.

Schließlich steckt sie uns alle an, und wir tanzen gemeinsam um das Feuer. Irgendwann muß ich mich setzen. Vor meinen geschlossenen Augen sehe ich ein großes Feuerwerk, und alle Leute singen und tanzen, um meine Geburt zu feiern. Ich bin bei den Kräften angekommen und mit allem verbunden. Kurz vor Ende der Zeremonie sehe ich ein leuchtend blaues Licht über den Schamanen schweben und auf dem Altar sich widerspiegeln.

So endete die Medizinzeremonie für mich im Morgengrauen mit einer Mischung aus Ergriffenheit und Glücksgefühl. Es war sieben Uhr, als ich das Tipi verließ, und ich beschloß, mich noch zwei Stunden in mein Wohnmobil zu legen, denn ich hatte am selben Morgen um 10.00 Uhr einen Auftritt, und ich mußte noch weit fahren und war mir über meine Fahrtüchtigkeit noch nicht im klaren. Ich vertraute aber den Kräften, daß ich es schon schaffen würde, denn die Frau, die ich an diesem Morgen bei ihrer Lesung begleiten sollte, ist eine wackere Mitstreiterin für den Erhalt der Erde, und daß ich sie sitzen lasse, hätte sie nicht verdient.

Ich schlief eineinhalb Stunden und war danach voll fit und unglaublich energiegeladen. Ich fuhr in einer euphorischen Stimmung zum Konzert. Die Leute auf der Veranstaltung waren von meiner Musik und Ausstrahlung ganz begeistert und kauften auch viele CDs.

Das Ritual war zwar anstrengend gewesen, aber ich fühlte mich damit vollkommen glücklich. Ich fühlte mich völlig angebunden an die Kräfte und von den Botschaften so ausgefüllt, daß ich das Gefühl hatte, mein ganzes weiteres Leben mit diesen Botschaften arbeiten zu können. Eine ganze Woche lang befand ich mich in diesem leicht überwältigten Glücksgefühl und dachte mir, daß ich viel Zeit benötigen würde, dies alles zu verarbeiten. Diese Zeit sollte ich aber nicht bekommen, denn schon eine Woche später stürzte ich von einer Vision in die nächste, wie von den Kräften am Kragen gepackt und hineingeworfen.

Es war früher Sonntag Morgen, gegen sechs Uhr. Ich lag wach im Bett, wie in letzter Zeit öfter, und konnte nicht mehr schlafen, wieder einmal hatte mich eine Botschaft wachgerüttelt. Eigentlich wollte ich mit meiner Freundin schwimmen gehen. Wir wollten unsere Kinder mitnehmen und den Vormittag in einem Erlebnisbad verbringen. Ich hatte mich nach den anstrengenden Visionen auf die Erholung gefreut. Und jetzt diese Botschaft. Sie erreichte mich in der schwebenden Phase zwischen Wachen und Traum: *Laß im Dampfbad des Schwimmbades, in das du gleich fahren wirst, das Erlebnis mit dem Schwimmlehrer in dir aufsteigen.*

Ich war damals elf Jahre alt, als ich mit knapper Not und viel Glück dem Mißbrauch durch meinen Lehrer im Schwimmbad entging. Eigentlich hatte ich diese Geschichte als verarbeitet angesehen. Jetzt sollte ich sie wieder hochkommen lassen und noch dazu in einem Schwimmbad? Ein mulmiges Gefühl. Ich war mir nicht schlüssig, ob ich der Botschaft folgen sollte. Die Erlebnisse der vergangenen Wochen hatten mich sowieso schon gehörig gefordert. Jetzt auch noch an der Vergangenheit rühren? Ich konnte mich nicht entscheiden und verdrängte einfach jeden weiteren Gedanken in diese Richtung.

Nach dem Frühstück fuhr ich mit meinen beiden Kindern los. Am Schwimmbad angekommen, stiegen wir aus dem Auto. Ich wollte gerade absperren, als ich ein seltsames Geräusch hörte. Es kam aus einem nahen Wiesenstück. Meine Tochter fragte, was das sei. Ich antwortete, daß ich es nicht wüßte. Mein kleiner Sohn sagte spontan: »Aber Mama, das ist doch ein Frosch!« Jetzt erkannte ich es auch, es war der Ruf einer Kröte. Da war sie wieder, die Kröte aus der Heilungszeremonie. Mir lief es kalt den Rücken herunter. Sollte sie mich an die Botschaft erinnern?

Ich folgte meinen Kindern ins Schwimmbad. Wir zogen uns um, duschten uns und sprangen als erstes in das Becken mit Elefantenrutsche. Meine Freundin war mit ihren beiden Kleinen auch schon da. Ich bat meine Freundin, auf die Kinder aufzupassen, und ging in die Dampfsauna. Der kleine Raum war völlig überfüllt, aber kaum hatte ich mich auf eine Bank zwischen zwei Frauen gequetscht und die Augen geschlossen, gingen nach und nach alle Menschen hinaus. Innerhalb kürzester Zeit war die Sauna leer, bis auf einen Mann mit schwarzen Haaren, der sich seltsamerweise zu meinen Füßen auf den Boden setzte. »Er hält Wache!«, schoß es mir durch den Kopf. Ich schloß beruhigt wieder die Augen und ließ die Erinnerung aufsteigen.

Der typische Chlorgeruch und das Stimmengewirr machten es mir leicht, jenen Tag vor dreißig Jahren wieder aufleben zu lassen. Ich sah mich wieder als kleines Mädchen bei der Schwimmprüfung. Ich hatte gerade die Prüfung für den Jugendschwimmschein abgelegt und wollte in meinem rosa Bikini unter die Dusche gehen, als der junge Schwimmlehrer zu mir kam, bei dem ich immer trainierte. Er sagte, ich solle gleich runter in den Keller des Schwimmbades kommen, weil man bei der nächsten Prüfung mit Kleidern schwimmen müßte. Er wolle mir Kleider in meiner Größe zurückhängen, die seien nämlich selten. Ich bräuchte mich nicht umzuziehen und könnte direkt im Bikini herunterkommen. Ich hatte ein seltsames Gefühl. Irgend etwas stimmte nicht, aber weil er der Schwimmlehrer war, nach dessen Pfeife ich immer ins Wasser sprang und wieder herauskam, gehorchte ich.

Der Keller des Schwimmbades bestand aus einem langen weiß gekachelten Mittelgang, von dem rechts und links viele kleine Kellerräumchen abgingen. Aus der Tür eines dieser Räumchen winkte mir der junge Mann zu. Ich ging hinein. Er sagte mir, daß ich die Tür absperren solle, denn wenn es jemand sehen würde, daß er mich bevorzugt, bekäme er Ärger. Also schloß ich die Tür ab. Die Hälfte des kleinen, ebenfalls weiß gekachelten Raumes nahm ein Podest ein, zu dem etwa acht Stufen führten. Oben stand ein Kleiderständer, an dem tatsächlich verschiedene Kleidungsstücke hingen, aber der Schwimmlehrer hielt sie mir so nachlässig vor den Körper, daß ich spürte, daß es ihm nicht um die Kleider ging.

Er sagte, daß ich oben stehenbleiben sollte und ging die Stufen Richtung Tür hinunter. Neben der Tür war der Lichtschalter. Er löschte das Licht. In dem kleinen fensterlosen Raum war es sofort stockdunkel. Jetzt war ich mit dem Mann ganz allein im dunklen Keller. Das Herz schlug mir bis zum Hals. Er fragte, ob ich wüßte wie Mann und Frau im Bett liegen. Ich sagte: »Nein.« Er sagte, ich solle mich auf den Boden legen. Ich machte, was er sagte, und hörte ihn die Stufen heraufkommen.

Ich lag auf dem Rücken und spürte, wie er sich über mich legte. Er war nackt. Er wollte mich küssen. Mich packte der Ekel. Niemals wollte ich mich von ihm küssen lassen!

Er lag schon schwer atmend auf mir. In diesem Moment durchströmte mich eine übermenschliche Kraft. Ich schaffte es, den durchtrainierten jungen Mann von mir zu stoßen. Ich konnte plötzlich im Dunkeln sehen. Ohne zu stolpern, rannte ich die Stufen hinunter bis zur Tür, erwischte mit einem Griff den Schlüssel, drehte ihn um, riß die Tür auf und war frei.

Ich rannte zu den Frauenumkleiden hinauf. Der ersten Frau, die ich traf, versuchte ich zu erzählen, was passiert war, aber sie schnitt mir das Wort ab und sagte: »Pscht, Mädchen, über so etwas redet man nicht.« Ich ließ sie stehen. In mir drin wußte ich ganz sicher, daß kein Mann so etwas mit einem Mädchen machen darf und daß so etwas bestraft werden muß. Im Büro des Bademeisters keuchend angekommen, verlangte ich, daß er meine Mutter und die Polizei anruft.

Meine Mutter war schneller als die Polizei da. Sie brachte mich nach Hause und sagte dem Bademeister, daß er die Polizisten zu uns nach Hause schicken sollte und daß sie mit Beamtinnen kommen sollten. Kurz nachdem wir zu Hause angekommen waren, kamen auch schon die Polizisten. Zwei Männer. Als meine Mutter fragte, warum sie keine Beamtin mitgebracht hätten, sagte der eine: »Och, wir haben gedacht, es wäre nur wegen ihnen.« Ich mußte am selben Abend noch zur Untersuchung ins Krankenhaus. Meinen rosa Bikini nahmen die Polizisten mit, um ihn nach Samenspuren zu untersuchen.

Meine Mutter und ich kamen erst spät in der Nacht wieder nach Hause. In dieser Nacht saß ich stundenlang in der Badewanne. Ich wollte das Gefühl, beschmutzt worden zu sein, abwaschen. Meinen Vater habe ich den ganzen Tag nicht gesehen. Monate später erzählte mir meine Mutter, daß er den Lehrer suchen wollte und knapp davor war, ihn umzubringen. Der Schwimmlehrer wurde damals nur zu neun Monaten auf Bewährung verurteilt. Ein Urteil, daß ich nicht verstand, denn ich war schon das zweite Mädchen, das er belästigt hatte. Das andere Mädchen lernte ich im Gerichtssaal kennen. Sie war ein Jahr älter als ich und redete seit dem Mißbrauch kein Wort mehr. Mit niemandem, auch nicht mit mir, obwohl ich doch nachempfinden konnte, was sie fühlte. Sie saß die ganze Zeit nur da, mit ausdruckslosem Blick und zitterte.

Ich merkte: Ich hatte noch viel Glück gehabt. Meine Verletzung war nicht so tief. Dieses Erlebnis hatte ich immer wieder bearbeitet, und durch die verständnisvolle Liebe meines ersten Liebhabers konnte mein verlorenes Vertrauen in die Männer wieder heilen. Geblieben war meine Entschlossenheit, mich nie mehr so erniedrigen zu lassen. All dies ging mir in der Dampfsauna innerhalb weniger Minuten durch den Kopf. Ich war bis auf den Mann zu meinen Füßen immer noch alleine. Um mich jetzt wirklich zu entspannen, lehnte ich mich zurück und schloß die Augen. Im selben Moment nahm ich den Raum anders wahr.

Ich blicke mich um und befinde mich in einem Spiegelkabinett. Wohin ich auch blicke, überall Spiegel. Ich sehe mich selbst in alle Richtungen in langen Reihen gespiegelt. Während ich die Reihen noch fasziniert betrachte, ändern sie ihr Aussehen. Statt mich selbst, sehe ich jetzt zahllose Frauen aus verschiedenen Zeitaltern und Kulturen, verschieden gekleidet, vornehme Frauen und ganz einfache, in bunter Reihe durcheinandergemischt. Frauen im Rokokogewand stehen neben nackten Afrikanerinnen mit Körperbemalung. Ich sehe keine Gesichter, es sind unendlich viele Frauen. Sie alle sind durch ein unsichtbares Band verbunden.

Die Kette der Frauen ist eine Kette des Mißbrauchs, über Jahrtausende zurück. Von Generationen von Müttern weitervererbt an ihre Töchter. Die Erfahrung des Mißbrauchs steckt in den Zellen jeder Frau. Es gibt keine Frau, die nicht von Mißbrauch betroffen ist. Jede hat es direkt erfahren oder geerbt, durch ihre Mutter, Großmutter, Urgroßmutter, Ururgroßmutter… Sie geben ihre Verletzung an ihre Kinder weiter. Keine Frau ist unberührt geblieben. Auf der heutigen Erde eine unbefleckte Frau zu finden, ist so schwierig wie die Suche nach dem Einhorn.

Ich weite mein Bewußtsein und mache mich auf die Suche. Ich fühle alle Frauen in mir, spüre nach, ob eine heil geblieben ist und kann keine finden. Wieder ändern sich die endlosen Spiegelbilder. Die Frauen verschwinden, statt dessen sehe ich Bilder des Mißbrauchs an der Erde, ihre Verletzungen durch zahlreiche Wunden. Zerrissene Schönheit. Verrostete Industrieanlagen. Schwarze Bohrtürme, umgepflügte Wälder, aufgerissene Ebenen, aufgerissene Haut, schwarze Öllachen…

In diesem Augenblick spüre ich, wie mein Bewußtsein an seine Dehnungsgrenze kommt. Es spannt sich wie ein Ballon, der immer fester aufgeblasen wird. Ich kann die Dimension der Botschaft nicht mehr in mein System integrieren. Das Bewußtsein der Erde ist zu groß für mein menschliches Bewußtsein. Die Spannung steigt und steigt und plötzlich höre ich einen lauten inneren Knall. Peng! Ich sehe meine Bewußtseinstücke durch den Raum schweben, viele kleine Teile, alle meine Konzepte und Vorstellungen, wie die Welt funktioniert, schweben zusammenhanglos um mich herum. Mein Ich hat keine definierten Grenzen mehr. Ich bin aufgelöst.

In mir öffnet sich ein dunkler Kanal. Das Erdbewußtsein strömt von der rechten Hüfte schräg durch mich durch bis zur linken Schulter. Ein breiter dunkler Strom. Ich fühle die Verzweiflung der Erde in mir. Sie fühlt wie eine mißbrauchte Frau. Sie schreit um Hilfe. Ein verzweifelter Hilfeschrei an die Männer: »Hört auf mit dem Mißbrauch und helft!« Ich spüre ihre verzweifelte Hoffnung, daß ihr Schrei gehört wird, daß die Qualen endlich aufhören. Tränen fließen mir über die Wangen, tropfen auf den nassen Boden,... die weinende Erde...

Der Mann zu meinen Füßen steht auf und geht. Ich muß auch aus der Sauna hinaus. Kann ich noch laufen? Ich habe das Gefühl, daß ich ersticke. Aber so aufgelöst kann ich nicht zurück zu meinen Kindern. Bin ich wahnsinnig geworden? Ich zwinge mich, tief zu atmen, und konzentriere mich. Im Vorraum der Sauna gibt es kalte Becken und Schläuche mit kaltem Wasser. Dort kühle ich mich ab, immer wieder, bis mein Atem sich beruhigt hat.

Die Kinder sind fröhlich mit sich selber beschäftigt, meine Freundin liest ein Buch, so kann ich mich auch in einen Liegestuhl legen. Noch niemals zuvor habe ich gehört oder gelesen, daß ein Mensch das Erdbewußtsein fühlt. Mir war nicht klar, daß die Erde wirklich fühlt wie eine Frau. Bei den Indianern hatte ich das immer wieder gehört, aber erst jetzt hatte ich verstanden, hatte ich es am eigenen Leib gespürt, ihre warme selbstlose Liebe und ihre Verzweiflung darüber, daß wir nicht aufhören, sie zu verletzen.

Ich hatte mir die Erde immer so übermächtig und stark vorgestellt, und jetzt war sie mir so verletzlich erschienen. Könnten wir Menschen es wirklich übertreiben? Sind wir in der Lage die Erde zu töten, verliert sie ihre Lebenskraft, wenn der Mißbrauch nicht aufhört? Die Dimension der Botschaften war für mich nicht überblickbar. Ich wollte nur noch nach Hause. Ich konzentrierte mich, nichts zu denken, und unter dem Vorwand, daß mir schlecht wäre, was ja irgendwie auch stimmte, bewegte ich meine Kinder, sich anzuziehen und mit mir nach Hause zu fahren.

Ich wollte nur noch ins Bett und schlafen. Ich fühlte mich restlos überfordert. Zu Hause fiel ich in einen traumlosen Schlaf. Am nächsten Tag meldete sich sofort mein kritischer Verstand. Er stellte mir bohrende Fragen. War ich wirklich sicher, daß ich nicht mein eigenes Mißbrauchserlebnis auf die Erde projizierte? Wollte ich mich besonders hervortun?

Ich prüfte die Frage genau. Meinen eigenen Mißbrauch hatte ich gut verarbeitet. Das Erlebnis hatte bei weitem nicht mehr die emotionale Kraft, die nötig wäre, um solch eine Vision zu erschaffen. Es war mir gelungen, mich in die Situation hineinzuversetzen, aber sie bereitete mir keinen Schrecken mehr. Ich hatte die Erfahrung transformiert.

Ganz anders die Verzweiflung der Erde. Dieses Gefühl war so überwältigend, daß es meinen menschlichen Bezugsrahmen sprengte. Ich konnte genau fühlen, wie sich die Grenzen meines Bewußtseins angesichts des größeren Bewußtseins der Erde nicht mehr aufrechterhalten ließen. So etwas konnte ich unmöglich aus eigener Kraft inszenieren, denn es ging bei weitem über meine persönliche Kraft hinaus. Selbst meine wildeste Vorstellungskraft hätte dafür nicht ausgereicht. Außerdem spürte ich ja deutlich die Anwesenheit eines anderen Bewußtseins in mir. Das war kein abgespaltener Teil meines Selbst. Ich konnte mitfühlen, weil ich genau zu diesem Zeitpunkt meine Aufmerksamkeit in diese Richtung lenkte und mich für die Mißbrauchsproblematik öffnete, statt sie unter den Tisch zu kehren.

Ich war mir außerdem sicher, daß mein Ego keine Vision produzieren würde, bei der es selbst gesprengt würde. Meinem Verstand gelang es ja auch im Nachhinein nicht, die Erfahrung irgendwie in meinem System einzuordnen. All das war viel zu groß. Es wuchs einfach über mich hinaus. Ebenso stammte die unendliche Kette von Mißbrauch, die alle Frauen verband, nicht aus meiner Erfahrungswelt. Ich wußte vorher nicht, daß Mißbrauchserlebnisse vererbt werden und daß diese Kette Jahrtausende zurückreicht. So weit in die Vergangenheit hatte mein geschichtliches Wissen nie gereicht.

Ungefähr 2000 Jahre konnte ich grob überblicken, aber nicht mehr. In den nächsten Tagen bemerkte ich eine extreme Veränderung meiner Wahrnehmung. Überdeutlich sah ich jetzt die Vitalenergie jedes Menschen um mich herum, auch die sexuelle Anziehung zwischen Männern und Frauen. Manche Männer schienen die Frauen mit ihren Blicken zu durchbohren. In ihnen loderte der Jagdinstinkt. Sie wurden besonders angezogen von Frauen, die Schwäche zeigten. Ich sah die typische Opferhaltung mancher Frauen und wie sie Lust daraus schöpften, sich selbst zu erniedrigen. Sie hatten den ständigen Mißbrauch in Lust umgedeutet, weil er sonst für sie nicht ertragbar war. Sie boten sich förmlich den Männerblicken dar.

Andererseits spürte ich die grundsätzliche Angst der Frau vor dem Mann, selbst in scheinbar harmlosen Situationen, zum Beispiel in der belebten Fußgängerzone. Die meisten Frauen waren angespannt und wehrhaft, bereit sich zu verteidigen. Jäger und Kriegerinnen begegneten sich. Nachts hatte ich einen intensiven Traum.

Ich sah, wie eine Mutter im Ehebett liegt und lustvoll zusieht, wie ihr Mann ihre Töchter im gemeinsamen Bett mißbraucht. Ich fragte mich im Traum, wie sie so etwas genießen kann, und ich gab mir selbst die Antwort, daß sie den Mißbrauch an sich selbst nicht mehr ertragen konnte und ihn deshalb umgedeutet hatte in Lust. In Lust an der Zerstörung. Sie empfand jetzt Lust an ihrer Selbsterniedrigung, an ihrer Selbstzerstörung und an der Zerstörung ihres Lebensausdrucks in Form ihrer Kinder.

Der Traum war so intensiv, daß ich mit beklommenem Gefühl wach wurde. In welchem Alptraum war ich gelandet? War das ein Zukunftstraum? Ich verstand die Analogie zwischen der Vitalkraft der Erde und der weiblichen Sexualität. Ich verstand, daß die Erde fühlt wie eine Frau. Ihre Verzweiflung hatte sich mir in jede Zelle eingebrannt. Könnte der Traum bedeuten, daß auch die Erde sich selbst zerstört und uns, ihre Kinder, ebenso, falls der Mißbrauch nicht aufhört? Ich mußte mit jemandem über die Erlebnisse reden. Am nächsten Tag traf ich mich mit Freunden. Die Dimension der Botschaften war so groß, daß ich sie teilen mußte.

Meine Freunde arbeiten selbst spirituell auf verschiedenen Gebieten und setzen sich seit vielen Jahren für die Heilung der Erde ein. Ihnen konnte ich meine Informationen anvertrauen, ohne daß sie an meinem Verstand zweifelten. Sie konnten mir folgen. Allerdings glaubten sie nicht, daß die Erde so weit gehen könnte, sich selbst zu zerstören. Sie glaubten an ihre Transformationskraft. Ich hoffte, daß sie recht behalten würden. Für mich war die Warnung überdeutlich. Gibt es für die Transformationsfähigkeit der Erde wirklich keine Grenze? Ist sie unendlich belastbar?

Bis heute kann ich in mir das Bewußtsein der Erde aufsteigen lassen. Ich empfange Botschaften von weit entfernten Regionen. Einmal bekam ich das schmerzende Bild einer riesigen Wunde in Sibirien. Kurze Zeit später erfuhr ich, daß in Nordsibirien im Tagbau ganze Landstriche aufgerissen werden und daß die Regierung dort Erdgasförderung im großen Maßstab vorbereitet. Das Gefühl der Erde ist in dieser Region so empfindsam wie die Fontanelle eines Säuglings. Ich mag mir gar nicht ausmalen, was es für die Erde bedeutet, wenn die Zerstörung dort weitergeht. Die Zweifler mögen weiter zweifeln, aber den anderen rufe ich zu: Jede Hilfe wird gebraucht, wirklich jede! Die Erde kann auf keine hilfreiche Hand verzichten.

Die zweite Botschaft

1. Juni 2006

(nach dem Maya-Kalender im Zeitraum: Zweiter Bolontiku, Perfektion des Spiegels der Weisheit der Seele)

Ich bin im Aikido-Training. Kurz nach dem Aufwärmtraining spüre ich, daß etwas nicht stimmt. Ich werde immer nervöser, je mehr ich trainiere. Das ist ganz ungewöhnlich. Normalerweise hilft mir Aikido eher, mich zu zentrieren, aber jetzt macht es mich nervös. Der Impuls, nach Hause zu gehen und zu meditieren, steigt in mir hoch. Ich breche das Training ab, ziehe mich um und fahre heim. Zu Hause angekommen, bitte ich meinen Lebenspartner, für mich zu trommeln. Ich lege mich in den Meditationsraum und bin bereit zu reisen.

Schon bei den ersten Trommelschlägen sehe ich meinen Eingang in die Unterwelt. Da sitzt auch schon mein Schutztier, der Hund, und springt voller Freude an mir hoch. Ich weiß, daß er mich gerufen hat, und denke, es würde in die Unterwelt gehen, aber neben dem Hund sitzt an einem Feuer mein zweites Krafttier, der Adler. Er nimmt mich mit in die Luft.

Wir fliegen Richtung Sibirien zu den sibirischen Schamaninnen. Sie sitzen im Zelt um ein Feuer und fragen mich, wo ich so lange bleibe. Sie warten schon drängend auf mich. Meine unterirdische Begleiterin, die weiße Alte, sitzt bei ihnen am Feuer. Sie hat einen Beutel mit Kräutern für mich.

Eine alte Schamanin stellt sich vor: »Ich heiße Turga.« Zum ersten Mal kann ich ein Gesicht sehen. Sie hat ein altes Gesicht mit strahlenden Augen und gegerbter Haut. Ich muß weinen vor Sehnsucht. Sie gibt mir ein weiches Schamaninnenkleid aus Leder mit Fell dran. Dann sagt sie mir die zweite Zeile der Botschaft, die ich auch gleich als Symbole vor mir sehe.

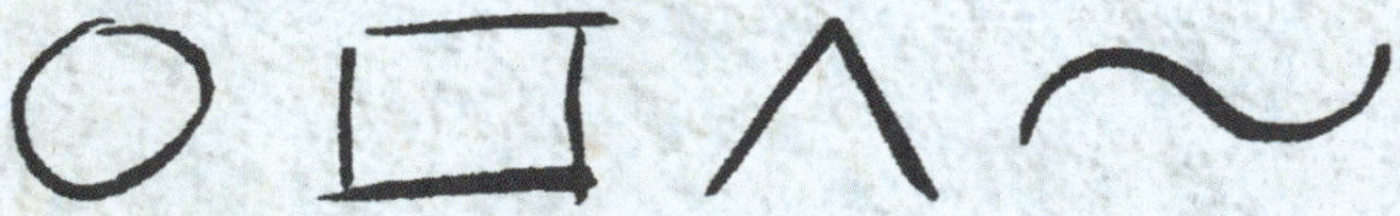

Es muß eine Verbindung _in der_ materiellen Welt _geschaffen werden,_
mit den Männern, _damit die_ Lebensenergie _wieder fließen kann._

Die Botschaft fühlt sich drängend an. Eine große Dringlichkeit liegt in meinem Auftrag. Die Schamaninnen singen noch ein Lied für mich, und ich singe mit. Das Lied hört sich gleichzeitig sehr tief und obertonreich an. Als das Lied leiser wird, fliege ich auf meinem Adler zurück. An meinem Platz angekommen, bedanke ich mich bei meinen Krafttieren.

Vier klare Trommelschläge holen mich zurück in die dreidimensionale Welt.

Die Priesterin

Es ist später Abend. Ich komme müde von einem Konzert nach Hause. Erschöpft lasse ich mich im Wohnzimmer auf die Couch fallen und entspanne mich. Kaum habe ich die Augen geschlossen, spüre ich das mittlerweile bekannte Gefühl, mit dem sich eine Vision ankündigt. Ich öffne meinen Geist und lasse sie aufsteigen.

Ich liege auf einem Altartisch aus weißem Stein. Ein Mann flüstert mir Liebesworte ins Ohr und bittet mich, mich ihm zu öffnen. Wir sind beide nackt, und ich bin sehr erregt. Der Mann bewegt sich aufreizend langsam, und ich lasse immer wieder in wohliger Lust mein Becken kreisen. Ich locke ihn zu meinem energetischen Kern, ich weiß, daß er mich ganz erkennt, wenn er mich so tief mit seinem Penis berührt, daß es dann für mich keine Versteckmöglichkeit mehr gibt, aber genau das, diese völlige Öffnung, genieße ich besonders.

Ich spüre, wie all meine Zellen beginnen zu pulsen, wie sie sich mit Energie aufladen und ihre Oberfläche prall gespannt wird. Mein Körper vibriert vor Energie. Der Mann ist ganz ruhig, obwohl auch er sehr erregt ist. Es gelingt ihm mühelos, mich in diesem energetischen Zustand zu halten – über Stunden. Unsere Körper leuchten aus sich heraus, ein strahlendes weiß-goldenes Licht. Spontan schießt es mir durch den Kopf: Wir vollziehen die Heilige Hochzeit. Um uns herum erkenne ich schemenhaft viele Menschen, die uns anfeuern…

Dann werde ich wach. Ich liege wieder auf der Couch und bin überwältigt. Solch eine erfüllende Sexualität habe ich in meinem jetzigen Leben noch nie erlebt. Was war das? Was ist eine Heilige Hochzeit? Wo war ich in dieser Vision? Wer war der Mann? Ich befehle meinem Verstand zu schweigen und nehme mir vor, einfach mit diesem schönen Gefühl in meinem Bett einzuschlafen.

Am nächsten Morgen suche ich den inneren Zusammenhang in den Botschaften und lasse mir alles noch einmal durch den Kopf gehen: die göttliche Sexualität in der Heiligen Hochzeit, die Analogie zwischen der weiblichen Sexualität und der Lebensenergie der Erde, der Mißbrauch an den Frauen und der Erde, der geheilt werden muß, die Einweihungsriten und das Heilungsritual, die sibirischen Schamaninnen und das Goldene Gitternetz.

Ich bin völlig verwirrt, kann keinen roten Faden erkennen. Ich will mir Zeit für eine tiefe Meditation nehmen und die Kräfte um Hilfe bitten. Es ist wieder später Abend, als ich mich in meinem Meditationsraum auf meinen Teppich setze. Ich zünde Kerzen und Räucherstäbchen an und schließe die Augen. Meine Bitte um Einsicht steigt mit dem Rauch zu den Kräften.

Ich sehe mich selbst an einem großen weißen Altarstein stehen. Der Altar bildet das Zentrum eines sehr großen Steinkreises aus glatt behauenen Steinen. Die weite Fläche zwischen mir und den Steinen ist leer. Die aufgerichteten Steine des Kreises sind über zwei Meter hoch, etwa 1,50 Meter breit und oben gerade behauen und ohne jede Verzierung. Zwischen den Steinen ist ein kleiner Abstand, so daß ich den Horizont sehen kann.

Die Landschaft um mich ist weit und etwas karg, nur hinter mir, im Norden, liegt ein Wald, der an den Steinwall angrenzt. Es ist ganz kurz vor Morgendämmerung. Neben mir steht mein Mitpriester. Es ist ein Mann, der eine Energie zwischen Mann und Frau hat, einen männlichen Körper mit einem weiblichen Geist und weiblichen Verständnis und Bewußtsein. Wir bereiten uns innerlich auf ein mächtiges Ritual vor.

Wir stehen mit geschlossenen Augen nebeneinander und wissen, ohne zu sehen, um einander, wie der andere die ankommende Energie umlenkt oder bindet oder verändert. Wir rufen die Kräfte. Ich bin wie meist für die Anrufung zuständig. Ich kann mich dabei blind auf meinen Mitpriester verlassen. Er ist immer da. Ich habe ein absolut sicheres Gefühl, daß wir es schaffen. Wir haben schon viele Gefahren gemeinsam abgewendet, sogar Unwetter und Katastrophen. Wir konnten gute Ernten herbeirufen und den Regen. Wir konnten die Kräfte besänftigen oder aufpeitschen.

Aber jetzt spüre ich, daß unsere Zeit vorbei ist. Die Menschen beginnen, sich von der Heiligkeit der Erde abzuwenden, und wir können die Energie nicht mehr halten. Wir werden sie loslassen und uns für später verabreden, wenn unser Wissen nach einer langen düsteren Zeit wieder gebraucht werden sollte.

Ich trage eine einfache hellgraue Tunika aus grobem Stoff, ohne jede Verzierung. Auch die Kleidung meines Mitpriesters ist ohne Verzierung, so wie auch unsere Rituale ganz schlicht und einfach sind. In diesem Zustand habe ich ein weites Bewußtsein. Ich kann in die Vergangenheit und in die Zukunft sehen. Ich sehe, daß die Menschen sich von der Einheit mit der Erde abwenden werden. Ich sehe, daß die Menschen ihre Individualität entwickeln wollen. Das Aufgehobensein im Kreislauf der Natur bietet ein starkes Gefühl der Geborgenheit, aber wenig individuelle Gestaltungsmöglichkeiten. Als Individuum kann man nur herausragen, wenn man innerhalb des Kultes eine bestimmte Funktion übernimmt.

Jetzt wollen die Menschen eine andere Bewußtseinsform ausprobieren. Sie wollen die Welt von außen betrachten und kreativ darauf Einfluß nehmen, beziehungsweise sie gestalten. Sie wollen als Einzelwesen wahrgenommen werden und ihre individuellen Kräfte erproben. Dieser Impuls kommt insbesondere von den Männern, die in unseren Kulten eine eher untergeordnete Funktion haben. Es gibt fast nur Priesterinnen.

Ich spüre, daß diese Entwicklung nicht aufzuhalten ist. Alles beginnt sich aufzulösen. Ich sehe dunkle Zeiten in der Zukunft, in der die Menschen sich von der Mutter Erde abwenden und der Erde und sich selbst unglaubliche Grausamkeiten zufügen. Die Geschlechter begegnen sich mit Mißtrauen. Angst beherrscht die Menschen. Mein Herz tut weh, wenn ich diese dunkle Zeit sehe. Wir wissen, daß wir das nicht ändern können. Wir sind auf der Erde, um zu helfen, aber wir dürfen uns nicht einmischen.

Gemeinsam vollführen wir unser letztes Ritual, in dem wir unsere Lebensenergie zurück zur Mutter Erde schicken. In diesem Augenblick fühlen wir uns nicht schwach, sondern sehr stark und entschlossen. Wir wissen, daß unsere Verabredung über Tausende von Jahren der dunklen Zeit halten muß, aber wir sind sicher, daß wir uns erkennen werden. Wir senden in unserem letzten Ritual einen mächtigen Energiestrahl in die Zukunft, um uns dort zu verankern. Wir haben beschlossen, uns für ein neues gemeinsames Leben zu verabreden, wenn unser Wissen um die alten Kulte wieder gebraucht würde und die Zeit reif wäre, wieder die dreifaltige Göttin zu ehren und zu achten.

Dieses Verankern in der Zukunft funktioniert, weil wir wissen, daß alle Zukünfte und Vergangenheiten immer gleichzeitig da sind – jetzt; und deswegen ist es keine wirkliche zeitliche Entfernung von 5000 Jahren. Wir wissen also, daß wir uns für sehr lange Zeit trennen, aber ich bin nicht niedergeschlagen. Ich habe eher das Gefühl, daß wir uns über die Zeitläufe erheben, losfliegen wie zwei riesige Vögel und im unendlichen Kreisflug warten, bis wir wieder landen können, um unsere Aufgabe wieder aufzunehmen.

Wir schauen uns stolz und entschlossen in die Augen und führen gemeinsam die heilige Handlung durch. In völliger Konzentration lösen wir uns von der Erde und verankern unser Wissen in der Zukunft…

Ich öffnete die Augen und spürte immer noch diese seltsam erhabene Trauer in mir. Ich sah immer noch den flachen, hellen Altar vor mir und den großen Steinkreis, in dem das Ritual stattfand. Ich wunderte mich über die schmucklose Kleidung, das Fehlen jeglicher Verzierung auch auf den Steinen, aber das entsprach genau der Klarheit des Geistes, die ich als Priesterin gespürt hatte. Ich war mir als Priesterin so völlig sicher gewesen, am richtigen Ort und in der richtigen Zeit zu sein.

In meiner Vision hatte ich immer die Zahl 5000 im Kopf, obwohl… Wie nach einem intensiven Traum blieb ein bestimmtes Gefühl zurück. Ich fühlte die Energie der Priesterin in mir. Ihr lebenspendendes Element war das Wasser, dort hatte sie ihre größte Kraft. Alles Lebendige braucht Feuchtigkeit, aus der Feuchtigkeit, dem Uterus der Großen Mutter, kommt alles Leben. In den Quellheiligtümern sprudelt diese Energie aus der Tiefe empor. Die Frauen setzen sich an den Rand der Quelle, um von dieser lebensspendenden Energie zu empfangen. Die Große Mutter gebiert Leben aus sich selbst heraus, sie ist die Fruchtbarkeit selbst. Sie verströmt diese Fruchtbarkeit wie einen segenspendenden Strom über die Erde und all das, was ist. Wir fühlen uns in diesem Strom geborgen. Wir wissen, daß diese Quelle des Lebens niemals versiegt. Wir fühlen uns mit allem verbunden und aufgehoben im Strom des Lebens. *Ich war ihre Priesterin!* Was war das für eine außergewöhnliche Vision? In welcher Zeit hatte ich da gelebt, und gab es vielleicht noch mehr Informationen?

In dem Moment, als ich meinen Meditationsraum verließ, erwog ich zum ersten Mal ernsthaft, eine Rückführung mitzumachen, weil ich der Sache auf den Grund gehen wollte. Eigentlich hatte ich mich bisher immer gegen Rückführungen gesträubt. Ich dachte, mit einem Leben hätte ich schon genug zu tun. Ich konnte mir nicht vorstellen, wie ich in die komplexe »Jetzt-Welt« auch noch vergangene Leben einbauen sollte, wenn ich dafür erst mal die Tür öffnen würde.

Schließlich siegt aber doch mein Wissensdrang. Ich will wissen, was es mit dem Leben als Priesterin auf sich hatte. Ich verabrede also einen Termin mit einer bekannten Rückführungs-Spezialistin. Als sie die Tür öffnet, bin ich überrascht. Ihre Wohnung ist völlig normal, fast schon spießig eingerichtet und sehr sauber und aufgeräumt. Ich betrete den kleinen Behandlungsraum und mache es mir in einem großen Ledersessel aus dunklem Leder bequem. Die Frau sieht aus wie eine Durchschnittsfrau, Mitte fünfzig, mit Brille, adretter Kurzhaarfrisur und sehr konservativ gekleidet, mit braunem Rock bis zu den Knien und Seidenschal. Was sie sagt, klingt aber ganz und gar nicht durchschnittlich. Sie erzählt mir von ihrem Engel und von Verbindungskräften zur anderen Ebene und von den neuesten Botschaften, die sie von der anderen Ebene erhielt. Ich erzähle von meiner Vision und daß ich auf der Suche nach weiteren Informationen zu diesem Leben in der Vergangenheit bin. Sie wird plötzlich sehr unternehmungslustig, so als würde sie mit mir auf eine Reise gehen. Sie fragt, ob sie meine Stimme aufzeichnen dürfe und stellt eine Karaffe mit Wasser und ein Glas auf den Tisch, und dann geht es los.

Es fällt mir leicht den Anweisungen ihrer sanften Stimme zu folgen: Ich soll eine Leiter zum Himmel visualisieren und hinaufsteigen. Oben soll ich auf einer Plattform aus Wolken aussteigen und mich auf eine Wolke setzen. Dort treffe ich helle Lichtwesen. Ich denke kurz, daß das ja wohl zu klischeehaft wäre, beschließe aber doch, mich darauf einzulassen, und lausche weiter ihrer beruhigenden Stimme.

»Sieh dich um. Gegenüber siehst du eine Wand aus Wolken, mit mehreren Toren. Durch welches willst du gehen?« »Das Tor ganz links«, sage ich. »Gut, dann geh hindurch.« Sie hat den Satz kaum ausgesprochen, da sehe ich mich als kleines Mädchen.

Ich bin gerade mal zwölf Jahre alt. Eine Frau nimmt mich mit in einen Tempel und gibt mir telepathisch zu verstehen, daß ich keine Angst zu haben brauche, daß sie mich einweiht in meine Priesterinnenaufgabe. Die Frau winkt, ich solle hineingehen. Der Tempel ist sehr karg, nicht verziert, glatte graue Steine, ganz dunkel im Inneren. Er erinnert mich an ein Grab. Dort werde ich in Zukunft wohnen. Dann führt sie mich zu einem Steinkreis. Um den Steinkreis herum stehen nur kleine Bäume. Halb links hinter mir ist ein Wald, ein heiliger Hain. Da drin sind Männer, so ähnlich wie Druiden. Sie arbeiten mit Pflanzen, stellen Tränke her, die bei den Zeremonien gebraucht werden.

Im Wald gibt es viele Eichen. Der Wald hat kräftige Bäume und kräftiges Unterholz und Farne und sieht ganz anders aus als der Wald heute. Er ist viel vitaler. Wenn ich die Hände auf die Bäume lege, spüre ich, wie sie pulsen, ähnlich dem Summen einer Hummel. Ich kann auch die Energie der Bäume aufnehmen, und die Bäume kommunizieren mit den Menschen. Die Menschen können mit den Bäumen reden, sie verstehen eine Baumsprache und bekommen durch die Bäume Botschaften und Visionen. Freude durchströmt mich. Ich lache…

Wenn ich auf den Wald schaue, bin ich völlig fasziniert, das Grün ist grüner, das Moos ist moosiger. Die Bäume sind völlig gesund. Sie sind tiefgrün und strotzen vor Kraft. Das Bild wechselt: Es ist der Tag, an dem die Leute alle fliehen. Unten am Strand ist Feuer. Sie haben unsere Boote angesteckt. Sie bringen alle Kinder um. Sie nehmen die Kinder an den Füßen und schlagen sie an die Boote. Die Menschen laufen alle weg. Ich gehe an den Strand und baue mit einem Kristall ein energetisches Feld auf. Es ist ein länglicher Kristall, den hat mir meine Ausbilderin geschenkt. Er ist nur für Notfälle. Es durfte keiner wissen, daß es ihn gibt. Mit ihm stelle ich mich vor die Angreifer. Sie stürmen auf mich zu, aber das energetische Feld hält sie auf, wenigstens so lange, bis die Menschen fliehen können. Die Angreifer sind voller Haß, eine ganz niedrige Energiestufe, eine ganz niedrige Schwingung. Sie tragen Felle und haben Helme mit Hörnern auf dem Kopf. Sie haben einen ziemlich grausamen männlichen Gott. Sie können unsere Verehrung der Großen Mutter nicht verstehen.

Sie sind auch vor irgend etwas auf der Flucht, und sie sind eigentlich auch verzweifelt, das sehe ich, wenn ich ihnen gegenüberstehe. Ich finde das in diesem Moment so traurig, denn wenn sie gekommen wären und hätten uns gebeten, ihnen zu helfen, dann hätte unsere Mutter Erde gereicht, sie zu ernähren. Bei uns ist so viel Fülle und Überfluß. Es hätte für sie gereicht. Mein Volk ist ganz verwirrt. Sie retten jetzt zwar ihr Leben, aber dadurch, daß ich von ihnen getrennt werde, verlieren sie ihr spirituelles Zentrum. Ich kann nicht fliehen, ich muß an diesem Tempel bleiben. Sie können nicht wieder zurück und vermischen sich auf ihrer Flucht mit irgendwelchen anderen Völkern, sie gehen in etwas anderem auf…

Als ich meine Augen öffne, treffe ich den gutgelaunten Blick der Rückführungsspezialistin. »Hat ja gut geklappt«, meint sie über den Rand ihrer Brille hinweg. »Jetzt werden sie wohl öfter Botschaften aus der Vergangenheit bekommen.«

Sie sollte Recht behalten. Immer wieder werde ich mitten in der Nacht durch intensive Träume geweckt.

Die Einweihung

Heute ist der Tag meiner Einweihung. Meine Lehrerin Turga hat in den vergangenen Wochen oft davon gesprochen. Sie hat mir alle Symbole und ihre Bedeutung erklärt. Sie war auch weniger streng als sonst und lachte öfter. Irgendwie schien sie sich besonders auf diesen Tag zu freuen. Mir ging es ebenso, wenn ich mir auch nicht genau vorstellen konnte, was mich erwartete. Endlich sollte ich in meinem eigenen Körper der männlichen Energie begegnen. Ich stellte mir auch oft den Mann vor, den die Stammesmutter für dieses Ritual auswählen würde. Wenn ich in die Zukunft blickte, hatte er helle Haare und helle Haut, war schon etwas älter, aber von hoch aufgerichteter Gestalt und voller Vitalität. Heute würde ich sehen, ob meine Blicke in die Zukunft zutreffend waren.

Das Ritual beginnt am frühen Morgen mit einem Bad in der Quelle im Wald. Als meine Lehrerin mich am Steinkreis abholt, ist es noch ziemlich kalt. Zwischen den Bäumen steht noch dünner Morgennebel. Der Wald schweigt, als würde er wissen, daß heute ein ganz besonderer Tag ist. Auch wir gehen schweigend über den weichen Waldboden, aber ganz anders, als wenn wir aufbrechen zum Kräutersuchen. Wir sind auf ein viel größeres Ziel konzentriert. An der Quelle legt meine Lehrerin ein hellgraues Tuch ins Gras. Sie legt eine Muschelschale mit getrockneten Wildrosenblättern in die Mitte. Die Muschelschale symbolisiert das weibliche Geschlecht und der Duft der Rosen den liebevollen Fluß der Sexualenergie. Vom Bachufer hat sie große bunte Blüten mitgebracht, mit denen sie um die Muschelschale einen Kreis legt. Dieser Kreis symbolisiert den ewigen Kreislauf des Lebens, in dessen Mitte die weibliche Sexualkraft steht. Durch sie wird immer wieder alles Leben geschaffen. Sie ist heilig. Diese Heiligkeit wird heute in meiner Person geehrt.

Die Haltung meiner Lehrerin ist heute ganz anders als sonst. Sie behandelt mich voller Ehrerbietung. Zunächst nimmt sie die Räucherschale und entzündet die Rosenblätter. Sie fächelt mir den würzigen Duft zu, der sich sofort in meinen Haaren verfängt. Ich schließe die Augen und genieße die Aufmerksamkeit, die mit zuteil wird. Sie hilft mir, mein einfaches langes Gewand aus grobem Stoff auszuziehen. Sie selbst zieht nur ihre Schuhe aus und stellt sich in das kalte Wasser der Quelle.

In diesem Moment brechen die ersten Sonnenstrahlen durch das Blätterdach und lassen das rauschende Wasser zu meinen Füßen glitzern. Sie wärmen auch meine Haut, so daß ich ohne zu zögern in das kalte Wasser folge. Mit der Muschelschale schüttet meine Lehrerin mir immer wieder Quellwasser über meinen Körper, bis die Kälte des Wassers sich wie Hitze anfühlt. Das Wasser umschäumt unsere Füße und rauscht durch weit verzweigte Arme Richtung Waldsee.

Mein Bewußtsein schwebt nach oben, über die Waldwipfel Richtung Sonne. Ich weiß nicht, wie lange ich so gestanden habe. Irgendwann berührt meine Lehrerin sanft meinen Arm und führt mich aus dem Wasser zu ihrem grauen Tuch. Ich soll mich in den Blumenkreis stellen und dort warten. Aus ihrem Korb nimmt sie ein schönes Gewand aus weichem Leder. Sie hat es selbst für mich genäht und mit Mustern verziert, Spiralen, Wellenlinien und Kreise. Sie blickt mich so voller Liebe an, als sie es mir überstreift, daß ich weinen muß.

Ich weiß, es ist ihr Abschiedsgeschenk an mich, denn mit der Einweihung hört meine Ausbildung auf. Bald wird sie uns verlassen. Sie streift mir das Gewand über die nackte Haut. So weiches Leder habe ich noch nie gefühlt. Es schmiegt sich wie eine zweite Haut an meinen Körper, leicht und wärmend zugleich. Ob sie das Leder bei einem anderen Volk eingetauscht hat?

Wir brechen auf, die Sonne steht schon hoch am Himmel. Vor der Abenddämmerung müssen wir an der Heiligen Höhle sein. Am Steinkreis angekommen, soll ich nur noch mein Ritualmesser mitnehmen. Ich weiß zwar nicht warum, aber ich gehorche, ohne zu fragen. Wir machen uns auf den langen Weg zur Höhle. Es geht ziemlich steil bergauf bis auf halbe Höhe des Berges, aber ich bin trotzdem nicht müde. Die Aufregung hält mich wach. Wir machen zwei Mal eine kleine Pause, trinken aus dem Trinkschlauch Wasser von der Quelle und essen einige Früchte. Ich bin glücklich. Endlich ist meine Ausbildungszeit vorbei. Ich werde heute in die letzten Geheimnisse eingeweiht.

Als die Sonnenstrahlen schon sehr flach am Horizont stehen, erreichen wir den Eingang zur Höhle. Im ersten Raum der Höhle entfachen wir ein Feuer. In der Mitte des Raumes steht ein Nabelstein als symbolische Verbindung zur Erde. Neben der linken Höhlenwand ist ein Podest aus Stein aus dem felsigen Grund gehauen, darauf legt meine Lehrerin einige Felle. Sie räuchert auch in der Höhle mit Rosenblättern. Ich setze mich auf das mit Fellen belegte Podest und warte. Nach einiger Zeit betritt unsere Stammesmutter mit einem Mann die Höhle. Es ist der hellhäutige Mann aus meiner Zukunftsvision. Die Stammesmutter strahlt, anscheinend ist sie stolz, einen so besonderen Mann für mich gefunden zu haben. Er kommt von einem anderen Volk, von dem wir manchmal bei unseren Festen Besuch bekommen. Sie kennen unsere Rituale auch. Er steht hoch aufgerichtet im Höhleneingang, geht direkt zum Nabelstein und verneigt sich dort.

Das Ritual beginnt, indem er seine Verbundenheit mit der Großen Mutter bekräftigt. Er tritt zum Nabelstein und wiederholt die Männerformel, laut und deutlich, so daß auch ich es höre: *Ich gelobe, keine Frau zu beleidigen oder zu beschimpfen. Ich gelobe, die Mütter zu ehren. Ich gelobe, das Leben in all seinen Formen zu schützen.*

Turga verlangt, daß ich ihm mein Ritualmesser gebe. Zum Zeichen, daß es ihm ernst ist und daß er sich mit der weiblichen Schöpfungskraft verbunden fühlt, ritzt er sich mit meinem Messer die Hand auf und läßt drei Tropfen Blut auf den Nabelstein fallen. Mit diesem Gelöbnis gibt der Mann zu verstehen, daß er sich seiner besonderen Verantwortung bewußt ist, in der Quelle des Lebens zu baden. Das Wasser der Quelle ist heilig und darf nicht durch dunkle Gefühle wie Wut oder Groll beschmutzt werden. Nur die reine Energie, die aus dem Herzen strömt, darf dieses Wasser durchdringen. Dann wendet er sich zu mir.

Er hat in einer kleinen Tasche an seinem Gürtel ein Geschenk für mich. Es ist eine kleine weibliche Figur. Meine Ausbilderin erklärt mir, daß sie in seinem Volk die Große Mutter nicht nur in den Hügeln, Höhlen, Landschaften und Seen verehren wie wir, sondern auch in Form solcher kleiner Figuren. Ich nehme das Geschenk mit Würde an und schaue ihm in die Augen. Ich sehe darin große Ernsthaftigkeit. Er ist sich der Ehre bewußt, eine Priesterin der Großen Mutter einzuweihen. Mit einem Lächeln nimmt er noch ein zweites Geschenk aus seiner Tasche. Es ist eine typische Liebesgabe auch unseres Stammes, eine Halskette aus kleinen weißen Muscheln. Mit einer zärtlichen Geste legt er sie mir um den Hals.

Aus ihrer Ritualschale reicht uns Turga etwas zu trinken. Ich erkenne das berauschende Getränk, das mir ein pelziges Gefühl auf der Zunge bringt und das verhindern soll, daß ich schwanger werde, denn als Priesterin soll ich mich mit meiner ganzen Kraft auf die Durchführung der Rituale konzentrieren.

In der Höhle ist es mittlerweile warm genug. Ich lege mich auf die Felle und schließe die Augen. Der Mann setzt sich neben mich. Turga singt mit ihrer rauhen tiefen Stimme das Lied des Frühlings, wie der Samen die Erde befruchtet, wie die Erde sich dem Samen öffnet und ihn tief in sich aufnimmt, damit er nicht wieder mit dem Wind davongetragen wird. Ich soll mich auf den Rücken legen.

Der Mann legt sich neben mich und schiebt mein weiches Lederkleid hoch. Er legt eine Hand auf meinen Bauch und flüstert etwas in einer Sprache, die ich nicht verstehe, aber ich verstehe die Bedeutung: »Du Schöne!« Er schaut mich voller Bewunderung an und streichelt meinen Bauch. Mit seinen Lippen kommt er ganz nah an mein Ohr und flüstert mir weitere Liebesworte zu. Ich werde ganz weich. Er legt sich auf mich und bleibt mit seinem erigierten Penis lange am Eingang zu meiner heiligen Höhle liegen. Er tupft nur immer wieder zart an, wie als wollte er prüfen, ob ich öffne.

Irgendwann bewege ich mein Becken so, daß er ganz leicht in mich gleiten kann. Ich spüre einen kurzen Schmerz, einen kleinen Widerstand, aber dann siegt die

Lust. Meine Ausbilderin sagt, ich solle nur seinen Bewegungen folgen und mich immer mehr öffnen. Ich bin überrascht, daß sich wirklich tief in mir eine Kammer nach der anderen zu öffnen scheint. Der Mann ist zurückhaltend, was mich aber eher antreibt. Ich will ihn an die tiefste Stelle meiner heiligen Höhle locken. Nur dort gibt es die größte Lust und nur von dort aus kann ich die Energien lenken, die wir während des Rituals brauchen.

Meine Lehrerin bremst mich, ich soll langsamer und bewußter sein. Es würde in dieser Position nur ums Öffnen gehen. Ich müßte lernen, mein Becken so abzuwinkeln, daß der Mann mit jedem Stoß den tiefsten Punkt meiner heiligen Höhle erreichen kann. Das gelingt mir ganz gut. Der Mann badet in meiner heiligen Quelle. Turga sagt, daß die Wasser, die bei der Frau fließen, wenn sie erregt wird, daran erinnern, daß die Frau die Quelle des Lebens ist. Ich spüre, wie der Mann mich ganz erkennt, wie es keine Rückzugmöglichkeit vor ihm mehr gibt, wenn ich mich ihm so ganz öffne.

Er badet in der Quelle des Lebens, diese Quelle ist sehr verletzlich. Gerade diese Verletzlichkeit macht mich sehr empfindsam und erregt. Ich locke ihn noch tiefer in mich hinein. Ich weiß, daß ich ihm absolut vertrauen kann. Ich schließe die Augen und überlasse mich den kreisenden Bewegungen seines Penis. Immer wieder weitet er die Wände meiner Höhle, und schließlich fühle ich mich, als würden wir in meiner Höhle umeinander herum tanzen. In diesem Zustand hält er mich ganz lange, regelmäßig atmend und immer wieder Koseworte flüsternd. Ich fühle mich völlig von ihm durchdrungen. Wir lassen die Energie durch unsere Körper kreisen, von den unteren Zentren ins Herz und höher hinauf und hinaus durch den Scheitel in einem großen Bogen zur Erde.

Ich spüre, wie die ganze Höhle unsere Kraft aufnimmt. Ich kann die drei Energiekreise spüren, von denen meine Lehrerin gesprochen hat: ein kleinerer Kreis, der unsere Energiekerne verbindet; ein größerer Kreis, der in Höhe des Herzens vorne aus mir strömt, am Rücken des Mannes nach unten und von unten durch mich wieder empor; und ein großer Kreis, der die Energie durch den Kopf zur Erde schickt. Wir lassen es fließen, ohne daß er mir seinen Samen gibt. Wir halten einfach nur die Energie auf diesem hohen Niveau. Nach langer Zeit, die ich einfach nur genieße, lassen wir voneinander.

Was war los vor 5000 Jahren?

»Die verblüffende Tatsache, daß bestimmte symbolische Verknüpfungen in ganz Europa über mehrere Jahrtausende hinweg auf Keramikobjekten, Statuetten und sonstigen Kultgegenständen auftauchen, hat mich zu der Überzeugung geführt, daß es sich bei ihnen nicht nur um geometrische Muster handelt; sie müssen einem Alphabet des Metaphysischen angehören.«

Marija Gimbutas

Nachdem sich meine anfängliche Verwirrung etwas gelegt hatte ob der so realistisch anmutenden Botschaften, meldete sich sofort mein neugieriger Verstand. Was war auf der Erde los vor 5000 Jahren? Ich blätterte in Geschichtsbüchern und suchte im Internet und fand eine für mich sehr verwirrende Information: Vor 5000 Jahren lebten die Menschen in der so genannten Jungsteinzeit im Übergang zur Bronzezeit. Zunächst dachte ich, daß ich dann wohl in meiner Vision die Jahreszahl falsch verstanden haben müßte, denn mein Bild von der Steinzeit paßte überhaupt nicht zu meinen Empfindungen und Erfahrungen aus den Visionen.

Mittlerweile weiß ich, daß unser konventioneller Geschichtsunterricht in den Schulen und das, was an offiziellem Wissen so in Zeitschriften und vielen Büchern verbreitet wird, eigentlich eher ein Desinformationssystem ist. Mehr oder weniger systematisch wird uns allen bis heute wertvolles Wissen, das jetzt schon da ist, vorenthalten. Ich wurde zeitweise richtiggehend wütend, wie sehr man mich als kleines Kind bis hin zum Abitur für dumm verkauft hat.

Mein Geschichtsunterricht begann, wie übrigens auch heute noch für die meisten Kinder, mit den Griechen und Römern. Daß wir hier in unserer Region in Mitteleuropa eigentlich von den Kelten abstammen, habe ich nie erfahren, noch wie dieses besondere Volk lebte und wie die keltische Kultur uns heute noch beeinflußt. Noch weniger erfuhr ich von den Menschen aus der so genannten Vor- und Frühgeschichte. Das, was ich hörte, war ziemlich unspektakulär: Erst Jäger und Sammler, irgendwann auch Ackerbauern, lebten in Höhlen und später primitiven Holzbauten. Waren irgendwie eine Zwischenform in der Entwicklung vom Affen zum richtig entwickelten intelligenten und zivilisierten Menschen der heutigen Zeit. Ja, sie machten noch ein paar Höhlenzeichnungen von Tieren, kneteten Figuren von dicken Frauen, weil ihnen die Fruchtbarkeit wichtig war, und verzierten manchmal ihre Tongefäße mit Strichen. Sie wußten noch nicht, daß die Männer beim Zeugungsvorgang eine Rolle spielten, und deswegen war es für sie ein großes Wunder, daß die Frauen aus sich heraus Leben gebären könnten. So ungefähr ist auch heute noch das Bild, das in den Schulen vermittelt wird.

Na ja, nicht gerade spektakulär und in keiner Weise so, daß man sich als Kind an ihnen irgend etwas als Vorbild nehmen könnte. Im Gegenteil, als Kind war ich immer froh, daß wir nicht mehr in der Steinzeit leben. Ich stellte mir die Steinzeitmenschen immer sehr grobschlächtig vor, mit einer Sprache, die eher aus grunzenden Lauten als aus echten Worten bestand, irgendwie auch ein bißchen stumpfsinnig. Im Zoo meiner Heimatstadt gab es auch im Afrika-Haus eine große Lehrinstallation über die Entwicklung des Menschen. In Schaukästen waren typische Merkmale der Menschen im Wandel ihrer Entwicklung dargestellt. Es begann mit unseren affenähnlichen Vorfahren, ihrem Kopfumfang und Gehirnvolumen, über die Neandertaler u.s.w. bis zur Steinzeit und schließlich dem Homo sapiens sapiens. Alle gingen bis auf den letzteren ziemlich gebeugt, nur er ging aufrecht und hielt einen Speer in der Hand.

Übrigens war die Entwicklung des Menschen, natürlich wie fast immer, anhand eines männlichen Menschen dargestellt, denn Mensch ist anscheinend gleich Mann. Im Schaukasten der Steinzeit sah es nicht besonders einladend aus. Die Menschen saßen auf der Darstellung in Felle gewickelt um ein Feuer gekauert und machten einen irgendwie gedämpften Eindruck. Im Vordergrund war eine Nachbildung der sogenannten Venus von Lassale, mit ihren Hängebrüsten und breiten Hüften – auch nicht gerade eine Schönheit aus unserer heutigen Sicht.

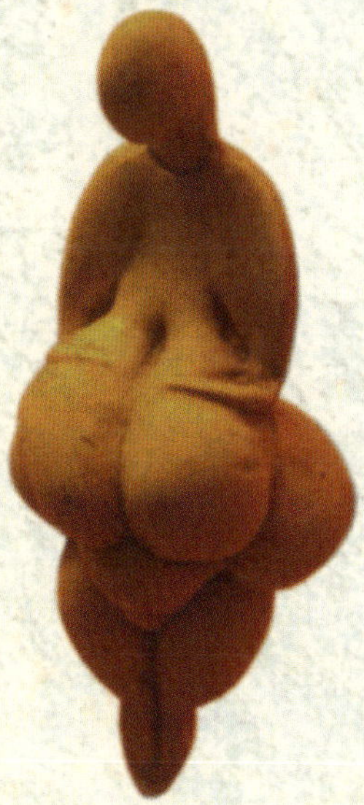

Dieses Bild paßte ganz und gar nicht zu meiner Vision. In der Vision strahlten die Menschen vor Vitalität und Lebenskraft. Sie hatten eine sehr gerade und aufrechte Körperhaltung und schienen mit ihrem Dasein sehr zufrieden zu sein. Ich hatte ekstatische Rituale mit ihnen erlebt, mit Gesang und Tanz. Wir tanzten kosmische Zusammenhänge auf die Erde, beobachteten die Gestirne genau, hatten einen Kalender, in dessen Rhythmus ich als Priesterin die Rituale vollzog.

Wir trieben Handel, bauten Schiffe. Ich selbst trug keine Felle während der Rituale, sondern ein Gewand aus einem grob gewebten Stoff. Wir waren uns über Zeugungsvorgänge und Sexualität sogar bewußter als heute, konnten in unseren Körpern Energien lenken. Wir konnten uns telepathisch verständigen und hatten kulturellen Austausch über große Entfernungen. Wir wußten auch, was in weit entfernten Gegenden geschah. Wir fühlten uns mit allem verbunden und vor allen Dingen: Wir kannten keine Angst.

Sämtliche Erzählungen, die Menschen der Steinzeit hätten in ständiger Angst vor den Naturgewalten und den wilden Tieren gelebt, sind meiner Ansicht nach Projektionen unserer eigenen Angst vor der Natur auf die Menschen damals. Die Menschen damals kannten keine Angst in unserem Sinne, weil sie keine Angst vor dem Tod kannten.

Die Menschen hatten durch ihre intensive Beobachtung der Natur erfahren, daß alles Lebendige sich gegenseitig bedingt und nichts, aber auch gar nichts verlorengeht. Sie beobachteten einen ständigen Wandel und konnten sehen, daß Tod immer zur Erneuerung des Lebens führt. Sie hatten noch keine egoistische Weltsicht in unserem heutigen Sinne entwickelt. Sie empfanden ihren persönlichen Tod nicht als Ende, sondern als ein Wechseln der Form, einen Übergang, so wie alles um sie herum sich ständig veränderte. Natürlich lebten sie trotzdem gerne, vielleicht auch gerade deswegen. Sie waren sehr wachsam im Umgang mit der Natur. Sie lehrten ihre Kinder, ganz genau auf die Zeichen der Natur zu achten, das Verhalten der Tiere genau zu studieren und kleinste Veränderungen in der Atmosphäre frühzeitig wahrzunehmen, so daß sie von Unwettern nicht überrascht werden konnten. Sie achteten die Gesetzmäßigkeiten der Natur und unterschätzen niemals ihre Gefahren, denn das konnte sofort tödlich sein.

Um mit ihren vergleichsweise einfachen Waffen in der Jagd erfolgreich zu sein, mußten sie das Verhalten der Tiere ganz genau studieren. Sie mußten fast schon im Voraus wissen, wann die Tiere ihre Zugrichtung änderten, ihre Weidegründe wechselten oder besonders aggressiv waren. Sie entwickelten für das Verhalten der Tiere fast schon ein telepathisches Gespür. Auf der Jagd wurden sie eins mit dem Tier, das sie jagten. Sie versetzten sich ganz in die andere Wesenheit und konnten so die wahrscheinliche nächste Aktion des Tieres voraussehen. Durch das Einswerden mit dem

Opfer spürten sie auch genau den richtigen Zeitpunkt für den Angriff, denn sie wußten, daß es einen Moment gibt, in dem das Opfertier innerlich in seinen Tod einwilligt. Es spürt, daß seine Zeit vorbei ist. In diesem Moment kommt der Tod ganz leicht, fast natürlich zu dem Opfertier, und solch ein Tod ist von erhabener Schönheit und voller Würde. Das Opfertier erfüllt auch seine Rolle im Kreislauf. Das große Geheimnis des Lebens ist erfüllt.

Gerade in dieser intensiven Erfahrung des Todes erlebten die Menschen deutlich ihre Verbundenheit mit All-dem-was-ist. Gerade der erfüllte Tod zeigte ihnen, daß sie gut aufgehoben sind in einem System, das größer ist als sie selbst, an dem sie aber durch ihr Leben und ihre Erfahrung aktiv teilhaben. Darüber hinaus merkten sie aber auch, daß sie mit einer bestimmten inneren Haltung auf die Natur Einfluß nehmen konnten. Einigen Jägern gelang es, durch eine bestimmte innere konzentrierte Haltung Einfluß auf das Verhalten der Jagdtiere zu nehmen, so daß sie ihnen förmlich in die Waffe liefen. Ein solches intensives Erspüren der Natur war für die Menschen der damaligen Zeit überlebenswichtig. Niemals hätten sie sonst mit ihrem vergleichsweise schwachen Körper in der wilden Natur überleben können.

Sie nutzten in hervorragender Weise die Intelligenz ihres Körpers und schulten ihr Körperbewußtsein. Schon bei den kleinsten Kindern fing das Training dieser Fähigkeiten an. Schon die ganz Kleinen wurden darin unterrichtet, aufkommenden Wind zu deuten, Regen und Gewitter, Stürme und Hagel zu ahnen, bevor er über sie hereinbrach. Bei kaltem Wetter naß zu werden, war auch für die Menschen schon damals nicht angenehm, und sie versuchten genauso wie wir heute, unangenehme Zustände zu meiden. Allerdings waren sie darin viel konsequenter als wir dies heute sind. Sie achteten bei der Nahrung genau darauf, wie sie im Körper wirkt, und aßen schon frühzeitig bestimmte Kräuter und Pflanzen, wenn sich eine Verstimmung ankündigte. Sie hatten überhaupt ein großes Wissen über die Wirkung von Pflanzen gesammelt. Dieses Wissen war in jedem Mitglied des Volkes vorhanden. Selbst kleine Kinder wußten schon, welche Pflanzen bei welchen Störungen der Gesundheit gebraucht werden. Komplizierte Krankheiten oder sogar Operationen wurden allerdings von den Priesterinnen oder Schamaninnen durchgeführt. Meist waren dies Frauen, da den Frauen sowieso eher die Versorgung des Stammes oblag, aber es gab auch mächtige Schamanen.

Besonderes schamanisches Wissen wurde auch zwischen den Völkern ausgetauscht, und die Schamaninnen unternahmen gelegentlich weite Reisen, um sich bei anderen Schamanen oder Schamaninnen fortzubilden. Es gab damals ja keine Straßen im heutigen Sinne und keine Landkarten, dennoch fanden sie ihren Weg über Tausende von Kilometern. Sie bedienten sich dabei ihres Wissens über die

Sterne, beobachteten den Wind und orientierten sich an bestimmten Pflanzen, die durch ihren Wuchs eine bestimmte Himmelsrichtung zeigen. So wächst zum Beispiel die Wegwarte mit ihren grünen Blättern immer in Nord-Südrichtung, und wo Süden lag, ließ sich selbst bei schlechtem Wetter von Norden unterscheiden. Wegbeschreibungen prägten sie sich in Form von Bildern ein, die ihnen quasi als Lied vorgesungen wurden, damit sie sich diese merken konnten.

Das heilkundliche Wissen damals war beachtlich. In gewissen Fällen operierten sie mit frisch geschlagenen Faustkeilen Menschen am Kopf, wenn diese unter ansonsten unstillbaren Kopfschmerzen litten und kein Ritual mehr half. Diese Menschen überlebten sogar diese Operation, und einige wurden danach noch etliche Jahre alt. Aus Birkenrinde kochten sie in einem komplizierten Verfahren in fest verschlossenen Tonkrügen Birkenpech, ein steinzeitliches Kaugummi, mit dem sie ihre Zähne reinigten und das außerdem eine leicht berauschende Wirkung hatte.

Insgesamt wurden diese Menschen nicht so alt wie heute. Ich war mit meinen mehr als vierzig Jahren zur Zeit meiner Vision schon eine vergleichsweise alte Frau, aber es gab auch Ausnahmen, in denen Menschen so alt wurden wie heute. Die Menschen starben aber auch bereitwillig, wenn sie merkten, daß ihre Körperkräfte erlahmten. Sie stellten sich vor, daß ihre Körper durch den Tod erneuert wurden und sie dann nach dem Tod erneuert wiederkommen. Das war ja das, was sie beim Beobachten der Natur Tag für Tag erlebten. Sie fühlten sich in diesem großen Kreisgeschehen bestens aufgehoben und wußten, da ja alles sich bedingt, daß jeder eine bestimmte Aufgabe hat.

Grundsätzlich paßten die Frauen auf die Kinder auf. Die Frauen mit den Kindern waren der höchste Schatz des Stammes, denn sie sicherten das neue Leben, das die Erneuerung gewährleistet. Dieses Leben zu schützen, sahen die Männer als ihre größte Aufgabe an. Gingen sie auf die Jagd, brachten sie immer die besten Stücke den Frauen und Kindern. Die alten Menschen waren hoch geachtet, denn sie waren die Hüter des Wissens. Es gab keine Schrift, alles, was die Menschen gelernt hatten, hatten sie von Älteren gelernt, und es galt, möglichst viel Wissen von den Älteren zu übernehmen. Die Älteren waren die Träger des wertvollen Wissensschatzes des Volkes. Sie unterrichteten auch in erster Linie die Kinder und Jugendlichen.

So gab es zum Beispiel ältere Frauen, die die Mädchen und Jungen auf den Umgang mit der Sexualität vorbereiteten. Das war eine sehr wichtige Aufgabe, denn nach der Vorstellung dieser Menschen hing von der richtigen Ausübung der Sexualität die Vitalität des Volkes und der sie umgebenden Erde ab. Sie hatten durch ihre genauen Naturbeobachtungen festgestellt, daß die Natur, wenn sie in bestimmter Form in Ritualen miteinander schliefen, entsprechend antwortete. In gewisser Weise hatten sie eine Form von Sexualmagie entdeckt. Sie merkten, daß die Pflanzen und Tiere darauf reagierten, je nach dem, wie sie sich sexuell begegneten. Zum Beispiel bekamen sie tendenziell bessere Ernten, und ihre eigenen Nachkommen waren kräftiger und vitaler, stärker und weniger anfällig für Krankheiten. Die Feste, die sie begingen, um in dieser besonderen Weise die Sexualität zu feiern, waren richtige Freudenfeste, mit viel Musik und Tanz, manchmal über Tage hinweg. Es konnte sein, daß sich dabei Liebespaare fanden, aber generell war die Paarbeziehung eher überpersönlich, es zählte eher die Vereinigung der weiblichen mit der männlichen Energie.

Während dieser Feiern traten die Menschen in einen ekstatischen Traumzustand, eine andere Wahrnehmung der Welt. Manchmal benutzten sie dazu Drogen, aber manchmal genügte schon der Klang der Trommel, die Tänze und die Musik, um sie in diesen besonderen Zustand zu versetzen. Der Umgang mit diesem Bewußtseinszustand wurde geübt, denn die ganze Freude konnte in Besinnungslosigkeit kippen, wenn man nicht darauf achtete. Aber auch hier gilt wieder, daß die Menschen sich bewußt waren, daß sie in einer gefährlichen Umwelt lebten. Sie konnten es sich schlichtweg einfach nicht leisten, sich besinnungslos in bestimmte Zustände fallen zu lassen. Über kurze Zeiträume ging das schon mal, aber sie mußten auch dabei die allgemeinen Gesetzmäßigkeiten der Natur beachten.

Die Frauen mit den kleinen Kindern bildeten ganz selbstverständlich das Zentrum der Gemeinschaft. Die erwachsenen Männer waren eher außerhalb unterwegs, aber es gab auch Männer, die sich lieber um die Kinder kümmerten, das war auch möglich, denn die Geschlechtlichkeit der Menschen war nicht so dualistisch definiert wie bei den heutigen Menschen. Es gab Mann-Mann, Mann-Frau, Frau-Mann und Frau-Frau und auch dies noch in verschiedenen Abstufungen. Die unterschiedlichen Neigungen der Menschen wurden weitestgehend respektiert.

So weit meine zusammengefaßten Erinnerungen aus den Visionen.

Ich machte mich auf die Suche nach modernen Erkenntnissen der Geschichtsforschung, Matriarchatsforschung und Archäologie und fand erstaunliche Parallelen. Ich möchte gleich vorweg sagen, daß ich die gefundenen Informationen versuchte, in mein neu gewonnenes Bild der Jungsteinzeit einzuordnen. Bahnbrechend waren für mich die Bücher der Wissenschaftlerin Marija Gimbutas. Ich fand so viele Übereinstimmungen, daß ich schließlich wütend wurde, daß man mir in der Schule so viel Schwachsinn erzählt hatte und daß bis heute die Kinder nichts über Matriarchate und Göttinnenkult erfahren und so in dem Glauben gelassen werden, daß es in der Geschichte der Menschheit immer nur einen männlichen obersten Gott gegeben hätte und daß die Menschen schon immer gewalttätig zueinander waren.

Selbst in der allerneuesten Sonder-Ausgabe 2008 der Zeitschrift *GEO* zum Thema Steinzeit ist kein einziger Artikel dem Thema Matriarchat gewidmet, was für mich die Vermutung nahelegt, daß die Redakteure dieses wichtige Kapitel der Menschheit einfach übersehen wollen. Schade, denn ich glaube, wir könnten von unseren gar nicht so dummen Vorfahren einiges lernen. In ihrer Verbundenheit mit der Erde liegt für uns ein großes Vorbild. In den Anfängen der Menschheit wurde Mutter Natur an natürlichen Besonderheiten der Umgebung, wie etwa Flüssen, Seen, besonders geformten Bergen und in Höhlen verehrt. Berge und Hügel waren ihr Bauch und ihre Brüste, manchmal auch in Seitenlage ihre Hüfte. Flüsse und Seen waren ihr Schoß, ihre heilige Quelle. Die Menschen verehrten die Große Mutter in der Landschaft und sahen sie über große Distanzen dort abgebildet. In Höhlen malten sie alles Lebendige, das sie gebiert auf die Wände. Dies war das Symbol für ihren heiligen Schoß, der alles Leben hervorbringt.

In diesem Sinne war die Verehrung der Natur kein Göttinnenkult, denn die Vorstellung einer Göttin ist schon eine Abstraktion. Bei der Verehrung der Landschaft wurde ganz konkret der Körper der als lebendig angesehenen Mutter Natur verehrt. Die Menschen fühlten, daß sie auf ihrer Haut herumlaufen, daß sie von ihrer Milch gespeist werden, daß sie ihren Atem atmen. Mutter Natur war für sie ebenso lebendig wie ihre konkrete Mutter. So, wie sie um die Energie im weiblichen Körper wußten, achteten sie auch auf Energiefelder im Körper der Erde. Sie wußten ja, daß

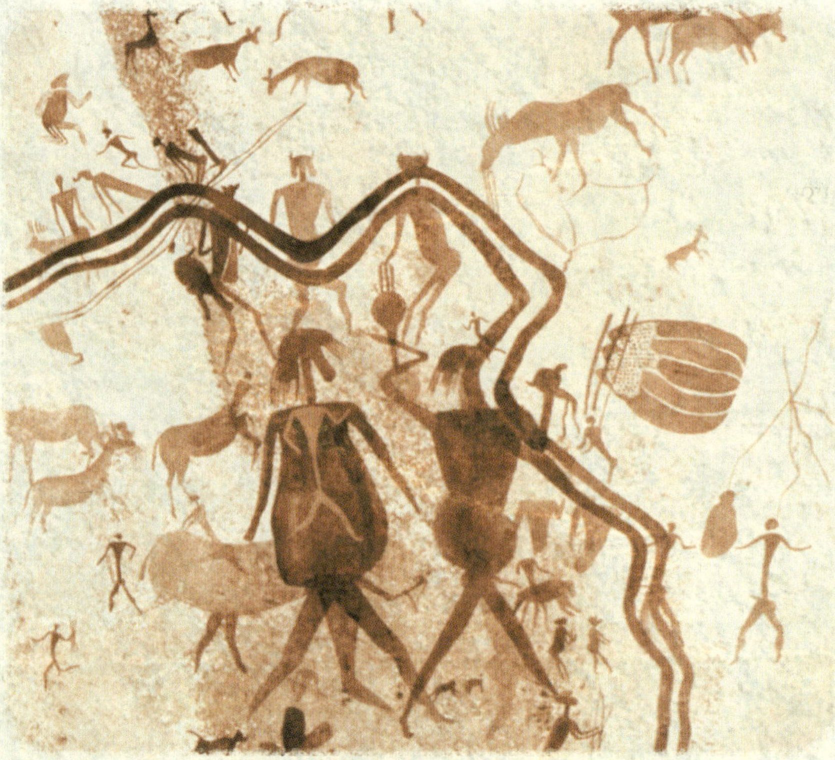

die Menschen mit der Vitalenergie der Erde in Resonanz treten können, und daher suchten sie ganz bewußt nach Kraftzentren, an denen die Energie besonders stark war. Dort hielten sie auch bevorzugt ihre heiligen Rituale ab, denn dort spürten sie auch die intensivste Resonanz. Durch genaue Beobachtung von Tieren und Pflanzen waren diese Kraftplätze für sie relativ leicht zu finden.

Mein sibirischer Freund Gendos hat mir bei einem Ausflug zum größten Menhirs Europas, dem Gollenstein, erklärt, wie auch heute noch die sibirischen Schamanen am Wuchs der Bäume die Kraftlinien eines Ortes erkennen.

So war nicht der Gollenstein das eigentliche Heiligtum, sondern ein kleiner, eher unscheinbarer Hügel in der Nähe, aus dem früher einmal eine Quelle entsprang. Ich vermute, daß der Große Stein selbst eher eine Landmarke war, damit die umherziehenden Pilgerinnen und Pilger das Quellheiligtum finden konnten. Wir müssen ja bedenken, daß es damals keine Straßen und Straßenkarten im heutigen Sinn gab. Man konnte auch keinen Menschen nach dem Weg fragen, also waren solche Landschaftszeichen eine wertvolle Hilfe.

Die Bäume auf und um den Hügel zeigen den für Kraftorte typischen Wuchs, so wie ihn Gendos mir erklärte: In der Mitte steht ein Baum, meist mit außergewöhnlichem Wuchs, oft spiralig verdreht oder seltsam gespalten. Dieser Baum ist umringt von einem Kreis anderer Bäume, die aber alle Abstand zum Zentralbaum halten und mit ihren Kronen von ihm wegwachsen. Je größer die Kraft im Zentrum ist, um so größer ist der Abstand der anderen Bäume.

Stirbt der Zentralbaum ab, so tritt ein neuer an seine Stelle. Übrigens verschieben sich die Kraftlinien im Laufe der Jahrtausende meist etwas, so daß man manchmal schon etwas suchen muß, wenn man an einem historisch überlieferten Kraftplatz heutzutage die Kraftlinien finden will. Für die Menschen der Steinzeit war das viel einfacher als für uns heutige Menschen, da wir Sensibilität für Naturvorgänge ja nicht schon von klein auf üben, sondern unsere Wahrnehmung eher noch abstumpfen durch zu laute Musik und visuelle Reizüberflutung.

Nach neuesten Forschungen hören zum Beispiel Mitglieder von Naturvölkern 60 % besser als Menschen, die in der westlichen Zivilisation leben. Abgestumpft. Wann haben Sie Ihre letzte Nacht unter freiem Himmel verbracht? Wann waren Sie das letzte Mal nachts im Wald? Wann haben Sie Quellwasser aus einer Quelle getrunken? Wann bewußt die Stimmen der Vögel verfolgt, die Windrichtung auf Ihrer Haut gespürt? Wir brauchen für alles Berater, Feng Shui-Berater für die Wohnung, Geomanten für den Garten, dabei könnten wir das alle selbst, wenn wir es nur üben würden. Wir könnten spüren, daß die Erde ein lebendiges Wesen ist, wenn wir uns darauf einlassen würden. Heute lebende Mitglieder von einigen Naturvölkern können das noch.

Wir fühlen uns ihnen haushoch überlegen, weil wir Wolkenkratzer bauen und zum Mond fliegen können und sie nicht. Genauso wie bei den Eroberern der vergangenen Jahrhunderte, werden sie auch heute noch als Menschen zweiter Wahl angesehen und der Profitgier unserer angeblich zivilisierten Welt geopfert. Das menschliche Bewußtsein ist auf einem historischen Tiefstand angelangt. Viel tiefer können wir nicht mehr sinken. Ein sehr großer Teil der Menschheit fühlt sich der Natur überlegen, schleudert unaufhörlich seinen kindlichen Machtwillen in die

Welt und zerstört gnadenlos, was sich ihm in den Weg stellt. Angst hat sich ausgebreitet wie eine Seuche und legt sich über die Gemüter und die Herzen. Oberflächlich statt tiefgründig sind die Menschen geworden. »Was koche ich morgen, wie groß ist mein nächstes Auto, wie fördere ich meine Karriere und die meiner Kinder?«, das sind die Lebensinhalte. Mit einer solchen Einstellung ist kein Bewußtseinssprung zu wagen.

Aus spiritueller Sicht war die Entwicklung des Patriarchats vor 5000 Jahren eine Möglichkeit für die Menschen, ihre eigenen schöpferischen Fähigkeiten auszuloten. Im bis dahin vorherrschenden magischen Bewußtsein vermischt sich das Individuum so sehr mit all dem, was es umgibt, daß ein scharf abgegrenztes Ego im heutigen Sinne sich nicht ausbilden konnte. Nur indem sich die Menschen von allem übrigen Leben losgelöst sahen, konnten sie mit dem neuen Bewußtseinszustand experimentieren.

Für die Menschen war es ein enormer Bewußtseinsschritt, sich von der Natur zu trennen, so wie ein Heranwachsender sich vorübergehend von seinen Eltern abwenden muß, um seine Unabhängigkeit zu bekräftigen. Aus der Distanz lernten sie viele Zusammenhänge mit dem Verstand zu verstehen, wo sie sie vorher erfühlt hatten. Die Menschen begannen, sich mit der Natur zu messen. Die Eigenschaften der Natur wurden abgewertet, da die Menschheit sich ja von ihr zu trennen versuchte. Natur wurde mit der Frau assoziiert. Dies führte zu einer willkürlichen Spaltung der Geschlechter. Vor der Hochblüte der griechischen und römischen Kulturen hatte sich das Bewußtsein noch nicht in dieser Weise festgelegt. Es gab massenhaft neben Göttern auch Göttinnen sowie Gottheiten, in denen feminine und maskuline Eigenschaften verschmolzen erschienen. Eigenschaften, die als männlich angesehen wurden, brachten die Menschheit voran auf dem neuen Weg, ermutigten sie und trieben sie zu Höchstleistungen. Indem sie diese als Leitbilder benutzten, wurden ein neues Weltbild und eine neue Kultur hervorgebracht.

In der westlichen Welt entstand das griechisch-römische Erbe. Die Götter wurden männlich und standen miteinander im Wettstreit. Während es im Glauben an die Große Göttin über Jahrtausende nie um Macht ging, spielte Macht jetzt plötzlich eine große Rolle. Gott wurde zum Verbündeten gegen die Feinde, hatte aber auch die Macht, jeden Ungehorsam aufs grausamste zu bestrafen. Dort wo die Menschen vorher im mütterlichen Prinzip immer auf Liebe vertrauen konnten, mußten sie sich jetzt fürchten. Gottesfurcht wurde von ihnen erwartet. Gottes Gesetze wurden ihnen diktiert. Sie bestimmten ihr Verhalten im täglichen Leben selbst in kleinen Einzelheiten wie etwa, was sie essen durften und was nicht. Vom großzügigen Prinzip der Fülle, das sie bei der Mutter umgab, stürzten sie in strenge Verhaltensvorschriften.

Dies gab den Herrschenden Macht über die Gläubigen. Jeder Mensch fühlte sich als heimlicher Sünder, denn all diese Vorschriften waren unmöglich immer einzuhalten. Hinzu kam noch, daß die Gläubigen gleichzeitig auch Gottvertrauen aufbringen sollten. Wie sollte das gelingen? Ein unlösbares Dilemma. Wie soll man jemandem vertrauen, den man gleichzeitig fürchtet?

So war in jede dieser patriarchalen Religionen schon das Scheitern der Menschen eingebaut. Wenn sie sich ganz genau an die Regeln ihres Gottes hielten, in der Gewißheit sonst in der Hölle zu schmoren, konnten sie nicht gleichzeitig darauf vertrauen, in seiner Hand geborgen zu sein. Sie begannen das Leben und sich selbst mißtrauisch zu beäugen. Wenn sie selbst schon nicht in der Lage waren, alles richtig zu machen, galt es jetzt, Menschen zu finden, die noch schlechter waren. Das waren die Sündenböcke, deren Bekämpfung alle patriarchalen Religionen bis heute begleitet.

Im mütterlichen Prinzip stand das Verbindende im Vordergrund. Diese Zeit war jetzt vorbei. Da die matriarchalen Völker immer das alles verbindende Lebensprinzip vor Augen hatten, kamen sie nicht auf die Idee, Andersgläubige auszugrenzen oder zu bekämpfen. Sie versuchten, sie mit offenen Armen zu empfangen und in ihre Gemeinschaft aufzunehmen, so wie sie es seit Jahrtausenden gewohnt waren. Das sollte ihnen aber schlecht bekommen, denn die patriarchalen Völker deuteten dies als Schwäche und machten sie einfach nieder. Für die andere Art das Leben zu sehen, interessierten sie sich kein bißchen, lediglich besondere Fähigkeiten erweckten ihr Interesse.

Vor dieser Entwicklung gab es viele verschiedene Arten der Arbeitsteilung zwischen den Geschlechtern und einen großen Freiraum für sexuellen Ausdruck. Die

Kinder bildeten einen wesentlichen Teil der Familie. Eine Familie war eine Gruppe von Menschen, die bei der Sicherung von Nahrung und Unterkunft zusammenarbeiteten. Neben der Liebe zwischen Mann und Frau gediehen auch homosexuelle und lesbische Beziehungen in freier Weise. Mit oder ohne sexuellen Ausdruck gehörten sie zum Leben und trugen als starke Bande von Brüderlichkeit und Schwesterlichkeit zum Zusammenhalt der Menschen bei.

Unser heutiger Eifersuchtsbegriff war den Menschen völlig fremd, denn Neid, Mißgunst und Eifersucht kann man nur mit einem abgespaltenen Bewußtsein entwickeln. Fühlt man sich verbunden mit All-dem-was-ist und der gesamten Gruppe, so entwickelt man nicht das Gefühl, daß andere einem etwas vorenthalten. Man kann sich mit ihren positiven Erlebnissen mitfreuen. Von einer solchen Haltung profitiert die ganze Gruppe. Energieraubende Konkurrenzkämpfe und Machtgerangel treten nicht in Erscheinung. Energie kann nicht aufgeteilt werden, sie kann höchstens geteilt werden, indem man an dem Feld anderer Menschen teilhat. Das wußten die Menschen damals. Sie fühlten sich alle miteinander und mit der ganzen Erde verbunden.

Liebe ist kein Kuchen der entzweigeschnitten und verteilt werden kann. Liebe ist ein Feld, an dem man teilhaben kann oder nicht. Die Menschen damals standen untereinander in telepathischer und intuitiver Verbindung. Das funktioniert nur, wenn man sich nicht voreinander fürchtet und gegenseitiges Vertrauen und Liebe die Grundströmung der Begegnung sind. Aus unserer heutigen Sicht und der Prägung unserer Erziehung glauben wir, uns nur ein beschränktes Maß an Offenheit erlauben zu können. Für die Menschen der Frühgeschichte wäre ein Überleben mit einer solch isolierten Haltung schlicht unmöglich gewesen. Sie lebten davon, alles um sie herum genau zu spüren und auch keine Energie durch Kämpfe gegeneinander zu verschwenden.

Insbesondere arbeiteten die Geschlechter einander zu, denn sie spürten genau, daß jeder Einzelne einen wichtigen Beitrag zum Überleben der Gruppe leistet. Wir haben uns derart an unsere materiell-mechanistische Denkweise gewöhnt, daß wir glauben, ungebildete Menschen könnten den Zusammenhang von Geschlechtsverkehr und Geburt eines Kindes nicht verstehen. Deshalb vertreten immer wieder Wissenschaftlerinnen und Wissenschaftler die Auffassung, daß der Mensch der Vor- und Frühgeschichte den Zusammenhang von Sexualität und Geburt nicht verstanden habe. Selbst Tiere verstehen ohne Worte und Sprache wie wichtig ihr sexuelles Verhalten ist.

Der Mann wußte, was er tat, auch ohne Handbuch über das menschliche Geschlechtsleben. Und die Frau verstand die Beziehung zwischen dem ungeborenen Kind und dem sexuellen Akt. In der Schwangerschaft und der Geburt des Kindes fand die heilige weibliche Sexualität einen wunderbaren Ausdruck in der Materie. Es ist im höchsten Maße dumm zu glauben, die Frau hätte aufgrund der langen Schwangerschaftsdauer die Empfängnis des Kindes aufgrund des Geschlechtsverkehrs nicht erkennen können. Das Wissen des Körpers bedurfte keiner komplizierten Sprache. Die Frauen, die Erde und die weibliche Sexualität wurden nicht deswegen so hoch angesehen, weil die Menschen noch nicht um die Rolle der Männer beim Zeugungsakt wußten.

Aus unserem dualistischen Denken heraus können viele Menschen sich nur vorstellen, daß wir etwas hervorheben und damit gleichzeitig alles andere abwerten. Die Menschen damals ehrten die weibliche Schöpfungskraft in all ihren Formen, weil sie mit ihrem ganzen Wesen spürten, daß sie Teil eines großen Schöpfungsprozesses sind, der sie trägt. Daß dieser Prozeß weitgehend weiblich war, brauchte die Männer nicht zu stören, denn männlich und weiblich wurden noch nicht voneinander getrennt. Auch die Männer hatten weibliche Anteile, die sie ohne kulturelle Restriktionen ausleben konnten, so weit es ihnen entsprach. Weibliche Schöpfungskraft war nicht Eigentum der Frauen, sondern kam dem ganzen Stamm zugute.

Die Aufgabe der Männer war, mit all ihrer männlichen Kraft die natürlichen Wachstumsprozesse zu unterstützen. Da die Menschen sich noch eins mit der Natur fühlten, ging ihr Wissen weit über unser technisches Wissen über Geburt und Empfängnis hinaus. Sie wußten zum Beispiel, daß eine Mutter schon vor der Empfängnis telepathisch Kontakt zu ihrem späteren Kind aufnimmt und daß sie beide ab dem Moment der Zeugung durch ein energetisches Band vom Zentrum der Mutter zum Zentrum des Kindes verbunden sind. Durch dieses energetische Band überträgt die Mutter ursprüngliche Vitalkraft auf das Kind. Deshalb war es auch für die Menschen der Vorzeit unvorstellbar, daß ein Mann eine Frau vergewaltigt hätte, denn sie spürten genau, daß durch eine solche Gewalttat der energetische Kern der Frau geschwächt wurde und damit auch die Energie, die sie an ihr Kind weitergab. Das wiederum schwächte die Kraft des gesamten Stammes.

Wir können uns heute nicht vorstellen, wie viel Vitalität die menschliche Art schon eingebüßt hat dadurch, daß die Männer den Frauen so oft Gewalt antaten und so das Wissen der Frauen verlorengegangen ist, wie sie bewußt einen energetischen Kontakt zu ihrem Kind aufbauen.

Damals gab es dazu bestimmte Gesänge und Rituale, die die Frauen die ganze Schwangerschaft über begleiteten. Ein Kind, das den Eltern entstammte, wurde als Sproß der Erde gesehen. Sein Gewebe war ebenso Teil der Erde wie jeder Baum und jede Blume und die Gischt des Ozeans.

Im Menschenkind nahm die gesamte Natur neue Gestalt an, dieselbe Natur aus der auch einmal die Eltern hervorgingen. Mit ihrer Sprache und all ihrem künstle-

rischen Ausdruck bewunderten die Menschen diese immerwährende Erneuerung. In Gestalt der Vulva oder der Vulva-Göttin wurde das Tor des Lebens geehrt. Noch im 16. Jahrhundert wurden in Irland Kathedralen gebaut, deren Eingang eine eigentlich prähistorische Shila-Na-Gig schmückte.
Und aus demselben weiblich göttlichen Tor stammend, wurde auch oft Jesus dargestellt als »Jesus in der Mandorla«, zum Beispiel auch an der Kathedrale von Chartres.

Den Menschen der Frühgeschichte umgaben keine Grenzen. Er konnte laufen, so schnell er wollte, reisen, so weit er wollte: Land, Bäume, Tiere, Nahrungsmittel waren immer vorhanden. Wenn er zu einer Wüste kam, wußte er immer, daß es irgendwo noch fruchtbares Land gab und er es nur finden mußte. Mit dieser Haltung wandern noch heute australische Ureinwohner durch die Wüste und über-

leben im Bewußtsein, daß Fülle sie umgibt. Die Erde scheint mit dieser Haltung kein Ende zu haben.

Demgegenüber ist die Welt für uns heutige Menschen geschrumpft. Überall ist es zu eng, und wir scheinen von Mangel bedroht. Wir glauben, um die knappen Früchte der Erde kämpfen zu müssen.

Die Menschen waren mit dem Tod vertraut. Manche Kinder wurden tot geboren, aber auch in der Natur gehen nicht alle Samen auf, die auf die Erde fallen. Die Menschen sahen sich selbst eingebunden in diesen Prozeß und wußten, daß sich Leben nur unter bestimmten Bedingungen gut entwickelt und gingen mit diesen Veränderungen mit. Sind die Bedingungen für die Geburt eines gesunden Kindes

nicht gegeben, treibt die Natur es ab. Die physischen Elemente kehren zurück zur Erde und werden Grundlage für neues Leben. Nur jene Kinder überleben, die auf ihre künftige Umwelt voll eingestimmt sind. Das Bewußtsein selbst geht aber nie verloren. Es bestand eine enge Verbindung zwischen Frau und Natur, daher spürten die Frauen genau, wann die Umweltbedingungen für eine Geburt günstig waren und wann nicht. Die Menschen spürten bevorstehende Trockenperioden früh und paßten ihre Geburtenrate an. Grundsätzlich sahen sich die Menschen jedoch von Fülle umgeben, und genau diese Fülle verehrten sie dankbar in ihren Ritualen und in Form der weiblichen Figuren, die sehr oft prallen Fruchtkörpern gleichen.

Heilige Sexualität

Ich möchte Sie jetzt mitnehmen auf eine Reise 5000 Jahre zurück in die Vergangenheit. Wir besuchen gemeinsam ein wichtiges Fest meines Volkes. Es ist das wichtigste Ritual des Jahres: Die Große Heilige Hochzeit. Es ist die mystische Verbindung zwischen Himmel und Erde. Ich möchte mit Ihnen gemeinsam dieses Fest besuchen, damit Sie sich selbst einen Eindruck verschaffen können von der erhabenen Schönheit, mit der wir die Sexualität feierten. Wenn Sie ganz in meine Bilder eintauchen, können Sie wahrhaftig daran teilhaben. Sie können erfahren, wie es ist, wenn die heilige Vitalkraft der Erde durch Sie strömt. Sie können die Ekstase und die Freude mit mir teilen. Sie können sich lösen von allen Bildern, die Sie über Sexualität im Kopf haben und völlig neue Erfahrungen sammeln, mit denen Sie dann später Ihr Leben in der Jetzt-Zeit bereichern können. Tauchen Sie einfach gemeinsam mit mir in eine andere Welt. Ich nehme Sie jetzt bei der Hand. Vertrauen Sie mir, ich bringe Sie sicher von der Reise zurück. Sie können loslassen und sich entspannen. Stellen Sie sich einfach vor, daß Sie gemeinsam mit mir einen Tagtraum betreten. Alle Bilder, die aufsteigen, entstammen diesem Traum, sind deswegen aber nicht weniger real als die Welt, die Sie jetzt gerade umgibt. Wir werden diese Zeit durch zwei verschiedene Tore betreten, durch das Tor der Frauen oder das Tor der Männer. Sie können selbst wählen, durch welches Tor Sie mit mir schreiten möchten. Sie können die Reise ganz spielerisch angehen, können zum Beispiel ausprobieren, wie es wäre, als Mann unterwegs zu sein, wenn Sie im jetzigen Leben gerade eine Frau sind, und umgekehrt.

DAS FRAUENTOR

Sie sind wunderschön. Sie haben sich für den heutigen Festtag geschmückt mit Ketten und Armbändern aus Muscheln und Steinperlen. An den Armen, Beinen und auf dem Bauch haben Sie sich bemalt mit Linien und Punkten in Weiß und Ocker. Ansonsten sind Sie nackt. Es ist warm, ein warmer Sommertag im August. Der Dorfplatz, den Sie betreten, liegt gebadet in Sonnenlicht vor Ihnen. Die Menschen, die Sie sehen, sind alle von einem Ereignis gefesselt, das sich in der Mitte des Platzes auf einem erhöhten Podest aus Holz abspielt.

Auf diesem Ehrenplatz sind zwei Menschen in inniger Umarmung zu sehen. Sie sitzen sich gegenüber, die Frau hat ihre Beine über die des Mannes gelegt und in seinem Rücken gekreuzt. Der Mann ist ihr ganz nah und man kann ahnen, daß seine innige Umarmung bis in ihre heilige Höhle reicht. Beide sind nackt und kunstvoll am ganzen Körper bemalt. Ihre Haut glänzt in der Sonne. Anscheinend befinden sich die beiden schon länger in dieser Position. Sie wirken entrückt und wie in Trance. Sie scheinen auch den ohrenbetäubenden Lärm um sich herum nicht zu bemerken.

Die Zuschauer sind nämlich keineswegs still, sondern feuern die beiden auf dem Podest kräftig an, mit Trommeln, Klanghölzern und lauten Rufen. Besonders durchdringend ist der tiefe Klang der Muschelhörner. Die Menge findet sich in einen gemeinsamen Rhythmus, der jeden erfaßt. Sanft, aber deutlich spürbar steigert sich die Intensität und die Geschwindigkeit. Während die Menge sich immer wilder gebärdet, scheinen die beiden im Zentrum des Geschehens sich immer mehr nach innen zu wenden und werden immer ruhiger.

Sie gehen etwas näher heran, um mehr zu sehen. Das Gesicht der Frau wirkt gelöst und entspannt, um ihre Lippen spielt ein Lächeln. Sie hat die Augen geschlossen, und man kann ihr ansehen, daß sie sich ganz hingibt. Der Mann hält sie mit einer Hand sanft im Nacken und mit der anderen am Kreuzbein. Er hat den Kopf leicht nach hinten gelehnt und die Augen leicht geschlossen. Auch er wirkt entspannt, aber gleichzeitig ist zu spüren, daß er eine bestimmte Energie aufrecht hält, mit der er sie trägt.

Die fließende Spannung zwischen den beiden überträgt sich auf den gesamten Platz. Es ist, als würde sich die Schwingungsfrequenz aller Beteiligten erhöhen. Sie spüren, wie die Erregung von Ihnen Besitz ergreift. Einige beginnen zu tanzen, und Sie tanzen mit. Sie erkennen die meisten Menschen als Mitglieder Ihres Volkes, es sind aber auch Männer und Frauen benachbarter Völker zu Besuch gekommen. Sie lassen Ihren Blick über die Männer schweifen und spüren nach, zu wem Ihr Körper sich hingezogen fühlt. Die Männer Ihrer Umgebung scheinen das zu merken. Ihre blitzenden Augen schauen Sie an.

Der Rhythmus der Trommeln wird immer drängender. Sie lassen sich mitreißen und spüren, wie Ihr Körper sich öffnet. Alle Gelenke werden weich und Ihre Bewegungen fließend. Als das Tempo kaum noch zu steigern ist, wird es mit einem Mal still, als gäbe es eine gemeinsame Absprache. Die Menge teilt sich. Alle Frauen versammeln sich in der Mitte des Platzes. Die beiden Hauptpersonen sind verschwunden. Die Frauen setzen sich auf das Podest und auf den Boden darum herum. Ihre Augen leuchten. Sie strahlen voller erwartungsvoller Freude. Man kann sehen, daß die ganz jungen Frauen noch etwas unsicher sind, dafür strahlen die reifen Frauen auf dem Höhepunkt ihrer Weiblichkeit.

Jede Frau, aber auch wirklich jede Frau, die dort sitzt, ist schön. Sie haben sich alle für diesen besonderen Tag geschmückt, ihre nackte Haut bemalt und die Haare zu kunstvollen Frisuren zusammengebunden. Jetzt warten sie auf die Männer.

Sie mischen sich unter die Frauen und genießen das Gefühl ganz Frau zu sein. Die freudevolle Erwartung schwappt auf Sie über. Das Fest ist noch lange nicht vorbei. Die Frauen lachen, summen und kichern und werfen immer wieder Blicke in die Umgebung, als würden sie etwas erwarten. Und richtig, da kommen sie!

Vom anderen Ende des Platzes nähern sich die Männer. Und wie sie kommen! Hoch und stolz aufgerichtet, ganz im Wissen um ihre männliche Kraft. Ihre Augen leuchten. Jeder trägt einen großen Korb mit Früchten, Fischen, Blumen und besonderen Steinen als Geschenk für die Frauen. Sie legen die Geschenke im Kreis um die Frauen den Frauen zu Füßen und erweisen ihnen damit ihre Ehrerbietung. Eine ältere Frau steht auf und gibt den Männern zu verstehen, daß die Frauen die Geschenke annehmen. Die Frauen stehen auf und treten aus dem Kreis der Geschenke.

Schnell finden sich Paare. Manche haben beim Tanz eine Verabredung getroffen, einige sind schon seit langer Zeit immer wieder zusammen und einige entscheiden in genau diesem Moment spontan, mit wem sie sich vereinigen möchten. Sie selbst suchen sich auch einen Mann aus und gehen mit ihm in den nahen Wald. Der Mann an Ihrer Seite ist Ihnen eigentlich unbekannt, aber Sie spüren, daß es gar nicht um die Begegnung zwischen bestimmten Personen geht, sondern um die Begegnung zwischen dem göttlich Weiblichen und dem göttlich Männlichen in Ihnen beiden.

Sie suchen einen Platz im weichen Moos aus und bedeuten dem Mann, sich mit Ihnen dort niederzulassen. Er schaut Sie strahlend an, und eine warme Welle der Liebe legt sich um Sie wie ein Mantel. Sie legen sich mit ihm ins Moos und öffnen Ihre Beine. Sie brauchen kein Vorspiel, um für den Mann bereit zu sein.

Alles in Ihnen jubelt, um sich dem Mann zu öffnen. Sie locken ihn geradezu, tiefer in Sie einzudringen. Der Mann berührt Sie in Ihrem innersten Kern mit einem Stoß. Eine Lust aus dem Urgrund Ihres Wesens steigt in Ihnen auf und läßt Sie stöhnen. Jetzt gibt es kein Verstecken mehr. Er ist in jedem Winkel Ihres Wesens präsent. Die ganze Frau, jede Zelle steht ihm offen. Sie spüren, daß er um seine besondere Verantwortung weiß. Er ist stark und sanft zugleich und voller Hochachtung dem Weiblichen gegenüber. Er ist sich der Ehre bewußt, in Ihrer heiligen Höhle zu sein.

Aufmerksam weitet er die Wände Ihrer Vagina, spürt mit seinem Penis jeder Windung und jeder Vertiefung nach, lernt sie langsam kennen. Alles entspannt sich, jede Sehne Ihres Körpers und alle Gelenke werden weit, die Muskeln weich, die Bewegungen fließend. Langsam finden Sie beide einen gemeinsamen Rhythmus. Ihr Atem geht tief und kraftvoll, dunkles, wohliges Stöhnen entringt Ihrer Kehle und feuert den Mann an.

Er bewegt sich drängender, wilder, packt Ihre Hüften fester und läßt seine Energie in Sie strömen, und Sie können fühlen, wie seine Kraft in Ihnen aufsteigt und sich mit Ihrer Kraft verbindet. Sie bekommen Lust, ihn noch tiefer in Ihren Körper zu ziehen und setzen sich auf ihn. Er legt sich genießerisch zurück, anscheinend ist er ein erfahrener Mann, der schon oft mit einer Frau auf die andere Ebene gereist ist.

Er lehnt den Kopf nach hinten und gibt sich ganz in die Bewegungen Ihres Beckens, mit seinem Penis hält er immer Kontakt zu Ihrem Kern. So weit Sie ihn auch in Ihre Heilige Höhle ziehen, er folgt nach, bleibt dran, mit tiefen Stößen vom Urgrund seines Körpers. Rhythmisch saugen Sie mit Ihrer Vagina an seinem Penis, er stößt hinterher, und plötzlich spüren Sie, wie pulsend seine männliche Orgasmuskraft in Ihnen aufsteigt, in warmen starken Wellen. Kribbelnd steigt die Energie von ihm aus in Ihnen empor, verläßt Ihren Körper wieder in Höhe des Herzens und fließt an seinem Rücken entlang wieder zu ihm, zur Wurzel zurück. Der Energiekreis hat sich geschlossen.

Noch hat der Mann seinen Samen nicht gegeben, aber Sie spüren bereits die heilende Kraft der Liebesenergie, die Sie beide durchströmt. Jede Zelle Ihres Körpers beginnt zu pulsen. Sie können vor Ihrem inneren Auge sehen, wie jede Zelle Ihres Körpers sich aufbläht, bis sie rund und prall vor Lebenskraft strotzt und wie sie gleichzeitig leuchtet wie am Anfang, als kurz nach Ihrer Zeugung das erste Lebenslicht in Sie einströmte.

In diesem Augenblick fühlen Sie sich mit allem verbunden, mit der Erde, den Sternen, den Pflanzen, dem Wind, den Steinen, den Tieren, der Sonne. Sie sind in Ihrem tiefsten Wesenskern berührt, und Tränen der Dankbarkeit schießen Ihnen in die Augen. Sie erkennen die Gnade der gewaltigen Urlebendigkeit der Mutter Erde. Diese Dankbarkeit übertragen Sie auch auf den Mann, der Ihnen diese Erfahrung ermöglicht. Eine Welle der Liebe strömt aus Ihrem Herzzentrum zu ihm hin. Er bemerkt es mit leuchtenden Augen.

Noch immer kann er mühelos die Spannung halten, ja, es ist, als würde er jetzt noch tiefer in Sie eindringen. Ihr Bewußtsein weitet sich in einem schwebenden Zustand. Ihre beiden Energiekörper haben sich miteinander verbunden, und gemeinsam fliegen Sie in eine unendliche Weite, jenseits aller Materie, dorthin, wo die Schöpfung beginnt, wo alles, was lebt, seinen Anfang hat und von wo es seinen Lebensimpuls erhält. Eine gestaltlose unendliche Weite, der Ozean, der Himmel aller Möglichkeiten, unendliche Liebe.

In diesem Augenblick spüren Sie, wie der Energiekreis zwischen Ihnen beiden sich ausweitet und seine männliche Kraft bis zu Ihrer Schädeldecke aufsteigt, Sie dort wieder verläßt und in einem großen Bogen zur Erde zurückfließt, sich dort mit der universellen Lebenskraft verbindet und aus der Erde wieder zum Mann zurückströmt. Sie beide haben den großen Kreis geschlossen und die Liebe der Erde mit Ihrer Liebe beantwortet.

Sie können fühlen, wie die Sie umgebende Natur auf diesen Akt der Liebe reagiert, wie die Bäume und Pflanzen Ihre Energie freudig aufnehmen und ihrerseits mit größerer Vitalität antworten. Ihr ganzes Umfeld tritt mit Ihnen in Resonanz und feiert Ihren Liebesakt mit. Auch die Tiere wittern Ihre Begegnung und spüren die Erhabenheit des Augenblicks. Niemals würde Sie in einem solchen Moment ein Tier angreifen. Die Zeugung ist allen Lebewesen heilig.

Der Mann gibt Ihnen zu verstehen, daß er Ihnen gleich seinen Samen schenken wird. Eine heiße Welle der Erregung erfaßt Sie, und als Sie das warme Pulsen in sich spüren, lassen auch Sie eine pulsende orgiastische Welle in sich aufsteigen. Wilde, voll erblühte Zeugungskraft des Kosmos. Die Verbindung des Himmels und der Erde, das gegenseitige Durchdringen und Befruchten, die Verbindung mit dem göttlichen Wirkungsprinzip hinter den Dingen durch die heilige Sexualität.

So lange Sie Lust haben, können Sie diesen Zustand halten. Mittlerweile ist es tiefe Nacht. Sie hören den dunklen Ruf der Muschelhörner. Die Paare sammeln sich wieder auf dem Festplatz. Auch Sie lösen sich aus der zärtlichen Umarmung des Mannes und verlassen den Wald Richtung Dorf. Auf dem Platz brennt ein großes Feuer, und einige der Menschen, die sich in Ihrer Abwesenheit um die Kinder gekümmert haben, haben aus den Fischen und Früchten, die die Männer in ihren Körben brachten, ein Festmahl bereitet. Auf Blättern und in flachen Schalen liegen die gebratenen Fische, und die Früchte und Blüten sind zu spiraligen Formen oder zu Zickzackmustern auf das Holzpodest gelegt. Sie werden eingerahmt von den hellen phallusförmigen Steinen, die einen äußeren Kreis um sie bilden.

Sie betrachten fasziniert das Muster. Der Mann an Ihrer Seite gibt Ihnen zu verstehen, daß diese Muster die Grundstruktur alles Lebendigen bilden. Nach diesen spiraligen Mustern und Linien wächst alles Lebendige und bewegen sich die Sterne. Kosmische Gesetze werden in diesen Mustern abgebildet. Gleich wird der Tanz der Frauen beginnen. Die Frauen werden mit ihren Schritten diese Muster auf die Erde tanzen. Die Männer werden für sie trommeln und singen.

Der Mann an Ihrer Seite hält zwei dicke Holzstöcke hoch, die er im Wald gesammelt hat. Lachend schlägt er die Hölzer aufeinander. Der helle durchdringende Klang scheint ihm zu gefallen. Er geht zu den anderen Trommlern an den Rand des Platzes, und Sie werden von einer jungen Frau zur Mitte des Platzes gezogen. Die Frauen nehmen sich an den Händen und beginnen zum Rhythmus der Männer mit dem Tanz. Alle Frauen bilden eine einzige lange Kette, die sich in immer neuen Mustern über den Platz schlängelt. Sie sehen, daß die Frauen die Füße ganz sanft mit den Ballen zuerst aufsetzen.

Ihre Nachbarin bemerkt Ihren Blick und erklärt Ihnen, daß die Frauen mit den Füßen die Energie der Erde aufnehmen und sich gleichzeitig vorstellen, daß sie auf der zarten Haut des Körpers der Großen Mutter tanzen. Sie überlassen sich den Bewegungen und können fühlen, wie Sie in der Gruppe der Frauen aufgehen, als würden alle Frauen zusammen einen gemeinsamen Organismus bilden, der tanzt und atmet und kosmische Gesetze auf die Erde tanzt. Sie schließen die Augen und lassen sich führen.

Bis zum Morgengrauen dauern die Tänze, die ganze Nacht hindurch, ohne Unterbrechung. Ihr Bewußtsein löst sich auf im großen Ganzen. Sobald die ersten Sonnenstrahlen die Baumwipfeln streichen, hört das Trommeln und Tanzen auf und alle versammeln sich am Rand des Platzes auf dem Weg, der bergauf zum großen Steinkreis führt. Den ganzen Weg entlang singen die Menschen voller Kraft mit lauten Stimmen, als hätte die durchwachte Nacht sie gestärkt statt ermüdet.

Am Steinkreis angekommen, empfängt jeder von der Priesterin, die hinter dem Altarstein steht, aus einer flachen Schale aus dunkelgrünem glatt geschliffenem Stein einen Trunk. Die Priesterin schaut jedem einzelnen in die Augen. Als Sie an der Reihe sind und ihren strahlenden Blick spüren, erfüllt Sie tiefe Freude und das Gefühl, genau am richtigen Platz zu sein. Die Augen der Priesterin sind dunkel und weit geöffnet, als würde sie von einer anderen Welt auf Sie blicken. Sie reicht Ihnen die Schale. Zunächst sind Sie über den pelzigen Geschmack auf der Zunge etwas irritiert, aber dann durchströmt Sie wohlige Wärme und Sie fühlen sich augenblicklich gestärkt.

Bald verstehen Sie auch den Zweck des Stärkungstrunkes. Die junge Frau, die Sie auch zum Tanzen aufgefordert hat, ist wieder in Ihrer Nähe und gibt Ihnen zu verstehen, daß jetzt ein weiter Fußmarsch ansteht. Alle werden die heilige Höhle im großen Berg besuchen.

Die Wanderung wird fast einen ganzen Tag dauern. Die Gruppe der Menschen wird von der Priesterin angeführt. Sie spielt auf einer großen Rahmentrommel, deren Klang weit zu hören ist. Der Weg schlängelt sich ins Gebirge. An besonderen Felsformationen bleiben die Menschen stehen und ehren mit ihren Gesängen den Körper der Großen Mutter, ihre Brüste, ihre Lende, ihre Hüften, ihren Bauch. Vor der großen Höhle legen sie ein Labyrinth aus hellen runden Steinen auf den Boden.

Die Frauen tanzen Hand in Hand in das Zentrum der Spirale, und die Männer singen und klatschen dazu. In der Mitte der Spirale wenden sich die Frauen um und tanzen wieder hinaus und von dort direkt zum Höhleneingang. In der Höhle brennen kleine Feuer, die die Wände erhellen. Die Priesterin steht in der Mitte der Höhle und hält eine Schale mit qualmenden Kräutern mit gestreckten Armen nach oben. Der würzige Geruch verbreitet sich im Inneren der Höhle. Sie blicken sich um und können auf den Höhlenwänden wunderschöne Zeichnungen von Tieren und Menschen erkennen. Die Priesterin malt mit roter Farbe als Symbol der heutigen Feier eine geschwungene Linie auf die Wand.

Sie sind erfüllt von freudiger Erregung. Ihre Haltung ist stolz und aufrecht, pulsende Vitalität durchströmt Ihren Körper. Sie genießen die warme Sonne und den leichten Wind auf Ihrer Haut. Sie sind nackt, nur um den Hals tragen Sie als Amulett eine Kette aus Bärenkrallen. Vor Ihnen öffnet sich ein weiter Platz, auf dem sich viele Menschen drängen. Sie lassen Ihre Blicke über die Menge vor Ihnen schweifen. So viele schöne Frauen! Alle sind nackt und haben sich festlich geschmückt und bemalt. Tosender Lärm aus Trommeln und Klanghölzern zieht Ihre Aufmerksamkeit zum Zentrum des Geschehens.

Die Menge feuert zwei Menschen an, die sich gerade auf einem hölzernen Podest in der Mitte des Platzes vereinigen. Beide sind am ganzen Körper bemalt und tragen Schmuck an den Hand- und Fußgelenken und um den Hals. Sie beobachten mit erfahrenem Blick, wie der Mann die Frau hält. Die Frau sitzt vor ihm und hat die Beine um seinen Rücken geschlungen. Er stützt sie sanft mit einer Hand im Nacken und massiert mit der anderen ihr Kreuzbein. Sie gibt sich ganz hin. Die Haut der beiden glänzt in der Sonne. Der gesamte Platz wird von der Erregung der beiden erfaßt. Die Menschen feuern sie exstatisch an. Das Trommeln wird wilder und drängender. Die Frau hat einen schlanken muskulösen Körper. Während das Getöse immer lauter wird, scheint sie immer ruhiger zu werden. Sie wirkt entrückt wie in Trance. Mit einem Mal teilt sich die Menge. Wie auf ein verabredetes Zeichen gehen die meisten Männer zum Rand des Platzes.

Sie spüren, daß das Fest einer bestimmten Dramaturgie folgt. Während die anderen weiter trommeln, folgen Sie den Männern durch die Reihen der kleinen Häuser aus Lehm, Holz und Stroh in den Außenbereich des Dorfes. Vor einem großen Menhir liegen am Boden zahlreiche flache Körbe. Die Männer unterhalten sich lachend. Jeder nimmt sich einen Korb. Einer der Männer reicht Ihnen lächelnd auch einen und bedeutet Ihnen, mitzukommen. Er reicht Ihnen einen langen mit Bändern verzierten Speer und deutet auf einen schmalen Pfad. Durch eine sumpfige Wiese gelangen Sie zu einem Bach, der in der Sonne glitzert.

Die Männer stellen sich auf die großen runden Steine am Ufer und beobachten die Fische im Wasser. Ihre muskulösen Körper halten mühelos die Spannung der regungslosen Aufmerksamkeit. Sie spüren wie diese besondere Wachsamkeit sich auf Sie überträgt. Je länger Sie das glitzernde, schäumende Wasser und die Fische betrachten, um so deutlicher erkennen Sie in den Bewegungen Wirbel und kleine Strömungen, und Sie können plötzlich deutlich ahnen, wohin gleich der Fisch schwimmen wird, auf den Sie sich konzentrieren. Das Heben des Speeres und das Durchbohren des Fisches sind eins. Der Fisch zappelt noch kurz, als Sie ihn in den Korb legen. Ihr Begleiter lacht anerkennend und gibt Ihnen mit eindeutigen Bewegungen zu verstehen, daß die Fische als Symbol für Fruchtbarkeit angesehen werden und ihr Geruch mit dem Geruch des weiblichen Geschlechts verglichen wird. Und richtig, als Sie an dem kühlen Fisch riechen, erinnert es Sie an den Geruch, den Sie von einer erregten Frau kennen. Wild, feucht, moosig.

Die Männer lachen und deuten auf die anderen Fische im Wasser zum Zeichen, daß es noch mehr zu holen gibt. Schnell füllen sich die Körbe. Aber sobald diese etwa zur Hälfte gefüllt sind, wird die Jagd beendet und alle tragen die Körbe an den Rand der Sumpfwiese. Nun werden Früchte und große Blütenkelche in allen Farben in die Körbe gesammelt. Ein Mann hat eine besonders schöne Blüte gefunden und hält sie lachend hoch. Dann tut er so, als würde er versuchen mit seinem Penis sanft die Blütenblätter zu öffnen. Die Stimmung der Männer wird immer ausgelassener und eindeutig erregt.

Auch Sie schauen die Blüten mit anderen Augen an und erkennen in ihrer Form zart schimmernde lockende Lippen und im Zentrum eine kleine Perle der Lust. Sie spüren ein drängendes Ziehen in Ihren Lenden und würden gerne sofort zu den schönen Frauen am Platz zurückkehren und Ihren Penis in eine weibliche Blüte eintauchen lassen. Aber Ihr Begleiter gibt Ihnen zu verstehen, daß noch etwas fehlt, und zeigt Ihnen einen länglichen weißen Stein, den er aus dem weichen Boden gegraben hat. Die anderen Männer haben schon einige dieser deutlichen Phallussymbole zu den Blüten gelegt, und Sie tun es ihnen gleich. Die weißen Steine sind anscheinen besonders begehrt, und so suchen auch Sie vornehmlich schöne weiße, ebenmäßig geformte Exemplare.

Der Wind weht den Klang der Holzblocktrommeln vom nahen Dorf herbei. Der Rhythmus ist schnell und exstatisch, wie eine Aufforderung sich zu beeilen. Wie abgesprochen machen sich alle zielstrebig auf den Rückweg. Stolz tragen Sie ihren prall gefüllten Korb zum Dorfplatz. Dort hat sich das Bild gewandelt. Alle Frauen sitzen auf und um das Podest auf dem Boden. Sie spüren deutlich, daß die Frauen auf die Männer warten. Ihre Augen leuchten und sie strahlen voll freudiger Erregung. Sie genießen das Gefühl so sehnsuchtsvoll erwartet zu werden. Sie lassen Ihren Blick über die Frauen streichen und wittern ihren Duft. Welche Frau zieht Sie besonders an?

Kaum haben Sie das gedacht, bleibt Ihr Blick in den Augen einer Frau hängen. Sie tragen Ihren Korb zu ihr hin und legen ihn ihr zu Füßen. Sie strahlt Sie an, und Sie spüren deutlich, daß sie vor Spannung leicht vibriert. Sie knien sich vor ihr auf den Boden und verneigen sich vor ihrer weiblichen Kraft. Alle Männer zeugen so den Frauen ihre Ehrerbietung. Die Frauen sind das lebendige Abbild der Großen Mutter, die alles erschafft und in einem ewigen Kreislauf am Leben hält. Alle atmen ihren Atem, trinken ihre Milch, schöpfen von ihrer Lebenskraft. All dies tragen die Frauen in sich und geben es voller Liebe weiter an ihre Kinder und an die Männer. Sie können es kaum erwarten, in dieser Fülle zu baden.

Die Frauen sind umringt von den leuchtenden Körben der Männer. Eine ältere Frau steht aus der Mitte der Frauen auf und bedankt sich mit weit geöffneten Armen dafür, daß die Männer den Frauen die Fülle, die sie von ihnen empfangen, in solchem Überfluß zurückschenken und daß sie diese Gaben voll Freude annehmen. Auf dieses Zeichen hin richten Sie sich wieder auf und zeigen stolz Ihre männliche Kraft. Man sieht deutlich, daß Sie schon erregt sind.

Das sieht auch die Frau mit den Blumen im Haar. Ihre Augen weiten sich, die Pupillen sind groß und dunkel. Sie erhebt sich geschmeidig wie eine große Katze und sucht sich durch den farbenfrohen Kreis der Körbe einen Weg zu Ihnen, ohne den Blick von Ihnen zu wenden. Als sie vor Ihnen steht, riechen Sie deutlich ihren Duft nach Moos und nach den Blüten, die sie sich ins Haar gesteckt hat. Diesmal haben Sie eine Wildere erwischt als beim letzten Ritual. Sie können deutlich ihre Hitze spüren. Sie nehmen sie sanft in die Arme und warten, bis die Körper Kontakt aufgenommen haben. Die Frau preßt ihren Unterleib gegen Ihren und saugt Ihre männliche Kraft auf wie ein Schwamm. Sie halten ihrem Druck stand und geben ihr lachend zu verstehen, daß sie sich bedienen kann, daß genug Kraft da ist. Sie lachen beide. Die Frau löst sich aus Ihrer Umarmung, nimmt Sie an der Hand und zieht Sie in den nahen Wald.

Viele andere Paare tun es Ihnen gleich. Es dauert eine Weile, bis die Frau einen ungestörten Platz findet, aber sie scheint zu wissen, wo sie mit Ihnen hin will. Schließlich zieht Sie sie zu einer kleinen Lichtung. Sie deutet auf den weichen, moosigem Untergrund, und gemeinsam legen Sie sich auf die Erde. Die Frau braucht kein Vorspiel. Sie legt ein Bein über Ihre Hüfte und drängt sich so nah an Sie heran, daß Ihr Penis schon von selbst den Weg in ihre feuchte Blüte findet. Ihrer Kehle entströmt ein tiefes Stöhnen, als Sie tief in sie eindringen. Sie spüren, daß die Frau Sie sofort in ihren Kern lockt, in die Tiefe ihrer heiligen Höhle, daß sie sich ganz öffnet und ganz hingibt.

Voller Vertrauen schließt sie die Augen und läßt sich von Ihren Bewegungen forttragen. Mit Ihrem Penis ertasten Sie die Wände ihrer heiligen Höhle. Sie weiten sanft den feuchten Eingang und folgen ihren kreisenden Bewegungen. Ihr Penis findet ganz von selbst den Weg zu der strahlenden Sonne in ihrer Mitte. Mit einem Stoß aus der Tiefe Ihres lebendigen Urgrundes erfüllen Sie die Frau in ihrem Zentrum mit der männlichen Urkraft. Die Frau stöhnt auf und öffnet sich noch mehr. Sie nimmt Sie ganz in sich auf und ihre Vagina saugt Ihren Penis immer tiefer in ihr

Zentrum. Sie spüren das wohlige Gefühl der Auflösung, das Sie aus vielen Begegnungen mit dem Weiblichen kennen. In diesem Moment setzt die Frau sich auf Sie und zieht Sie noch tiefer in ihren Körper. Sie stoßen hinterher und packen ihre Hüften. Die Frau hat die Augen geschlossen und wirkt wie in Trance. Lautes Stöhnen entringt sich ihrer Kehle. Sie ist ganz naß, was Sie um so mehr erregt. Aus Ihrem Zentrum strömt eine starke Kraft, die die ganze Frau erfüllt.

Die Frau läßt sich völlig los und folgt Ihren Impulsen. Ihr ganzer Körper ist ein einziges Pulsen vitaler Kraft. Ihre Zellen scheinen zu vibrieren. Sie spüren, daß Ihre beiden Körper sich gegenseitig heilen. Ihr Herz weitet sich vor Liebe zu dieser Frau, die sich so völlig hingibt. Sie fühlen sich vollständig angenommen und unendlich geliebt, aufgehoben in der Fülle des Lebens. Ein orgiastisches Pulsen steigt in Ihnen auf. Sie lassen es durch Ihren Körper fließen und durchdringen damit die Frau, ohne sich in sie zu ergießen. Die Frau übernimmt Ihr Pulsen in ihren Körper. Sie spüren das bekannte Wirbeln an der Spitze Ihres Penis. Spiralen scheinen ihn zu umkreisen. In diesem Augenblick breiten Sie in der Frau die Schwingen aus und beginnen zu schweben. Unendliche Weite, aufgelöst im Urozean, getragen vom Wasser der Liebe. Sie halten die Spannung und die Frau mühelos in der Schwebe, bis Sie bewußt Ihre männliche Kraft durch tiefe Stöße ankurbeln. Die Frau spürt, daß Sie sich gleich ergießen, und gemeinsam pulsen Ihre Körper sich in den Zustand höchster Vereinigung, getragen von einer tiefen inneren Verbundenheit mit all dem, was ist. Verbunden mit dem Kosmos durch die Frau.

Eine ganze Weile genießen Sie diesen schwerelosen Zustand, bis der Ruf der Muschelhörner Sie daran erinnert, daß das Fest noch nicht vorbei ist. Sie richten sich auf und schauen zu der Frau an Ihrer Seite, die sich zufrieden im Moos räkelt. Lachend nehmen Sie sie bei der Hand und ziehen sie mit sich Richtung Dorfplatz. Auf dem Weg suchen Sie sich zwei feste Stöcke, die Sie später als Trommelstöcke verwenden wollen. Die Frau geht ganz dicht neben Ihnen und streicht beim Gehen immer wieder über verschiedene Stellen Ihres Körpers. Sie fühlt sich immer noch von Ihnen angezogen.

Am Dorfplatz angekommen sehen Sie, daß schon alles für ein schönes Festmahl bereitet ist. Gebratene Fische liegen in flachen Schalen, und das Holzpodest ist mit Blumen und Früchten geschmückt. Jetzt wissen Sie, wofür Sie die Gaben gesammelt haben. Die Frauen sammeln sich zum Tanz. Auch die Frau an Ihrer Seite fügt sich in die Reihe der Frauen ein. Sie bewundern ihre geschmeidigen Bewegungen. Sanft setzen die Frauen die Fußballen auf die Erde und verlagern mit wiegenden Hüften ihr Gewicht vom einen Fuß auf den anderen. Die Reihe der Frauen tanzt Spiralen, Wellen und Zick-Zacklinien. Die Flammen der Feuer lassen die nackten Körper leuchten.

Sie gesellen sich zu den Trommlern und freuen sich, daß Ihre beiden neuen Stöcke so gut klingen. Die Bewegungen der Frauen feuern Sie an, immer wilder zu trommeln. Jeder Tanz hat sein eigenes Thema: das Kreisen der Sterne, die Wärme der Sonne, das Fließen des Wassers, die Fülle der Erde; und jeder Tanz hat auch seinen eigenen Rhythmus. Sie kennen alle Rhythmen seit Ihrer Kindheit und können mit Leichtigkeit die ganze Nacht hindurch trommeln. Immer wieder verläßt Ihr Geist während des Trommelns Ihren Körper. Sie sehen sich selbst als wilden Hund über Felsen springen. Sie spüren die Vitalität der wilden Tiere und die Kraft des Feuers in sich. Die Gruppe der Trommler wird zu einem einzigen großen Körper. Sie fühlen weder Hunger noch Durst und auch keine Erschöpfung. Die Energie der Rhythmen läßt Sie vibrieren. Sie fühlen sich mit allem verbunden.

Immer wieder springt ein Trommler auf und spielt ein Solo, die andern feuern ihn mit lauten Rufen an. Auch Sie werden irgendwann vom gewaltigen Rhythmus ergriffen und trommeln mit wirbelnden Stöcken Ihre Visionen und Bilder zur Erde und zu den Sternen. In diesem Augenblick erkennen Sie den Sinn jeder heiligen Handlung, die Sie vor und während der Jagd vollführen, und Sie spüren, daß jede Ihrer Handlungen in einem größeren Zusammenhang einen Sinn hat. Sie sehen sich selbst als kleinen Jungen bei der Initiation und sehen wieder das freundliche Gesicht des älteren Mannes vor sich, der Ihnen erklärt, daß die Kraft des Mannes dazu da ist, das Leben zu schützen. Dann sehen Sie sich als kleines Kind in den Armen Ihrer Mutter, die Ihnen die Sterne erklärt und wie man aus dem Flug der Vögel erkennen kann, wann die Weibchen der wilden Hirsche trächtig sind.

Und auch Ihre Geburt erleben Sie wieder. Das Tor des Lebens und des Todes ist weit geöffnet, und Sie sehen sich selbst die Seiten wechseln. Bis zum Morgengrauen hält dieser Zustand an. Als die ersten Sonnenstrahlen die Baumwipfel erreichen, verlassen Sie mit den anderen den Dorfplatz Richtung Steinkreis. Alle scharen sich um die Priesterin, die vor dem Altar steht und aus einer flachen Tonschale einen Trunk reicht. Als Sie an der Reihe sind und dicht vor ihr stehen, versinken Sie fast in ihren Augen. Ihr Blick ist so tief wie ein dunkler Waldsee. Der Trunk ist leicht bitter, aber nicht unangenehm. Wohlige Wärme breitet sich in Ihrem Körper aus. Sie fühlen sich gestärkt. An Ihrer Seite taucht wieder der freundliche Mann auf, der Ihnen half, Blüten, Fische und Steine zu sammeln. Er gibt Ihnen zu verstehen, daß jetzt ein weiter Fußmarsch vor Ihnen liegt. Alle werden die Heilige Höhle der Großen Mutter besuchen.

Die Priesterin geht mit einer großen Rahmentrommel vorweg. Sie führt die Menschen auf verschlungenen Wegen in die Berge. Immer wieder werden besondere Steinformationen und Hügel als Brüste und Lenden und Bauch der Großen Mutter geehrt. Kräuter werden geräuchert, es wird getrommelt und gesungen. Vor der großen Höhle tanzen die Frauen den verschlungenen Weg durch das Leben hin zur Großen Mutter und aus ihr wieder hervor. Eine Spirale aus Steinen wird als Symbol vor den Höhleneingang auf den Boden gelegt.

Jeder Mann, der die Höhle betritt, muß vorher durch die Spirale laufen, die die Frauen getanzt haben. Damit zeigt er, daß er den Weg des Lebens hin zur Großen Mutter geht, die ihn in ihr innerstes Geheimnis aufnimmt. Sie schreiten auch die Steinspirale ab und betreten dann die Höhle. Dort haben schon besonders begabte Menschen die Wände mit Abbildern der lebendigen Fülle geschmückt, die die Große Mutter gebiert. Die Abbildungen zeigen verschiedene Tiere und wie Menschen mit magischen Handlungen und Tänzen sich auf den Kreislauf des Lebens einschwingen.

Die Priesterin nimmt eine Fackel und geht zur tiefsten Stelle der Höhle, dort wo kein Tageslicht mehr hinkommt. Sie ist dort am Lebenskern der Großen Mutter angekommen, so wie auch Sie mit Ihrem Penis im tiefsten Teil der heiligen Höhle der Frau ihren Lebenskern erreichen. An dieser Stelle haben die heiligen Handlungen die größte Wirkung. Die Priesterin malt mit roter Farbe Wellenlinien auf die Wand, die zugleich das Wasser des Lebens und das Blut der Frau darstellen und auch das Wasser, in dem die Menschen im Bauch ihrer Mutter schwimmen. Dann hebt sie eine Schale mit Räucherwerk hoch Richtung Höhlendecke. Es riecht würzig nach dem Duft verbrannter Kräuter.

Alle fühlen sich noch einmal in den Bauch ihrer Mutter zurückversetzt. Mit dieser Zeremonie werden alle Mütter geehrt. Auch Sie werden an Ihre Mutter erinnert und gedenken dankbar des Lebens, das sie Ihnen geschenkt hat. Durch den Rauch und das Flackern der Flammen haben Sie den Eindruck, daß die vielen Zeichnungen auf den Höhlenwänden sich bewegen, als wären sie lebendig. Sie fühlen sich wie im lebendigen Bauch eines riesigen Tieres, das bald alles, was sich in seinem Bauch befindet, gebiert. Alle sind, wenn sie die Höhle verlassen, wieder neu geboren.

Die Landschaftsgöttin

Der Himmel und die Sterne musizieren für dich.
Die Sonne und der Mond lobpreisen dich.
Die Götter erheben dich.
Die Göttinnen singen für dich.

Wandinschrift im Tempel der Hathor,
Dendera, Ägypten, 2. Jahrhundert v.Chr.

Die Menschen der Vorzeit verehrten die Große Mutter zunächst in der Landschaft, an heiligen Hügeln, besonderen Felsen und in Höhlen. Sie sahen ihre Gestalt in und auf der Erde. Besonders verwunschene Naturschönheiten wurden als die träumende Erde angesehen und verehrt. Sie hielten Prozessionen ab, bei denen sie große Naturheiligtümer umrundeten oder durch Pilgerwege miteinander verbanden. Während dieser Prozessionen wurde gesungen und getrommelt. Oft führten die Wege über Hunderte von Kilometer durch die Landschaft. Jedes Dorf hütete ein eigenes Naturheiligtum mit einem ganz bestimmten Auftrag. Erdhügel, Höhlen und besonders geformte Steine waren dazu da, Kontakt zur Erde aufzunehmen. Steinkreise auf Hochebenen oder Hügeln bildeten kosmische Zusammenhänge ab, die die Menschen mit ihren Ritualen im Laufe des Jahres begleiteten. Die Menschen trafen sich zu bestimmten Ritualen an bestimmten Heiligtümern und führten die Rituale gemeinsam durch. Alleine wäre ein Dorf nicht in der Lage gewesen, die großen Menhire oder Steinkreise zu errichten. Die Dörfer standen über große Entfernungen miteinander in Verbindung und bildeten einen großen Kultraum.

Forscherinnen und Forscher haben nachgewiesen, daß die vorgeschichtlichen Kultplätze oft über sehr große Distanzen miteinander Verbindung hatten und auch nach einem bestimmten System zueinander in Bezug stehen. Es ist immer noch ein Rätsel, wie die Menschen der Jungsteinzeit die Landschaft so exakt vermessen konnten und wie sie sich über so weite Entfernungen verabredeten. Schließlich verfügten sie über keine technischen Hilfsmittel.

Ich vermute, daß die Menschen damals intuitiv den sogenannten Leylinien, wie man sie heute nennt, oder Drachenlinien, wie sie die Chinesen nennen, also Energielinien auf der Haut der Erde folgten. Wahrscheinlich verbanden sie mit diesen Prozessionen Naturheiligtümer selbst über Entfernungen von mehreren Hundert Kilometern, im sicheren Wissen, daß die Erde verschiedene Energiezentren hat, die miteinander in Beziehung stehen und die sich wechselseitig beeinflussen.

Wege, wie auch die Wagen, die darauf fuhren, sind Erfindungen der seßhaft gewordenen Bäuerinnen und Bauern der neolithischen Zeit. Sie unterschieden sich von den gewundenen Trampelpfaden der paläolithischen Jäger, die den Tieren folgten, durch ihre Bestimmung: Sie dienten in erster Linie als Pilgerwege, die spirituelle Zentren miteinander verbanden. Im Frühling, wenn endlich die Vegetation wieder zu sprießen begann, feierten die Menschen den Einzug der Großen Göttin mit aller Freude. Die von einer Statue oder einer Priesterin symbolisierte Göttin wurde auf dem Weg durch die Felder ins Dorf geführt. An ihrer Seite war oft ihr Sohn oder ihr Geliebter, der als auferstandener Vegetationsgott gefeiert wurde.

Nach der langen Nacht des Winters hatte nach der Vorstellung der Menschen die Große Göttin ihm mit ihrer Liebe wieder Leben eingehaucht und ihn durch die Welt des Todes in die Welt der Lebenden geführt. Die Wege wurden festlich mit Blumen schmückt, und in den Dörfern begannen die Feierlichkeiten zu Ehren der wieder erstarkten Vitalkraft mit voller Freude und bewußter Sexualität. So, wie der Mann die Frau mit seinem Samen erfüllte, so sollte auch der Vegetationsgott die Erde mit seiner männlichen Fruchtbarkeit erfüllen und den Menschen lebenspendende Fülle bringen. Die Priesterin und ein besonders ausgewählter Mann vollzogen als Höhepunkt des Festes vor den Augen aller herbeigereisten Pilger auf dem Sakralplatz die Heilige Hochzeit und erneuerten damit symbolisch den Kreislauf des Lebens.

Noch um 100 n. Chr. berichtete der römische »Kriegsberichterstatter« Tacitus von ähnlichen festlichen Prozessionen bei den Barbarenvölkern nördlich der Alpen. Noch heute wird in manchen Alpentälern in ähnlicher Weise der Einzug des Frühlings gefeiert. Allerdings ist mittlerweile die lebensspendende Große Göttin aus dem Bewußtsein verschwunden, und es wird nur noch der Frühling allgemein gefeiert, oft in Verbindung mit dem Aufstellen eines heidnischen Maibaumes, bei dem der Stamm den Phallus und der blumengeschmückte Kreis die Yoni symbolisiert.

In Ägypten gab es ähnliche Prozessionen mehrmals im Jahr zu Ehren der Großen Göttin Isis. Ihre Anhänger bauten ihr entlang des Prozessionsweges prächtige Tempel. Sehr oft wurde sie als schwarze Göttin sitzend mit dem Horus-Knaben auf dem Schoß dargestellt, ihrem eigenen Sohn, der als typischer Vegetationsgott auch gleichzeitig ihr Geliebter war.

Diese Isis-Darstellung wurde später im Christentum als Vorbild für die Darstellung der Maria mit dem Kinde übernommen. Die Verbindung zum Isis-Kult erkennt man sehr gut in der Figur der schwarzen Madonna, die bis heute in vielen Ländern der Erde verehrt wird.

Die Leben und Tod bestimmende Kraft der ursprünglichen Göttin wird in diesen Figuren noch sehr deutlich. Diese Marienfiguren haben immer eine sehr aufrechte majestätische Haltung. Sie tragen prachtvolle bestickte Gewänder und halten auf der linken Seite ein Zepter und auf der rechten Seite ein winziges Kind in der Hand.

Unbehauene schwarze Steine mit eigentümlichen Formen wurden ebenfalls als Sinnbild der Großen Mutter verehrt. Schwarz war nicht die Farbe des Todes, wie sie in der heutigen westlichen Welt so gesehen wird, sondern sie war die Farbe des Lebens, weil der fruchtbare Nil bei jeder Überschwemmung neue schwarze fruchtbare Erde brachte. Reste der Prozessionen zu Ehren der Großen Mutter finden wir bis in die heutige Zeit – selbst dort, wo man es überhaupt nicht vermuten würde, nämlich mitten im wohl patriarchalsten Zentrum der Erde: Mekka.

Der Islam entstand nicht in einem leeren Raum. Auch er hat eine lange »heidnische« Vorgeschichte mit matriarchalen Wurzeln, die sich teilweise bei den Beduinen noch finden lassen. Noch heute sprechen wir von der Königin von Saba und meinen damit eine Frau aus einem blühenden Land. Laut E. O. James, dem berühmten Mythenforscher, meint Land von Saba eigentlich Land der Shaiba, das heißt Landschaft der alten Frau. »Die Shaiba personifizierte die fruchtbare Erde und war die Ahnfrau der Königin von Saba sowie mit ihr identisch. Ganz ähnlich ist es mit dem Namen Arabien, der sich von Aruba herleitet, dem Morgen-und Abendstern. Dies ist die Venus, der Planet der Göttin Inanna-Ishtar. Ihr weiteres Emblem war der Halbmond, der zusammen mit dem achtstrahligen Venussymbol einen alten Frauenschmuck bildet. Als vereinnahmte Symbole zieren sie heute so manche Staatsfahne.«

Gläubige Moslem pilgern heute nach Mekka, um in einer Art Prozession gegen den Uhrzeigersinn die Kaaba zu umrunden. Einst war die ganze Region der Landschaftsgöttin geweiht, mit heiligen Hügeln, Quellen und Steinen. Anfänglich wurde sie in einem Harim, einem heiligen Hain verehrt. Im Zentrum stand ein schwarzer Meteoritstein, eine Quelle Zamzam und eine Höhle. Der Zentrumstein repräsentiert die Ahnfrau des Landes. Schon zu Beginn war der schwarze Meteorit in ein schwarzes Tuch gewickelt, das den heiligen Schleier der Göttin bezeichnet. Um den Hain waren 360 Stelen plaziert, die abwertend als »Götzen« überliefert sind. Sie symbolisierten, so Kurt Derungs, das Mondjahr und gleichzeitig die umliegenden Stämme, die sich zu bestimmten Zeiten an diesem Nabelstein trafen. Laut Derungs umkreisten sie sieben Mal gegen den Uhrzeigersinn den Stein und dann sieben Mal in entgegengesetzter Richtung.

Die Sieben war eine heilige Zahl, weil die Menschen aus der Beobachtung der Venus wußten, daß sie sieben Monate als Morgenstern erscheint, dann einige Zeit verschwindet und dann wieder sieben Monate als Abendstern zu sehen ist. Daher hatten die ursprünglichen Labyrinthe auch sieben Windungen, in denen sich die Gläubigen dem Nabelstein in der Mitte näherten.

Auch die Göttin Innana steigt im Mythos durch sieben Tore in die Unterwelt und muß an jedem Tor etwas ablegen. Deshalb legten auch die Gläubigen bei ihren Prozessionen ihre Kleidung ab und traten nackt vor die Große Mutter. Diese Tradition wurde im Islam verboten, so daß die gläubigen Muslime heute nur noch die Oberkleidung ablegen, bevor sie die Kaaba umrunden. Dieser Stein trägt übrigens den Namen al-bait und trägt ein Yoni-Zeichen. Er symbolisiert eigentlich die lebensspendende große Ahnfrau, die sich im Nabelstein verkörpert. Daß dieser Kult ursprünglich von Sexualritualen begleitet war, erkennen wir daraus, daß jeder Moslem diese Ahnfrau küßt. Ishtar, der Venusstern, Symbol der Großen Göttin, wurde in

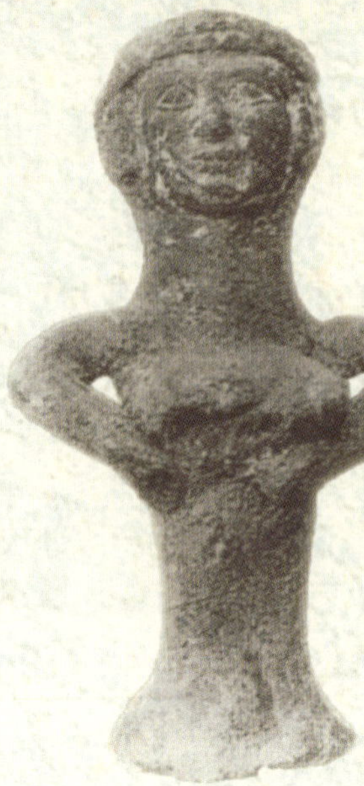

Palästina zu Ashera. Die Bibel beschreibt ziemlich genau die grausamen Verfolgungen denen ihre Anhängerinnen und Anhänger ausgesetzt waren.

Trotzdem rief die Bevölkerung immer wieder »ihre Himmelskönigin« an und verteidigte sie gegen die verleumderische Propaganda des Jahwekultes. Mit der Erinnerung an Ashera verband das Volk eine glücklichere Zeit mit genügend Nahrung und ohne Krieg.

Ashera findet in alten Texten Erwähnung als Lillith-Ashera, als eigentliche Stammmutter aller Völker dieser Region. Sie war der Legende nach die erste Frau Adams, die sich weigerte, immer unten zu liegen und deshalb Adam verließ. Im patriarchalen Kontext wurde sie deshalb zur bösen Dämonin und Nachthexe, die Männer im Schlaf verführt. In Wirklichkeit zeigt es nur, daß sie als Ahnfrau wußte, daß die Frau die Energie während des rituellen Beischlafs am besten lenken kann, wenn sie in einer aufrechten Position ist. Sie konnte Adam nur in spirituelle Höhen mitnehmen, wenn sie auf ihm saß. Wollte er immer oben liegen, konnten sie die wichtigen Rituale zur Erhaltung der Fruchtbarkeit nicht vollziehen. Gemäß Überlieferung habe sie sich am Roten Meer niedergelassen und täglich hundert Kinder geboren.

Welch große Stammutter! Das Rote Meer steht in diesem Zusammenhang für ihren lebenspendenden Schoß, aus dem auch die Israeliten entstanden sind. Bei der sogenannten Flucht aus Ägypten soll sich das Meer geöffnet und hinter ihnen wieder geschlossen haben. Das Wasser ist eindeutig mythologischer Art und bezeichnet den Ur-Ozean, aus dem alles Leben kommt. Im matriarchalen Kontext wurde der Mann an ihrer Seite oft als gehörntes Tier, meist als Stier dargestellt.

Dieser Vegetationsgott wurde im Frühjahr von ihr geboren, vollzog im Hochsommer mit ihr die Heilige Hochzeit und starb im Winter. Doch durch die rituelle körperliche Vereinigung kurz vor Winterbeginn war die Transformation und seine Wiedergeburt im nächsten Frühling möglich. Der Stiergott hieß El-Baa-Jahwe. Erst in einem späteren Schritt wurde er zum alleinigen Gott, der die Göttin verdrängte und ihre Heroen (Baal, El) ebenso. Durch die monotheistische Jahwe-Bewegung wird er zum jenseitigen Allvater.

In der neuen Propaganda hat dieser männliche Gott Kraft seines Wortes alles erschaffen. Kam vorher alles Leben aus dem Schoß der Göttin, stammte es jetzt aus dem Mund eines Mannes. Es dauerte viele Jahrhunderte und bedurfte einiger Gewalt, die Menschen von diesem lebensfremden Konstrukt zu überzeugen. Daß die patriarchale Jahwe-Bewegung vor entsetzlichsten Greueltaten nicht zurückschreckte, davon berichtet die Bibel. Daß das Hohelied der Liebe, das von einer Frau geschrieben wurde und die Heilige Hochzeit beschreibt, in die Bibel übernommen wurde, ist eines der Wunder, denen man immer wieder begegnet.

Die Göttin wurde oft auch in Form eines weißen runden Steines verehrt. Dieses »Ei« stand für ihre Lebenskraft und war als Nabelstein die direkte Verbindung der Menschen zur Erde. Über diesen Stein konnten die Menschen sie streicheln, ihn mit Öl übergießen oder mit Blut ihre Blutverwandtschaft zeigen. So lange die Menschen

so immer wieder ihre Anbindung an die Erde erneuerten, waren sie friedlich und liebevoll und materiell erfolgreich, denn sie bewegten sich in Harmonie mit der Erde und dem Kosmos.

Eine besondere Form des Nabelsteines ist das hinduistische Lingam-Yoni-Symbol, das allerdings das Gewicht auf die sexuelle Durchdringung legt. Auch dieser Stein wird an besonderen Festtagen mit Öl übergossen.

Reste der feierlich-fröhlichen Prozessionen zur Landschaftsgöttin finden wir auch noch in Mitteleuropa: bei den Fastnachtsumzügen im beginnenden Frühling und – jeglicher Sexualität beraubt – den farbenfrohen katholischen Blumenumzügen

zu Fronleichnam. Die Wege werden dazu von Frauen und Mädchen mit Blumenteppichen geschmückt.

Ursprünglich führten bei unseren Ahninnen und Ahnen Priesterinnen diese Umzüge an. Später wurden die Frauen aus diesem Amt verdrängt, und Männer schlüpften in ihre Zeremonialgewänder. Nicht nur in der katholischen Kirche schlüpfen Männer in Frauengewänder. Noch heute werden in der alemannischen Fastnacht auch die weiblichen Figuren von Männern verkörpert, und im Kölner Karneval ist die Karnevalsprinzessin ein Mann. In Brasilien geht es bei den Samba-Umzügen zu Fasching spirituell und gleichzeitig sexuell freizügig zu. Ein Musiker erzählte mir, daß er in Venezuela einmal solch einen Umzug miterlebte. Er stand mitten im musikalischen Getöse und farbenfrohen Wirbel der bunten Tänzerinnen, die halbnackt an ihm vorbeitanzten. Als die bekannteste spirituelle Musikgruppe der Gegend an ihm vorbeizog, mußte er plötzlich weinen. Von der Intensität des Augenblicks wurde er in seinem Innersten ergriffen. Er fühlte sich eins mit der Musik, den Musikern und Musikerinnen, den halbnackten Tänzerinnen, den anderen Zuschauern, der Erde, auf der sie tanzten, der Luft... Pures Leben, orgiastische Sexualität, laute Musik, die sexuelle Ekstase als spirituelle Erfahrung.

In der vorpatriarchalen Zeit wurde die Göttin mit Blumen verehrt und bei den Prozessionen ihr zu Ehren wurden Blumen auf den Weg gestreut. Sexualität war kein persönlicher Besitz. Sie wurde gesehen als Gebet an die Mutter Universum, die dreifaltige Göttin, die alles Leben spendet. Die dreifaltige Göttin erschien als jungfräuliche Göttin der Jagd, die mit der männlichen Energie noch spielt, in der Farbe weiß. Als rote Frau, war sie die, die lustvoll Leben spendet. Als erfahrene Alte führte sie in der Farbe schwarz durch den Tod in die Wiedergeburt. Weiß-Rot-Schwarz, diese heilige weibliche Farbkombination begegnet uns immer wieder, auch in unseren alten Märchen, zum Beispiel bei Schneewittchen, die weiß wie Schnee, rot wie Blut und schwarz wie Ebenholz war.

Beim Gebet zur dreifaltigen Göttin stand nicht der Partner als Person im Vordergrund, sondern eher ihre/seine Verkörperung des weiblichen und männlichen Prinzips, das im Sexualakt verehrt und geliebt wurde. Man schlief nicht beiläufig miteinander, sondern immer mit völliger Freude und achtsam. Häufiges sinnliches Beten war hilfreich für das Wachstum der Erde. Das Geheimnis der Lebens war nach der Vorstellung der Menschen damals im Bauchraum, genauer gesagt in der Gebärmutter der Frauen verborgen. Die Menschen stellten sich die Gebärmutter als kleine Höhle vor, in der es Blaupausen für alles Lebendige gab. Diese Höhlen verehrten sie in großen natürlichen Höhlen aus Stein, an deren Wände sie die Blaupausen für alles Lebendige malten. Wir treffen auf die heiligen Höhlen, die göttliche Gebärmutter auch heute noch in Form der Mariengrotten.

Sie sind die bis heute erhalten gebliebene Verehrung des Weiblichen in einer Höhle. Die Maria steht dort als Manifestation der dreifaltigen Göttin. Maria selbst ist die Frau, die alles Leben gebiert, sogar Gott. Zu Füßen der Marienfiguren blühen fast immer rote Rosen im Stein, in unserem Kulturkreis das Symbol für erotische Liebe. Im Mittelalter heißt Menstruation auch »die Blum«, und Frauen, die in Blumengärten dargestellt werden, stehen symbolisch für die blutende fruchtbare Frau. Die Blumen, mit denen Maria verehrt wird, sind weiße Lilien und rote Rosen. Weiße Lilien waren schon in den Mysterienkulten Symbol für sich öffnende weiße Schenkel, an deren Grund der Mann die weiblich göttliche Eingebung findet, und rote Rosen waren Symbol für sich sinnlich öffnende Venus-Lippen.

Luther hat dieses Symbol später übrigens umgedeutet und behauptet, die fünf Blütenblätter (der Wildrose) stünden für die fünf Wundmale Christi. Was einmal mit lustvoller Freude assoziiert wurde, wurde von ihm mit Schmerzen gleichgesetzt. Er konnte sich mit dieser Umdeutung allerdings im Volk nicht durchsetzen. Noch heute gelten rote Rosen bei Verliebten als Zeichen sexueller Verehrung. Ebenso wurden die weißen Lilien, die einstmals für die Sinnlichkeit der Frau standen, von der christlichen Kirche zum Symbol der sexuellen Reinheit erklärt. Auf fast allen Darstellungen von Mariäs Verkündigung trägt der Verkündigungsengel, der ihr die Geburt eines Sohnes ankündigt, weiße Lilien. Diese sollen aber, in Verkehrung der ursprünglichen Bedeutung, gerade nicht besagen, daß sie das Kind in freudvoller Sexualität empfangen hat, sondern durch den heiligen Geist. Sie habe das göttliche Kind ohne schmutzige Sexualität empfangen.

In den Mariengrotten trägt Maria immer ein weißes Gewand mit himmelblauem Gürtel. Das weiße Gewand steht symbolisch für die jungfräuliche Diana. Mariengrotten stehen meist in der Natur, am besten im Wald, und der Wald ist der bevorzugte Aufenthaltsort der jungen Jägerin. Dort geht sie auf ihrem weißen Pferd auf die Jagd. Der himmelblaue Gürtel versinnbildlicht den blauen Mantel, den Maria als Himmelsmutter, beziehungsweise als Schutzmantelmadonna trägt. In der Grotte ist sie und das heilige Geheimnis geschützt. Die Menschen haben das Bedürfnis Maria in solch eine schützende Grotte zu stellen. In der Nähe meines Hauses wurde im Wald eine Votivtafel mit der Himmelsmutter aufgestellt. Es dauerte nicht lange, da begannen die Menschen Steine im Halbkreis um die Mariendarstellung aufzuschichten. Gläubige, die vorbeikamen, legten immer wieder einen Stein

dazu, wie bei den buddhistischen Gebetshügeln in Tibet. Jetzt steht die Maria geschützt in einer halbrunden Grotte. Die Grotte versinnbildlicht außerdem auch die Unterwelt, die Welt, in die wir nach dem Leben zurückkehren, um wiedergeboren zu werden. Auch anderen Symbole, die Maria häufig begleiten, bestätigen ihre matriarchale Verbindung: die Schlange oder der Drache und die Mondsichel der Diana.

Allerdings blieb nur der Mond in positiver Deutung erhalten. Er sollte ihre Verehrung als Himmelskönigin andeuten. Wie ihre göttlichen Vorgängerinnen Venus, Ischtar, Astarte wurde auch sie als Himmelsstern verehrt und nach ihr die Kompaßrose benannt, mit der die Seeleute sich am Himmel orientieren. Die Schlange hingegen, die eigentlich ihre sexuelle Schöpfungskraft darstellt, wurde in der christlichen Religion ihr Feind, den sie besiegen mußte. So wurde Maria oft als Besiegerin der Schlange oder des Drachen dargestellt, die damit aber auch gegen ihre eigene Sexualität kämpft, auf dem unteren Bild mit der tatkräftigen Hilfe des Jesuskindes.

Über Jahrtausende hinweg wurden die Frauen von den Priesterinnenämtern verdrängt, die sexuelle Ekstase als spirituelle Erfahrung verneint, die weibliche Sexualität verdammt. Jetzt kommt die regulierende Gegenbewegung, aber sie kommt nicht von selbst. Sie muß gegangen werden im lebendigen Tun. Wir, die wir jetzt leben, können daran mitwirken, daß Männer und Frauen wieder freudevoll und in Freiheit miteinander leben können.

Mein Vorname Marion ist eine Ableitung von Maria. In ihrem Monat, dem Mai, bin ich geboren. Schon als kleines Mädchen hatte ich eine ganz besondere Beziehung zu diesem Monat. Meine evangelische Mutter ging eines Tages mit mir in die Stadt in ein Geschäft mit Figuren und Ritualgegenständen für christliche Menschen, ein sogenanntes Devotionaliengeschäft. Ich durfte mir eine wunderschöne geschnitzte Maria aussuchen. Sie stand da, graziös und schlank, die Hände gefaltet, den Kopf leicht geneigt, lange glatte braune Haare, die wie ein Schleier über ihren Rücken fielen und ein schmaler goldener Reif mit drei roten Edelsteinen als Krone.

Für mich war sie die Anmut selbst, und irgendwie sah ich auch mich darin. Zu Hause stellten wir sie auf meinen Nachttisch, und den ganzen Mai über schmückten wir ihren Platz mit Kerzen und frischen Blumen. Meine Mutter hatte diesen Brauch des Marienaltärchens als Mädchen während des zweiten Weltkrieges im Hunsrück kennengelernt. Sie erzählte mir, daß der katholische Glaube dort sie sehr fasziniert hätte, obwohl sie evangelisch war, denn dort gab es Weihrauch und Fronleichnamsprozessionen über Blumenteppiche und eben die Marienverehrung.

Für meine Mutter entstand so eine emotionale Bindung zur weiblichen Spiritualität des christlichen Glaubens. Heute verstehe ich die Begeisterung meiner Mutter besser. Sie war ein gläubiger Mensch und hatte mit ihrem ganzen Wesen darauf gewartet, ihre spirituelle Emotionalität in eine weibliche Richtung lenken zu können. So wie ihr geht es sehr vielen christlichen Gläubigen. Wenn man als neutraler Beobachter eine katholische Kirche besucht, fällt einem sofort die Lebendigkeit auf, die immer vor dem Marienaltar herrscht. Obwohl der Marienaltar sich meist in einer Seitenkapelle befindet, findet dort die meiste religiöse Praxis der Menschen statt. Hier stehen die meisten Blumen und brennenden Opferkerzen und hier beten die meisten Menschen, nicht vor dem Hauptaltar.

Wie seit Jahrtausenden wenden die Menschen sich mit ihren Opfergaben und Bitten an die Große Mutter. Eine vietnamesische Studentin, die einen meiner Kurse besuchte, erzählte mir, daß sie am Anfang dachte, daß wir in Deutschland eine Göttin anbeten würden, daß wir einen Göttinnenkult praktizieren, denn in fast jeder Kirche, die sie besuchte, war die einzige Figur, die besonders geschmückt wurde, eine Frau, dort standen auch die meisten Opferkerzen und dorthin gingen die meisten Menschen. Sie hatte nie einen Gottesdienst besucht und beobachtete einfach nur verschiedene Kirchen und Kathedralen an normalen Wochentagen. An der Verehrung der Maria erkannte sie eine Würdigung der Lebensfreude. Maria lächelte freundlich herab, umgeben von Blumen und brennenden Kerzen, alle anderen Figuren hatten sehr ernste bis verzweifelte Gesichter. Sie nahm an, daß seien wohl Dämonen. Jesus am Kreuz konnte sie überhaupt nicht deuten, und sie konnte auch nach mehreren Erklärungsversuchen nicht verstehen, warum wir einen Leichnam verehren, wenn dieser Jesus doch wieder auferstanden war. Über dieses Gespräch mit der jungen vietnamesischen Studentin habe ich noch lange nachgedacht.

Tatsächlich geben wir in der Verehrung der Maria im Monat Mai auch der Freude über das überbordende Sprießen der Natur im Frühling Ausdruck. In diesem Sinne ist Maria auch Vegetationsgöttin. Die Menschen freuen sich über die Fülle der Natur, die leuchtenden Blüten, die drängende Kraft, die immer wieder den Tod transformiert. In jedem Frühling ist es ein neues Wunder. An wen sollte man sonst im christlichen Glauben diese Dankbarkeit richten? Nur Maria bleibt, um sich des Lebens zu freuen. Sie steht für das Leben auf der Erde in Freude, wenigstens im Monat Mai, ihrem Festmonat, wenn alles zur Entfaltung drängt, ist diese Freude ungebrochen. Ihre Sexualität ist zart zu spüren, wie der Duft eines Maiglöckchens. Noch kein roter Feuerdrache, aber immerhin... Ich glaube im Mai hätte auch Maria Lust, ums Feuer zu tanzen.

Der Vegetationsgott

Es ist ein warmer Frühlingsmorgen. Ich trage mein Zeremonialgewand und bin leicht erregt. Gemeinsam mit Turga stehe ich am Rande des Festplatzes, und wir beobachten die letzten Vorbereitungen für die Männerwettkämpfe. Unser Dorf ist voller Menschen. Alle haben sich schön geschmückt. Die besten Männer unseres Volkes und einiger Nachbardörfer werden sich im Wettkampf messen. Dem Sieger werde ich die gehörnte Krone überreichen. Er wird sie nach der Einweihung durch den Schamanen während der heiligen Hochzeit mit mir tragen.

Das Anfertigen der gehörnten Krone ist eine meiner wichtigsten Aufgaben. Sie muß die wilde kraftstrotzende Natur repräsentieren, die impulsive Zeugungskraft eines gehörnten männlichen Tieres, eines Hirsches, eines Widders, eines Stieres. Der Mann, der diese Krone trägt, muß ihrer würdig sein, nur der beste der Männer soll sie tragen. Der Wettkampf verlangt nicht nur körperliche Kraft, sondern der Mann muß auch seine Instinktnatur unter Beweis stellen, seine Verbindung mit der Erde und ihren Geschöpfen. Es gibt Kämpfe zwischen Tier und Mann, die nur zu gewinnen sind, wenn der Mann über starke mentale Kräfte verfügt. Er muß eins werden mit dem Geist des Tieres und es so besiegen.

Unser Dorf ist schon seit einiger Zeit mit den Vorbereitungen beschäftigt. Der Festplatz ist hergerichtet, mit der Wettkampffläche in der Mitte und einigen erhöhten Podesten für die Dorfältesten der Dörfer, den Schamanen des Nachbardorfes, meine Ausbilderin und mich. Die Frauen und Mädchen haben Blumen gesammelt und damit die Podeste geschmückt.

Der Schamane spielt eine wichtige Rolle. Er bestimmt die magischen Aufgaben, die die Männer lösen müssen. In jedem Jahr sind es andere, so daß sich die Männer nicht vorbereiten können. Lediglich den körperlichen Wettstreit können sie üben. Die Regeln stehen fest, und schon die kleinen Jungen proben immer wieder ihre Kräfte im spielerischen Ringen, Wettlaufen und Bogenschießen. Dieser Teil der Wettkämpfe ist immer lustig. Die Frauen feuern die Männer an, mit ganz besonderen hellen, trillernden Lauten, und wenn ein Kämpfer sich besonders ungeschickt anstellt, singen sie ein Lied, daß sie eigentlich kleinen Kindern zum Einschlafen vorsingen.

Die Trommler machen sich bereit, und auf mein Zeichen hin geben sie mit einem speziellen Trommelwirbel das Signal für den Anfang der Wettkämpfe. Die Männer betreten die Kampffläche. Sie stehen hoch aufgerichtet da und schauen uns an. Ihre Augen leuchten. Ihre Körper strotzen vor Vitalität und Kraft. Sie tragen bunte

Bänder um die Fußgelenke und die Oberarme, und einige haben sich auch den Oberkörper mit magischen Zeichen bemalt. Einige von ihnen sind zum ersten Mal bei den Wettkämpfen dabei, andere sind schon älter und wettkampferfahren. Zwischen den älteren Männern sehe ich auch den Mann meiner Einweihung. Er blickt im selben Augenblick zu mir auf und schaut mir ernst und tief in die Augen. Mein Herz schlägt schneller.

Ich soll als Priesterin keine persönlichen Vorlieben zeigen, aber ich spüre, daß er mir besonders gut gefällt. Ich wünsche mir, daß er gewinnt. Ich möchte mit ihm die Heilige Hochzeit vollziehen. Natürlich würde ich auch keinen der anderen Männer abweisen. Wer immer gewinnt, verdient meine uneingeschränkte Hochachtung. Er wird den Vegetationsgott repräsentieren und ich seine göttliche weibliche Ergänzungskraft – die Große Göttliche Mutter.

Die sportlichen Wettkämpfe sind unterhaltsam. Alle Männer zeigen sich von ihrer besten Seite. Die Unterschiede beim Ringen und Wettlauf sind minimal, nur beim Bogenschießen fällt ein junger Mann auf, der über ungewöhnlich scharfe Augen verfügen muß, denn er trifft selbst bei sehr weit entfernten Zielen genau in die Mitte. Schließlich tritt der Schamane vor. Die Trommeln schweigen, und eine tiefe Stille legt sich über den Platz. Er ruft mit bestimmten Lauten und Gesten die Männer zu sich. Er erklärt ihnen mit großen Bewegungen ihre magischen Aufgaben. Sie müssen verschiedene Gegenstände bringen und außerdem einen lebenden Bussard. Er gibt ihnen nicht viel Zeit. Sobald die Sonne hinter den Baumwipfeln verschwindet, müssen sie zurück sein, gleichgültig ob sie ihre Aufgaben erfüllt haben oder nicht. Die Männer verschwinden im Wald, während die Zuschauer feiern. Alle sind freudig erregt und verbringen die Wartezeit mit tanzen, trommeln und essen.

Die Sonne hat gerade die Baumwipfel erreicht, da zeigt der Klang der Muschelhörner, daß der erste Mann zurückkommt. Mit leichtem Schritt kommt er aus dem Wald. Beim Näherkommen erkenne ich, wer es ist. Es ist ER. Der wilde Vogel sitzt ruhig auf seiner Faust. Der Mann sieht ganz verändert aus, seine Augen spiegeln den Blick des Bussards. Wenn ihm jetzt Flügel wachsen würden, würde ich mich nicht wundern. Der Schamane führt ihn zum Podest und setzt ihm die Geweih-Krone auf. Alle jubeln ihm zu, auch die Männer.

Neid oder Mißgunst werden als unwürdig angesehen. Außerdem warten auch auf die anderen Männer leuchtende Frauen mit weit geöffneten Armen. Er hat als einziger die Aufgabe gelöst, einen lebenden Bussard zu fangen. Wie ihm das gelungen ist, bleibt sein Geheimnis.

Nach der Feier wird er den Schamanen in dessen Dorf begleiten und von ihm die Einweihung empfangen. Damit wird er aus der Gemeinschaft herausgehoben und auf den Rang eines Gottes gestellt. Ihm werden die höchsten Ehren zuteil, und er darf die höchsten Rituale mit mir vollziehen. Nie mehr wird er als normaler Mann im Dorf leben können. Wir werden uns in den Ritualen des Jahres immer wieder als männliches und weibliches Prinzip begegnen. Nach Ablauf des Jahres muß er uns verlassen, denn er stirbt symbolisch im letzten Ritual und macht einem neuen Mann Platz. Dann werde ich ihn nicht wiedersehen. Vielleicht wird er Schamane bei einem anderen Volk oder überbringt als wandernder Bote Nachrichten. Zu uns darf er nicht zurückkehren.

Der Tanz des Kranichs

Ich stehe auf einer Frühlingswiese und tanze. Mein Körper ist schweißnaß. Schon die ganze Nacht hindurch habe ich getanzt, ohne Unterbrechung. Es ist der Tanz des Kranichs, emporquellender Frühling, neue Lebenskraft, berauscht von Düften nach langer Dunkelheit.

Wenn der Kranich zurückkommt, muß mit der Aussaat begonnen werden, Symbol des neuen Lebens und auch der Großen Göttin mit ihren Farben Weiß, Rot und Schwarz. Ich tanze den Kranich und seine Botschaft des immer wiederkehrenden Lebens.

Tief in der Nacht bringt mich die Ausbilderin zur Heiligen Höhle. Im Schein eines Feuers zieht sie mich nackt aus und reibt mich am ganzen Körper mit einer grün-braunen Salbe ein. Mir wird heiß, obwohl es in der Höhle kühl und feucht ist. Alles dreht sich um mich. Ich schließe die Augen und sehe mich plötzlich auf einer Wiese stehen. Über mir funkeln die Sterne. Mit einer leichten Bewegung meiner Arme kann ich zu ihnen fliegen und über der Wiese schweben. Ich sehe mich von oben und meine Ausbilderin neben mir. Tanzend drehe ich mich im Kreis. Im nächsten Augenblick bin ich wieder in meinem Körper auf der Wiese, spüre das feuchte Gras unter meinen nackten Füßen, fühle mich mit den Sternen und der Erde verbunden, tanze auch zwischen den Sternen am Himmel. Alles ist gleichzeitig möglich.

Die grüne Salbe ist mit meinem Schweiß an mir zu Boden geflossen. Ich kann nicht aufhören zu tanzen, immer wieder treibt es mich an, ein wilder Trieb, der mich steuert. Meine Ausbilderin wacht über mich, daß ich mich nicht verletze. Sie strahlt wachsame Sicherheit aus. Egal was passiert, sie bleibt bei mir. Ich kann mich völlig gehenlassen, mich führen lassen von den Stimmen des Windes und den Zeichen der Sterne. Auf der Wiese habe ich viel Platz, ich breite meine Arme aus und schwebe dicht über den Grashalmen dahin, so daß ich mit den Zehenspitzen noch eben so die höchsten Halme berühre.

Mit leiser Stimme ermahnt mich Turga, die Erde wieder zu spüren, also lande ich wieder sanft auf der Wiese. Ihre Ermahnung hat meinen euphorischen Zustand etwas gedämpft, so daß die Sterne wieder an ihrem Platz oben am Himmel sind und nicht mehr zu meinen Füßen.

»Wir müssen vor Sonnenaufgang zur Quelle«, flüstert sie mir ins Ohr und führt mich von der Wiese in den Wald. Ich habe keine Orientierung, fühle mich durchlässig für den Nachtwind und leicht wie eine Feder. Turga will, daß ich mich konzentriere, aber ich habe vergessen, wie das geht. Meine Arme sind Kranichflügel, ich will wieder fliegen.

»Jetzt ist nicht die Zeit«, sagt Turga. »Wir sind an der Quelle.« Sie führt mich in den kleinen plätschernden Bach und gießt mir mit einer Muschel Wasser über den Körper. Die Kälte holt mich zurück. Zitternd versuche ich, mich zu orientieren, aber ich kann immer noch nicht erkennen, wo ich bin, alles sieht verändert aus. Turga reibt mich fest am ganzen Körper mit einem groben Tuch ab. Meine Haut beginnt zu glühen. Mein ganzer Körper glüht von innen heraus. Ich glühe.

In einem kleinen dunkelbraunen Tongefäß mit lebendiger Wellenverzierung hält Turga eine weiße Salbe. Sie reicht mir das Gefäß. Es fühlt sich kühl an in meinen heißen Händen. Sie taucht ihren Mittelfinger in die weiße Farbe und bemalt meinen Körper mit magischen Symbolen: Spiralen auf die Brüste, Wellenlinien auf den Bauch und die Oberschenkel, Dreiecke auf die Arme und ins Gesicht, schräge Linien auf den Rücken. Die kühle Farbe tut gut, ich genieße die sanfte Berührung. Gleichzeitig spüre ich eine große Hitze aus meiner Vulva emporsteigen. Meine Vulva scheint sich auszudehnen, ich habe das Gefühl, kaum laufen zu können, so stark wächst sie zwischen meinen Beinen. Ich schaue an mir hinab, doch von oben sieht alles normal aus. Das Gefühl einer Schwellung zwischen den Beinen bleibt.

Turga führt mich zum Waldrand, und ich bin überrascht, daß wir so nah bei unserem Dorf sind. Viele Menschen sind versammelt, in der Mitte ist ein Podest aufgebaut und darauf ein Steinaltar, mit Blumen geschmückt. Die Menschen treten ehrfurchtsvoll zur Seite, sobald sie uns sehen, und lassen uns zum Podest vortreten.

Da steht ER. Hocherhobener Kopf, mit mächtigem Geweih, ein starker muskulöser Körper. Im Mondlicht schimmert seine Haut bläulich, ich kann jeden Muskel erkennen. Es ist der mächtige Gott des Waldes, der Pflanzen, der Fruchtbarkeit. Sein Gesicht ist nicht menschlich. Er trägt eine Maske aus Zeichen und Symbolen. Ich werde zu ihm auf das Podest gehoben. Ich bin die Erde, die Göttin der Wandlung, der Fülle, der allmächtigen Natur. Ich richte mich auf und schaue mich um. Mein Puls ist hoch, ich sehe mich umgeben von einer großen Gruppe Menschen. Sie singen und trommeln und feuern mich an. Ein Regen von Blüten fällt auf mich nieder. Ich werde mit Blüten geschmückt und mit Muschelketten behängt. Auch der Gott neben mir wird mit Blumen und Muscheln überhäuft. Er steht ruhig da, ohne Bewegung, wachsame Spannung, auf mich konzentriert. Die Trommeln werden lauter, fordernder. Alles schreit nach unserer Vereinigung. Wir sind Himmel und Erde, Leben und Tod, die ewige Wiederkehr. Ich kann das große energetische Rad zwischen uns leuchten sehen.

Im selben Augenblick spüre ich, wie die Zeichen auf meiner Haut leuchten, und ich beginne wieder zu glühen. Meine Vulva wächst, reine pulsende Lebenskraft, auch sie ist wild. Ich setze mich mit weit geöffneten Beinen dem Mann gegenüber. Mit meinen Pobacken fühle ich den kalten Stein des Altars. Ich zeige ihm meine Vulva, öffne sie mit beiden Händen, das Tor des Lebens, durch das alles, was lebendig ist und war, kommen muß. Ein leichtes Zittern erfaßt den auserwählten Mann mir gegenüber. Ich rieche seine Erregung, mehr als ich sie sehe. Gleich werden wir die Heilige Hochzeit vollziehen. Das höchste Ritual des Jahres.

Es ist Vollmond. Es ist Frühling. Ein leichter, warmer Wind weht. Ich schaue nach oben zu den Sternen und habe ein Gefühl, als würde ich schweben, über all die Menschen um mich herum hinweg. Ich genieße dieses schwebende Gefühl im Rausch. Alles ist intensiver als sonst. Die Laute und Gerüche durchdringen mich, mein sonst so wacher Verstand ist betäubt. Ich vergesse alle Formeln, bis auf die eine: Gib dich ganz in den Fluß, nimm ihn ganz in dich auf, laß seine Energie durch dich zum Himmel und dann in die Erde strömen.

Als ich mich an diesen Satz erinnere, schaue ich dem Mann tief in die Augen. Er ist am ganzen Körper und im Gesicht so stark angemalt, daß er ganz fremd aussieht. Das große Geweih läßt ihn viel größer erscheinen. Der Mann ist kein menschliches Wesen, er hat übermenschliche Kraft, seine Augen sind die eines wilden Tieres. All das macht ihn für mich fremd und anziehend zugleich. Zwei Frauen kommen und reichen uns zwei Kelche, in denen sich noch mehr von der berauschenden Flüssigkeit befindet. Ich weiß, daß ich gleich alle Kontrolle verlieren werde.

Der Rhythmus der Trommeln pulst in meinen Adern. Ich höre die Muscheln, die um mein Handgelenk klimpern, als ich nach dem Kelch greife. Während ich trinke, schaue ich dem Mann bewußt tief in die Augen. Er weiß, daß ich weiß, was es bedeutet, noch mehr von dem bitteren Saft zu trinken, der ein pelziges Gefühl auf der Zunge hinterläßt. Wir werden wie die wilde Natur sein. Urgewaltig. Wir werden schreien und stöhnen auf dem Altar, und die Menge wird uns anfeuern. Je wilder wir sind, um so mehr Kraft hat das nächste Jahr, hat das Korn, haben die Kinder, hat alles, was wächst, und um so sicherer geht immer wieder die Sonne auf. Wir sind die Sinnbilder der Lebenskraft.

Der Mann liest meine Gedanken. Seine Augen beginnen tief zu glühen. Er weiß um seinen Auftrag. Er wird mich nehmen, so wild wie der Hirsch die Hirschkuh, der Stier die Kuh. Ich werde ihn aufnehmen, so daß sein Penis meinen Kern erreicht, vom ersten Moment, an dem er in mich gleitet. Er wird mich befruchten und damit die Erde befruchten.

Die Menge wird immer wilder. Sie toben und schreien, blasen auf Muschelhörnern und trommeln. Meine Körpergrenzen sind aufgehoben. Ich fühle mich mit allem verbunden, dem Wind, den Sternen und dem Mann gegenüber, der wie von selbst in mich gleitet. Alles ist ein einziger Strudel, alles dreht sich in mir, um mich.

Ich lasse mich von den Klängen der Menschenmenge antreiben. Mein Haar klebt an meiner verschwitzten Stirn, auch der Rücken des Mannes ist schweißnaß. Wir bewegen uns in einem gemeinsamen Rhythmus, auch wenn unsere Wahrnehmung schon jenseits aller Grenzen ist. Unsere Seelen schweben oberhalb des Platzes und sehen von oben auf uns selbst und die Menge, die uns antreibt. Wir können in diesem Zustand Kontakt aufnehmen in weit entfernte Erdteile, zu anderen Bewußtseinsebenen und anderen Daseinsformen, aber wir bleiben, wie wir es gelernt haben, auf das Geschehen unter uns konzentriert, damit wir nicht die Verbindung verlieren.

Da spüre ich, wie der Auserwählte in mir pulst, wie sein Samen in mich schießt, fast in mir explodiert. Ich mache mich weit, nehme ihn auf und öffne alle Zellen. Die Menge um uns spürt, was geschieht, längst sind wir alle ein Organismus. Alle fallen in Ekstase. Die Energie schießt in mir von unten nach oben, verläßt meinen Körper durch den Scheitel, streift die Sterne und fließt in einem riesigen Bogen hinter meinem Rücken wieder zurück zur Erde, wie ein gigantischer Regenbogen pulsender Lebenskraft.

Ab da weiß ich nichts mehr. Ich weiß nicht mehr, wie ich von dem Altar komme, ob ich auf dem Boden einschlafe. Ich bin einfach weg.

Die Geschichte von Europa

> Sie ist nichts anders als die Große Göttin, die Quelle und Herrin allen Lebens, die Schöpferin, die große Mutter, das Symbol des Lebens selbst.
>
> James Mellart

Neben der offiziellen Geschichtsschreibung, die die Geschichte Europas in der Regel anhand von Herrschaftsverhältnissen abbildet, gab es schon immer eine mündlich überlieferte Geschichte, die in der Vorstellung der Menschen als Legenden, Mythen oder Märchen weiterlebte. Eine dieser typischen Mythen ist die Erzählung, wie der Kontinent Europa zu seinem Namen kam:

Es war einmal ein König namens Agenor. Der hatte eine schöne Tochter namens Europa. Der Göttervater Zeus hatte sich in Europa verliebt. Jeden Tag beobachtete er sie beim Tanz am Meeresufer im Kreis ihrer Gespielinnen. Zeus wollte Europa auf sich aufmerksam machen, und damit seine Frau Hera nichts merkte, verwandelte er sich in einen wunderschönen weißen Stier. Er umwarb sie so sanft, daß die Königstochter trotz der Warnungen ihrer Freundinnen schließlich auf seinen Rücken stieg.

Schnell lief er zum Meeresufer und schwamm mit ihr nach Kreta – einen Tag und eine Nacht lang. Dann verwandelte er sich in einen schönen Jüngling. Sie solle sich nicht fürchten. Er sei der König dieses Landes, der Insel Kreta. Er wolle für sie

sorgen und sie beschützen. An seiner Seite solle sie als Königin herrschen.

Da weinte Europa über ihr Schicksal und darüber, fern der Heimat und der Eltern zu sein. Plötzlich hörte sie hinter ihrem Rücken ein Flüstern. Als sie sich umwandte, sah sie die schaumgeborene Göttin Aphrodite mit deren Sohn Eros an der Hand. Sie tröstete sie. Zeus habe sie zu seiner irdischen Gemahlin gemacht. Und sie solle hinfort unsterblich sein, denn der Erdteil, der sie aufgenommen habe, solle für alle Zeiten ihren Namen tragen – Europa.

Auf Kreta bekam sie drei schöne Kinder von Zeus. Einer von ihnen war der König Minos. Er ist der berühmte König von Kreta und Vater der Antigone, die Odysseus mit einem Faden aus dem Labyrinth half.

Soweit die Geschichte aus der griechischen Sagenwelt.

Mittlerweile sind sich die Mythenforscherinnen und Forscher ziemlich einig, daß in einer solchen Mythe in verschlüsselter Form vergangenes reales Leben wiedergegeben wird. Die Geschichte der Europa beschreibt sehr anschaulich den Übergang von der mutterrechtlichen zur patriarchalen Gesellschaft und wie es so weit kommen konnte, daß die friedlichen Göttinnenkulturen dem Patriarchat weichen mußten.

Zunächst einmal erfahren wir, daß Europa im Kreis ihrer Gefährtinnen tanzt. Sie lebte also in einer Kultur, die mit ihren Tänzen dem ewigen Kreislauf des Lebens huldigte. Die Frauen tanzen unter sich, was auf eine starke Frauengemeinschaft und die Huldigung der Lebensfreude hinweist. Sie tanzen am Meer. Wenn wir davon ausgehen, daß die Tänze damals nie einen profanen, sondern immer auch einen rituellen Hintergrund hatten, so können wir annehmen, daß sie zu Ehren der Göttin des Meeres tanzen, die alles Leben aus ihrem wogenden Körper entstehen läßt. Darauf deutet auch die Erwähnung der schaumgeborenen Göttin Aphrodite hin.

In der vorgriechischen Zeit war sie eine Fruchtbarkeitsgöttin kleinasiatischen Ursprungs. Bereits vor der Einwanderung der patriarchalen Griechen hatte sie über die Insel Zypern das Festland erreicht. Wenn wir die Symbolik ihrer Geburt deuten, so stoßen wir auf unverkennbar frauenrechtliche Elemente. Ihr Totem ist die Kammmuschel, deren griechischer Name »kteis« auf den Kult der Fruchtbarkeit weiblicher Geschlechtsorgane hinweist. Aphrodite, die aus der Muschel Entstandene, ist die vaterlos aus dem Schoß der Mutter Geborene. Das Meer ist das Fruchtwasser, die Muschel ist der Schoß, einen Vater gibt es nicht.

Europa tanzt also zu Ehren der Göttin des Meeres und weckt damit die Begehrlichkeit des Zeus. Und wie gelingt es ihm, sie zu überrumpeln? Er verwandelt sich in einen Stier. Der Stier war ursprünglich das Kulttier der Großen Göttin. Die Hörner wurden mit der Mondsichel assoziiert, und seine kraftvolle Fruchtbarkeit

versinnbildlichte die Vitalkraft der Erde. Oft wurde die Göttin in Begleitung eines Stieres dargestellt oder ihr zu Ehren ein Stier geopfert. Der Stier war auch Symbol für die Zeugungskraft der Männer, also für kraftvolle Sexualität schlechthin. Die Frauen der matriarchalen Kulturen betrachteten die Männer als ihre kraftvollen Unterstützer. Sie hatten Männern gegenüber keinen Argwohn.

Zeus macht sich dieses Vertrauen zunutze, und es gelingt ihm, Europa zu entführen. Er entführt sie aus ihrem ureigenen Machtbereich auf eine einsame Insel, wo sie ihm völlig ausgeliefert ist. Sie will zurück in ihre Heimat, selbst als er ihr verspricht, sie zu beschützen. Hätte er sie dort gelassen, von wo sie stammte, wäre sie in ihrem eigenen Machtbereich geblieben und hätte seinen Schutz gar nicht gebraucht. Jetzt war sie von ihm abhängig.

Der Mythe nach kommt zu diesem Zeitpunkt Aphrodite, die Göttin der Liebe und der Schönheit ins Spiel, und ihr gelingt es, gemeinsam mit Eros, dem Gott der erotischen Liebe, Europa zum Einlenken zu bewegen. Der Liebe wegen sind wohl schon Millionen von Frauen Kompromisse eingegangen, und wir dürfen vermuten, daß der reiche Lohn, Gattin eines Gottes zu werden, den sterblichen Frauen als Vorbild dienen sollte.

Daß Europa gerade auf der Insel Kreta zur Königin werden soll, betont ihre mutterrechtliche Herkunft, denn Kreta war bis zur Eroberung durch die Griechen eine blühende Insel mit matriarchaler Kultur, die viele Nachbarvölker nachhaltig beeinflußte. Die kretischen Frauen genossen einen hohen gesellschaftlichen Rang. Man sieht auf den Abbildungen kretischer Frauen, daß sie schön frisiert und gekleidet waren. Sie haben fein gezeichnete intelligente Gesichter mit einem stolzen Gesichtsausdruck, der Lebensfreude ausstrahlt.

Bevor es ein »Griechenland« gab, waren die Küsten, die später diesen Namen erhielten, von reichen Städten umsäumt. Weiträumige Paläste enthielten einige Hundert Zimmer, von denen aus der Blick über Gärten schweifte. Andere Räume lagen an steingepflasterten Höfen, die von Säulengängen eingefaßt wurden. Die Wände und Decken waren mit kultischen Motiven verziert. Sie zeigten Menschen inmitten der Landschaft, beim Reigentanz oder im Wettkampf.

Oftmals kehren auch Darstellungen vom Leben der Meere wieder, etwa Fische und Delphine, die im Wasser spielen. Sie deuten darauf hin, daß das Volk, das diese Bauwerke errichtet hatte, ein Seefahrervolk war. Offenbar kannte diese »Minoische Kultur« – so benannt nach dem legendären König Minos auf Kreta – kaum Tempel. Der religiöse Kult wurde in freier Natur vollzogen. In großer Zahl begegnen uns hier wie auch im frühen Mesopotamien und am Indus Bildnisse und kleine Plastiken weiblicher Gottheiten: Abbilder der fruchtbaren Muttergöttin der Frühzeit, der Erhalterin allen Lebens.

Im Einklang mit der Bedeutung des mütterlichen Prinzips nahm die Frau im Rahmen der frühen Mittelmeerkultur eine besondere Stellung ein, die ihr später, im Zeitalter der Griechen, wieder genommen wurde. So entstand damals auf Kreta die Gestalt der »Großen Dame«, die in kultischen Handlungen die Priesterinnenrolle ausübt.

Auch in den kultischen Spielen fiel häufig Frauen die Hauptrolle zu. Es kam sogar vor, daß die mitwirkenden Männer Frauenkleidung trugen. Offenbar waren die in zahlreichen Bildern festgehaltenen Handlungen, die um den Kult der Muttergöttin kreisten, bereits aus ferner Vergangenheit, vielleicht schon aus der Steinzeit, übernommen worden, denn sie wurden nach uraltem Brauch in Gewändern aus Fellen zelebriert, während die Menschen ansonsten schon aufwendig genähte Trachten trugen, die fast schon mondän wirken.

Das zentrale Ereignis der großem Kulthandlungen auf Kreta war die Opferung eines Stiers. Wie zahlreiche Darstellungen zeigen, war der Kampf mit dem Stier, an dem auch weibliche Toreros teilnahmen, ein in allen Phasen zeremoniell genauestens geregelter Vorgang. Die hierbei benutzte Doppelaxt galt als heilige Waffe. Wenn dann die Erde das warme Blut des Stieres trank, so empfing sie die Kraft, um neues Leben zu gebären.

Der Kult der Muttergöttin und des zeugungsstarken Stiers war aus dem Osten in den Mittelmeerraum gekommen. In immer neuen Variationen begegnen wir dort der Muttergöttin mit einem männlichen Begleiter, der geopfert wird. Bisweilen erscheint er auch als Götterjüngling, ihr Sohn und gleichzeitig ihr Geliebter, als »Herr der Tiere«. Er ist als Vegetationsgott Glied der Natur, Erzeuger der Vegetation und gleicht einer Blüte, die verwelkt, wenn sie ihre Aufgabe erfüllt hat. Von ihm befruchtet gebiert ihn seine Geliebte jeden Frühling neu. In Abwandlungen dieser Vorstellung befreit sie ihn aus dem Reich des Todes und führt ihn wieder in die Oberwelt.

Der fruchtbare kretische Stiergott wurde in den Sagen der Griechen zum Menschen verschlingenden Minotaurus, der im Inneren der berühmten Labyrinths von Kreta haust. Während das Labyrinth im Kult der Muttergöttin die Suche des

Menschen nach der Quelle des Lebens, hin zur Weisheit der Großen Mutter symbolisierte, war es bei den Griechen die Wohnstätte eines Ungeheuers. Dem griechischen Helden Theseus gelingt es, das unterweltliche Untier zu bezwingen. Die Theseus-Sage beschreibt anschaulich den Machtkampf der neuen Religion. Sie zeigt sich im Glauben an einen Weltenherrscher, der vom fernen Göttersitz eine Welt regiert, die ihm untertan ist. Es ist der Kampf des Heros mit dem Untier der Vorzeit.

Einst galten Kreisschlange und Himmelsdrache als kosmischer Mutterschoß, der das All in sich birgt, als Ring des Lebens, der weder Anfang noch Ende hat und alle Vielfalt zur Einheit führt. Die Schlange erscheint als Hüterin des Lebensquells und als Bewahrerin letzter Geheimnisse. Ihr entspricht ein erdhaftes Wissen, das Wissen der Instinkte, das die Schranken von Raum und Zeit durchdringt. Aus ihr spricht die vorbewußte Weisheit der Natur: Auch die Götter hörten daher einst auf ihren Rat.

Die Gemahlin des Zeus ist eigentlich die uralte Erdgöttin Hera, die Schlangen um sich sammelt. Als Schlangengöttin wurde sie auch auf Kreta verehrt.

In den Mythen der Griechen verkommt sie zur eifersüchtigen Ehefrau. Mit dem Einbruch des Geistes wird die im Bild der Schlange geschaute Welt der Elementarmächte abgewertet.

Das Bild der großen Erdmutter, die – wie die mütterliche Pflanze in den Schößlingen ihrer Wurzeln – in allen Wesen lebt und jedes ihrer Kinder früher oder später wieder zu sich nimmt, verdunkelte sich. Das Lebensprinzip der Schlange verkommt zum bösen Drachen.

Es ist die verwandelnde Macht des Geistes, die der Erde nicht mehr verhaftet ist, der das gelingt. Der Schlange, die am Boden dahinkriecht, trat nun ein anderes Weltprinzip entgegen. Sein Sinnbild war der Adler, der die Erdenschwere überwindet und der Sonne zufliegt. Für die Menschen war dies ein großer Erkenntnisschritt. Sie konnten erkennen, wie weit die Macht ihres Geistes reicht. Sie mußten sich von der Erde trennen, um ihre eigene Gestaltungskraft zu erproben.

Doch jetzt ist die Zeit gekommen, die Kraft des Geistes mit der Kraft der Erde zu verbinden. Dies ist der nächste evolutionäre Schritt der Menschheit.

Diesen Schritt zu tun wird nicht leicht sein, denn die Überwindung der Erdmutter erfolgte gewaltsam und hinterließ in allen Menschen traumatische Folgen, die zur Zeit auf der Erde noch die Weiterentwicklung der Menschen blockieren. Um dies zu verstehen, müssen wir einen Blick zurückwerfen in die Zeit, als die späteren »Griechen« den Mittelmeerraum eroberten. Die Form, in der die Inbesitznahme erfolgte, ist beispielhaft für viele andere Regionen der Erde, die sich dem patriarchalen Druck beugen mußten. Die Sieger besetzten nicht nur das Land, sondern sie veränderten auch gewaltsam die Mythen der unterworfenen Völker. Aus machtvollen unabhängigen Göttinnen wurden geschwächte Ehefrauen dominanter Götterväter, die zum Teil sogar, wie Zeus, aus dem Kopf oder dem Oberschenkel selbst gebären konnten.

So ist es kein Wunder, daß man bei der Recherche nach ursprünglichen weiblichen Gottheiten leicht die Orientierung verliert, denn dieselbe Göttin wurde in verschiedenen Ländern unter verschiedenen Namen verehrt, wurde in der patriarchalen Zeit dann in dem einen Land zur Schwester, in einem anderen zur Frau eines Gottes gemacht oder wechselte sogar ganz das Geschlecht oder wurde zweigeschlechtlich. Dabei mußte sie Teile ihrer Macht an den Gott abgeben oder wurde sogar gänzlich dämonisiert, wie es mit der persischen Anahita zur Zeit der Zaratustrareligion geschah.

Nun zurück zu den Griechen: Wer war dieses Volk, das eine blühende Kultur mit reichem und freudvollem Fruchtbarkeitskult unterwerfen konnte? Ernest Bornemann, Professor am Psychologischen Institut der Uni Salzburg, veröffentlichte im Jahre 1982 in »Die griechischen Sagen« einen Artikel zum Thema »Recht und Sexualität im griechischen Mythos«. Bornemans Forschungsschwerpunkt galt dem Patriarchat. In jahrzehntelanger Arbeit erforschte er die griechische Sagenwelt durch interdisziplinäre Vergleiche von Texten und insbesondere durch Beachtung der überlieferten Verwandtschaftsbeziehungen, die in der klassischen Altertumsforschung kaum Beachtung fanden. Begriffe wie Mutterrecht, Vaterrecht, Erbrecht kennzeichnen sehr gut die Machtverhältnisse eines Volkes.

Vor der Einwanderung der Griechen leiteten die Einwohner Europas ihre Abstammung von der Mutter ab. Da es die Erfindung der ehelichen Treue noch nicht gab, war die Zuordnung der Kinder zu den Vätern nicht eindeutig möglich, wohl aber immer zu der Mutter. Daraus entstand auch ein weibliches Erbrecht. Eigentum wurde über die weibliche Linie vererbt. Damit wurde sichergestellt, daß die Frauen und Kinder immer gut versorgt waren. Die Frauen blieben immer für die materielle Versorgung zuständig. Der Mann gelangte zu Eigentum, indem er eine Frau heiratete. Noch Jahrtausende später konnte ein Mann nur dann den Königsthron erlangen, wenn er eine Thronerbin heiratete. Dieses Prinzip begegnet uns heute noch in unseren Märchen, in denen der Held mehrere Aufgaben lösen muß, bevor er im fremden Land die Prinzessin heiraten darf und so dort zum König wird. Eine solche Erb- und Abstammungsfolge wird als matrinilear bezeichnet.

Außerdem lebten die Menschen matrilokal, das heißt, die Töchter blieben bei der Mutter und die Ehemänner besuchten ihre Frau im Haus ihrer Sippe oder siedelten dorthin. Ehen wurden nicht auf Lebenszeit geschlossen, eheliche Treue war kein Zwang und die Versorgung der Kinder war nicht an sexuelle Verfügbarkeit gekoppelt, sondern Aufgabe des ganzen Stammes, nicht nur von leiblicher Mutter und Vater.

Der Begriff des Matriarchates, der in diesem Zusammenhang manchmal verwendet wird, ist falsch, denn die griechische Wurzel archos bedeutet Herrscher und deutet damit an, die Mutter herrsche in mütterlich orientierten Kulturen. Bornemann sagt: »Das tat sie aber nachweislich in keiner Gesellschaftsordnung der europäischen Vor- und Frühgeschichte. All jene Kulturen zeichneten sich gerade dadurch aus, daß die Mütter ihre latente Macht im Gefüge der Sippe und des Stammes nicht zur Beherrschung ihrer Gatten, Väter und Söhne verwandten. Eben darin liegt der charakteristische Unterschied zwischen diesen Gesellschaften und dem Patriarchat, das von Anfang an ein ›echtes‹, ein autoritäres Herrschaftssystem gewesen ist.«

Für uns moderne Menschen erscheint eine Gesellschaft ohne Herrschaft unvorstellbar. Wir sind so daran gewöhnt, daß irgend jemand über uns herrscht, daß wir in einer herrenlosen Gesellschaft sofort eine gewisse Verwahrlosung vermuten, so wie ein Hund ohne Herrchen oder Frauchen ja auch sofort als ein bedauernswertes armseliges Geschöpf angesehen wird. Wir unterstellen, daß die Abwesenheit von Machtstrukturen ins Chaos führt. Wir können nicht mehr nachempfinden, daß in Gesellschaften, in denen sich die Mitglieder mit liebevollem Urvertrauen begegnen, jeder einzelne vermeidet, den anderen Schmerzen zuzufügen, da sich alle mit allen verbunden fühlen.

Ebenso bedeutet ehelos nicht automatisch sittenlos. Aus unserer heutigen Sicht unterstellen wir den Kulturen der Fruchtbarkeitskulte haltlose sexuelle Zügellosigkeit, dabei waren ihre Sexualkontakte von großer spiritueller Bewußtheit geprägt. Noch die Griechen kannten zwei verschiedene Verben für kopulieren, eines im privaten Umfeld und eines im kultischen Umfeld. Die Ägypter kannten 64 verschiedene Formen von Orgasmus. Energie wurde in sexualmagischen Ritualen bewußt zur spirituellen Weiterentwicklung eingesetzt.

Die Beiläufigkeit sexueller Kontakte ist eher eine Erscheinung unserer Zeiten. »One-night-stands« heutiger Prägung gab es nicht. Jede menschliche Handlung, so auch der Beischlaf, wurden in einem größeren Kontext gesehen und bekam so durch die Einbeziehung kosmischer Zusammenhänge ihren Sinn. Die Frauen sahen sich bewußt als Hüterinnen der kostbaren Lebensenergie, sie waren sich der Verletzlichkeit ihres heiligen Kernes bewußt und hätten ihn niemals leichtfertig und beiläufig einem Mann geöffnet.

Die Frau mußte sich mit dem Mann einschwingen, um in der Lage zu sein, die Sexualenergie mit ihm gemeinsam durch den Körper zu lenken. Wir können die erfüllende Lebensfreude der damaligen Sexualität nur erahnen, wenn wir uns vorstellen, wie viel Energie gebunden wird durch Angst und Mißtrauen, die heute zwischen den Geschlechtern herrschen, und wie es wäre, wenn diese wegfielen und die Liebesenergie frei fließen könnte.

Noch einmal zurück zu den Griechen: Die Griechen waren Wanderhirten, die gegen Ende des dritten Jahrtausends vor unserer Zeitrechnung aus den Steppen östlich des kaspischen Meeres nach Kleinasien und Europa eingewandert waren. In ihren Überlieferungen erwähnen die Griechen vier Stämme: die Achaier, Aioler, Jonier und Dorer. Ihre Ankunft wirkte auf die friedlichen Ackerbaustämme mit ihrer vertrauensvollen, jeglichen Verdacht der Überrumpelung fernen Tradition wie ein Alptraum. Die Griechen sahen sich als berufene »Plünderer der Städte«. Besonders die Griechen der oberen Klasse sahen ihre Mission auf Erden in der Herrschaft über die Minderwertigen: die Frauen, die Sklaven und die Nichtgriechen. Achaier, Aioler und Jonier kamen ohne Frauen und betrachteten die Frauen des unterworfenen Volkes als Beute. Sie zwangen sie zur körperlichen Liebe und erniedrigten sie damit. Sie vergewaltigten sie, weil sie seit langem keine Frauen gehabt hatten und weil sie damit ihre Verachtung Völkern gegenüber zeigen konnten, die sich nicht wehrten. Die Bauernvölker hatten nie einen Krieg geführt und wußten wahrscheinlich nicht einmal, daß es kriegführende Völker gab.

Für die Griechen war die einzige ehrenhafte Tätigkeit eines freien Mannes die Arbeit mit der Waffe. Ihre Ökonomie war die des Diebes. Sie produzierten nichts, brachten nirgends irgendwelche Fortschritte der Produktionstechnik hervor und lebten ausschließlich von der Produktivität anderer. Mit dem Schwert erwarben sie sich auch das Recht auf Genuß. Genuß galt, im Gegensatz zur späteren christlichen Auffassung, als etwas Erhebendes. Die Ausbeutung und Versklavung anderer Menschen war für sie eines ehrenhaften Mannes würdig.

Der Aufprall der beiden Kulturen wurde ein Fiasko. Das Trauma der Begegnung wirkt bis in unsere heutige Zeit nach. Damals begann das tiefgreifende Sexualproblem in Europa, die traumatische Unfähigkeit der Griechen, die Frau als ebenbürtiges Wesen zu behandeln.

Die Griechen nahmen keinerlei Rücksicht auf die elterlichen, ehelichen oder persönlichen Rechte ihrer »Feinde«. Als die Archaier die Balkanhalbinsel eroberten und langsam nach Süden vorrückten, vergewaltigten und versklavten sie die Frauen der Bauern und schleiften ganze Horden von ihnen wie die Troßweiber der mittelalterlichen Söldner bei ihren Eroberungszügen mit.

Herodot, der Karer war und damit einem unterworfenen Bauernvolk angehörte, berichtet, die Frauen seines Stammes hätten sich noch Hunderte von Jahren später geweigert, je mit griechischen Männern an einem Tisch zu sitzen, ja, sie auch nur beim Namen zu nennen und dies selbst dann, wenn man ihnen die »Ehre« antat, sie ganz legitim zu heiraten.

Je weiter die Archaier nach Süden kamen, um so öfter stießen sie auf Zeichen einer völlig anders organisierten Gesellschaft: auf die Handelsniederlassungen und burgartigen Kolonien der Kreter, der ersten Hochkultur Europas. Auch die Kreter wurden besiegt, aber ihre überlegene Kultur assimilierte zunächst die Eroberer, es entstand eine Mischkultur. Die Griechen bemühten sich, ihre vaterrechtlichen Standards mit Gewalt durchzusetzen. Frauen und Kinder wurden zum Eigentum des Mannes erklärt. Von den Frauen wurde eheliche Treue erwartet. Die freizügigen Fruchtbarkeitskulte wurden bekämpft. Freiheitliches Denken und Handeln wurde durch Kontrolle ersetzt.

Doch den Griechen gelang es nicht, den Standard ihrer Untergebenen zu halten. Mit ihrem Versuch, ihre patrilineare und patrilokale Kultur zu etablieren, scheiterten sie kläglich. Was uns in den Schulbüchern immer schamhaft verschwiegen wird, »ist die Tatsache, daß der Aufbau der griechischen Herrschaft, der ja auch der Aufbau des ersten europäischen Patriarchats ist, nicht geradlinig oder in einer steigenden Erfolgskurve verlief, sondern nach der Eroberung Kretas, dem militärischen Höhepunkt der frühgriechischen Geschichte, zu dem katastrophalsten Rückschlag geführt hat, der uns überhaupt aus der Geschichte bekannt ist«, so Bornemann.

Das Mittelhelladikum, die erste Epoche der Griechenherrschaft, fiel zurück auf die Stufe primitivster Dorfwirtschaft. Die meisten kulturellen Errungenschaften wie Schrift, Malerei und Baukunst gerieten in Vergessenheit, selbst einfachste Formen der Eisenverarbeitung verschwanden im 11. Jahrhundert vor unserer Zeitrechnung. Die raffinierte Kleidung der Kreter wurde durch ungeknöpfte, ungenähte einfache Tücher ersetzt, so daß die Vertreter des ersten europäischen Patriarchats schließlich schlechter gekleidet waren als die Jäger der Steinzeit mit ihren sorgfältig genähten Fellanzügen. Die Bevölkerung ging zurück, weil es den Griechen anscheinend nicht gelang, die unterworfenen Völker zu Vermehrung zu zwingen.

Wie groß muß ihr Haß auf die Frauen und die Vertreterinnen des Mutterrechtes gewesen sein! Ihre eigenen versklavten Frauen begegneten ihnen mit Verachtung, und sie selbst spürten ständig ihre eigene kulturelle Unterlegenheit, die mit aller Gewalt nicht zu überwinden war. So erklärt sich die massive Verdrehung der mutterrechtlichen Mythen und die systematische Entmachtung der weiblichen Gottheiten, bis hin zu lächerlichen Entstellungen einstiger Größe. In den mutterrechtlichen Kulturen hatten viele der weiblichen Schöpfungsgottheiten einen männlichen Begleiter, entweder ihren selbst erzeugten Sohn oder einen Vegetationsgott als Gatten. Wenn nun im griechischen Götterhimmel die Göttinnen einem Gott untergeordnet werden sollten, so mußte man für ihren männlichen Partner auch noch eine Rolle finden. Bei diesem willkürlichen Rollentausch ging jede innere Logik der ursprünglichen Mythen verloren, und es entstanden jene hitzköpfigen patriarchalen Götter, die aus dem Bauch heraus willkürlich und anmaßend handeln.

In den Mythen wurde immer wieder die eheliche Treue der Frauen auf die Probe gestellt und Untreue oft ungerechterweise mit dem Tode bestraft, während Zeus ein Liebesabenteuer an das nächste reihte und seine Frau Hera damit nur lächerlich machte. Die Rache der Griechen für die kulturelle und soziale Niederlage gegenüber den frauenrechtlichen Kulturen bestand außerdem in einer Verherrlichung der homosexuellen Liebe. Die Frauen waren als Gattinnen Sklavinnen ihrer Männer und keine ebenbürtigen Partnerinnen, mit denen man sich auch unterhalten und austauschen konnte. Die Liebe konzentrierte sich auf die Liebe zwischen Männern oder Männern und Knaben. In zahlreichen Gesängen wurde die homosexuelle Liebe gepriesen. Selbst die meisten uns bekannten Helden der griechischen Sagen hatten Knaben als Geliebte.

Wir können nur erahnen, welchen traumatischen Einschnitt im Verhältnis der Geschlechter die Einwanderung der Griechen in Europa bedeutete und bis heute bedeutet. Ihre Abwertung der Frau ist immer noch unbewußt Teil unserer sogenannten »humanistischen Bildung«, und die erlittenen Greueltaten haben sich in das kollektive Unbewußte der Menschheit eingegraben. Auch in anderen Regionen Europas, in denen Steppenvölker einfielen, folgte ein ökonomisches Chaos. Handel und Landwirtschaft brachen zusammen. Die aggressiven patriarchalen Steppenvölker waren nicht in der Lage, eine Ackerbaukultur aufrechtzuhalten. Die Wechselfeldwirtschaft entsprach noch am ehesten ihrer Lebensweise als Wanderhirten, aber anspruchsvollere Pflanzen wie Wein oder Oliven konnten mit dieser Wirtschaftsweise nicht gepflegt werden. Uralte Handelslinien, auf denen nicht nur Waren, sondern auch Botschaften und gegenseitige Einladungen zu Feierlichkeiten ausgetauscht wurden, brachen unter dem Druck der aggressiven Feindseligkeit zusammen. Die alten Erd-Göttinnen wurden schließlich fast überall in Europa bekämpft. An ihre Stelle traten die »Väter im Himmel«, fern, übermächtig und unerreichbar. Während es in den alten Kulten selbstverständlich war, daß die Menschen geliebte Kinder der großen Gottheit, nämlich der Schöpfergöttin, sind und die Menschen in ihren Kulten diese Verbundenheit immer wieder erneuerten, waren die Menschen in den patriarchalen Religionen sich nie der Liebe ihres Gottes sicher, sie mußten sie sich durch unterwürfiges Verhalten verdienen.

Einhergehend mit der Abwertung der Frau wurde auch die weibliche Sexualität abgewertet. Sie galt nicht mehr als heiliger Weg zur Anbindung an das große göttliche Prinzip. Dieser heilbringende Weg blieb den Männern nun verschlossen. Es gab bald keine Tempelpriesterinnen mehr, die mit ihren Körpern die Tore zur anderen Ebene öffneten, und es gab keine Kulte mehr, in denen sich Männer und Frauen im spirituellen Rahmen freudevoll vereinen konnten. Wahrhaft düstere Zeiten brachen an.

Die Sehnsucht der Menschen hielt die Erinnerung wach. Immer wieder drängte sich das alte Urwissen in das Bewußtsein der Menschen, aber erst Tausende von Jahren später, nämlich erst zu Beginn des dritten Jahrtausends unserer Zeitrechnung, besteht wieder eine Hoffnung auf einen allgemeinen Bewußtseinswandel hin zu einer freudevollen Begegnung der Geschlechter.

Die ewige Wahrheit

Turga kommt in den frühen Morgenstunden zu mir. Sie holt mich in meiner Hütte im Dorf ab. Alle anderen schlafen noch. Der Himmel färbt sich gerade erst mit lichtem Grau. Wir bemühen uns, leise zu sein, um die anderen nicht zu wecken. Schweigend gehen wir auf dem Weg zum Wald nebeneinander her. Ich bin etwas traurig, weil ich spüre, daß meine Lehrerin sich bald von mir verabschieden wird. Ich werde sie in diesem Leben nicht mehr wiedersehen.

Ich erinnere mich an ihre Botschaft des ewigen Wandels, an die immerwährende Lebendigkeit. Der Morgenruf der ersten Vögel besingt den Frühling. Ich hebe meinen Blick und schaue auf zu den Bäumen, in deren Ästen sich das erste zarte Grün des Frühlings zeigt. Überall sprießen die neuen Triebe empor, auch der Waldboden ist von kleinen weißen Blüten und zarten Blättern bedeckt. Ab und zu bleiben wir stehen und essen einige der jungen Blätter, die zu unseren Füßen wachsen. Wir lassen uns Zeit... Ich nähere mich der Quelle in einem schwebenden Zustand. Das Rauschen ist schon von weitem zu hören und stimmt mich ein auf die Welt hinter den Dingen.

An der Quelle breiten wir ein Fell über einen großen flachen Stein und setzen uns nebeneinander mit Blick zum rauschenden Wasser. Meine Lehrerin schweigt. Ich lese ihre Gedanken in der Wasseroberfläche. Im Wasser sehe ich plötzlich Bilder aus der Zukunft und verstehe, daß dieses Wissen für spätere Menschengeschlechter gedacht ist, die die Anbindung verloren haben. Es sind ewige Wahrheiten, die die Menschheit nicht vergessen darf. Ich werde in dieses Wissen eingeweiht und damit zu ihrer Hüterin. Ich bin eine von vielen, die beauftragt sind, das ewige Wissen über die Jahrtausende und die dunklen Zeiten zu retten.

Ich leere meine Geist und lasse die Bilder und Bedeutungen in mich strömen, gebe ihnen in mir Raum.

Die Menschen werden die liebevolle Anbindung an die Große Mutter verlieren. Sie werden die Heiligkeit der Sexualität nicht mehr kennen, sie werden die Rituale vergessen, sie werden die Liebe zwischen Mann und Frau beschmutzen. Sie werden die Geborgenheit im großen Kreislauf verlieren. Sie werden sich von der Großen Mutter abwenden. All dies ist ein wichtiger Schritt auf dem Weg zu größerer Erkenntnis. Indem sie sich von der Großen Mutter abtrennen, können sie aus dem Abstand heraus ihr Bewußtsein schärfen und mit ihrem Verstand wichtige Lebenszusammenhänge erfassen. Die Menschen lernen ihre gestalterische Kraft kennen.

Sie loten die wunderbaren Möglichkeiten ihres Verstandes aus. Sie beginnen zu verstehen, indem sie eines von dem anderen trennen. Sie beobachten genau, wodurch sich der Tag von der Nacht unterscheidet und die Frau vom Mann und die junge Frau von der alten Frau und der junge Mann vom alten Mann und der starke Mensch vom schwachen Menschen. Sie unterscheiden die Pflanzen nach Blütenpflanzen und Baumpflanzen oder nach Kraut und Unkraut. Sie unterscheiden die Steine nach Härte oder nach Farbe, die Wolken nach Form und Dichte. Sie beginnen zu verstehen, dort, wo sie sich immer eingefühlt haben.

Sich an den großen Kreislauf anzuschließen, ist jetzt die bewußte Entscheidung jedes einzelnen Menschen. Es ist keine Selbstverständlichkeit mehr. Die männliche Energie drängt nach vorn. Sie will wissen und ihre Schöpferkraft ausloten. Es entsteht ein Impuls zur Wertung. Was will der Mensch gestalten, wo will er hin, was ist ihm lieber? Je nach Zeitalter werden bestimmte Aspekte des Lebens bevorzugt und die anderen abgewertet. Der Mensch verliert seine natürliche Weisheit und das Wissen, daß alles immer im richtigen Verhältnis da ist, und beginnt mit seinem Willen All-das-was-ist zu ändern. Er erkennt nicht, daß er all das, was er verdrängt, nur auf die Schattenseite schiebt, wo es ein unsichtbares Leben führt. Die magischen Fähigkeiten der Menschen lassen sehr nach, ja, ihre eigenen magischen Fähigkeiten machen ihnen sogar Angst.

Angst! Zum ersten Mal spüre ich dieses beherrschende Gefühl der Menschen des kommenden Zeitalters. Sie haben Angst vor der Zukunft, Angst vor dem jüngsten Gericht, Angst vor ihrer Gewalt, Angst vor Krankheit und Tod. Die Kinder fürchten ihre Eltern, die Frauen die Männer, die Stämme ihre Nachbarn. Überall sind die Menschen umzingelt von ihrer Angst. Je mehr ich in die Zukunft blicke, um so größer wird die Angst. Sie vergiftet die Freude an den Geschenken der Großen Mutter, sie vergiftet das Vertrauen in das Leben und in die Liebe der anderen Menschen und in die heilige Kraft der Sexualität.

Ich kann kaum noch atmen, so sehr schnürt mir dieses unbekannte Angstgefühl den Brustkorb zu. »So weit lassen die Menschen es kommen? Wo sind ihre Priesterinnen und ihre Heiler, ihre Schamaninnen und ihre Schamanen?« frage ich mit einem stummen Aufschrei meine Lehrerin. »Sie können nicht helfen. Der Wille der Menschen ist nicht auf Heilung gerichtet, sondern auf Erkenntnis«, ist ihre Antwort. »Der gewählte Weg der Erkenntnis ist mit viel Leid verbunden. Du wirst die ewige Wahrheit zu den Menschen zurückbringen, wenn es Zeit ist, die Rückkehr anzutreten und sich wieder an die Große Mutter anzubinden.

Viele andere, die dieselbe Aufgabe haben, werden dir helfen. Der wache Verstand kann mit dem wachen Bewußtsein zusammenfließen, und so können die

Menschen die nächste Windung der Spirale in ihrem Entwicklungsweg erklimmen. Der Weg führt über das Herz. Bevor du mit deiner Botschaft die Menschen erreichen kannst, werden andere die Botschaft der Herzöffnung verbreiten. Die Menschen werden sich in den verschiedenen Aspekten der Herzensliebe üben.

Sie werden über eine lange Zeit sehr verwirrt sein. Daher werden sie in starren Regeln Zuflucht suchen und in strengen Regeln für diejenigen, welche die Regeln nicht einhalten. Unter der harten Oberfläche werden aber die verwirrten Seelenanteile immer weiter nach Erlösung suchen. Die Sehnsucht der Menschen nach der Geborgenheit in der Großen Mutter wird niemals aussterben. Die Männer werden sich immer nach der Fülle in der Frau sehnen und die Frauen nach dem freien Strömen der Lebensenergie.«

Turga fährt fort: »Du wirst die Weisheit der Großen Mutter in die Zukunft tragen. Du wirst die richtigen Worte finden, um die Menschen zu berühren. Weisheit bedeutet Anbindung an All-das-was-ist. Je mehr ein Mensch angebunden ist, um so größer ist seine Weisheit. Weisheit bedeutet auch Freiheit von Angst, je mehr ein Mensch angebunden ist, um so freier ist sein Geist. Weisheit bedeutet die Erkenntnis der Fülle, die uns umgibt. Es herrscht immerwährende Fülle. Es ist immer von allem im richtigen Verhältnis da. Nichts geht verloren oder ist verloren.

Licht und Dunkel halten sich immer genau die Waage. Die dunklen Kräfte sind von der Erde nicht wegzudenken. Sie gehören auf der Erde dazu, sie bilden die Materie. Sich immer nur Licht zu wünschen, ist der Wunsch eines kleinen Kindes, es möge immer die Sonne scheinen. Das erwachte Bewußtsein erkennt die ergänzende Qualität beider Lebensaspekte. Dieser Planet bietet die einzigartige Möglichkeit zu lernen, die dunklen Kräfte anzunehmen. Wenn wir sie ablehnen und sie bekämpfen, materialisieren sich die dunklen Kräfte in einer übersteigerten Form. Sie sind immer da, aber sobald wir gegen sie kämpfen, zeigen sie ihr Fratzengesicht. Man kann sie nicht besiegen – sie sind genauso stark wie das Licht – zumindest hier auf der Erde. Die dunklen Kräfte lassen sich nicht beherrschen, aber es ist angemessen ihnen mit Achtung zu begegnen. Die dunklen Kräfte sind Gestalter der Schöpfung. Licht alleine kann keine Materie bilden.

Gleichzeitig sollte alles von Licht durchdrungen sein, dann stellt sich innerer Friede ein, in einem Prozeß der ständigen Wandlung. Dann sind Leben und Tod nur zwei Seiten derselben Medaille. Eins bedingt das andere. Es gibt kein Leben ohne Tod und keinen Tod ohne Leben. Es geht auch um die Annahme der Macht über Leben und Tod.« Turgas rauhe Stimme dringt weiter in mich ein. »Dies ist die Botschaft für die Menschen der Zukunft: Die dunklen Kräfte lassen sich nicht benutzen. Doch gut ist, ihnen ein Geschenk zu widmen, eine Gabe der Natur oder Musik in jeder Form. Die dunklen Kräfte mögen Musik, für sie kann man trommeln und singen und schreien. Wenn man diese Art von Musik bewußt spielt, kann man sie ihnen zum Geschenk machen.

Man sollte den dunklen Kräften achtsam und mit liebevoller Distanz begegnen. Die dunklen Kräfte lassen sich nicht benutzen, wenn man dies versucht, wird es sofort zu schwarzer Magie. Wenn die Menschen aus verdrängter Liebe, also Enttäuschung ihre Wut aufsteigen lassen, nutzen sie die dunklen Kräfte zur Ausübung ihrer Gewalt. Deswegen ist die oberste Pflicht der Menschen, ihre offene und versteckte Wut zu erkennen und in Liebesbedürftigkeit zu transformieren. Wenn sie sagen, daß sie liebesbedürftig sind und dies dem Universum aussenden, wird das Universum mit Liebe antworten.

Diese Bitte an das Universum darf nicht wie ein Bettler gestellt werden, sondern Sie müssen auch freie Liebe zu bieten haben, damit sich der Kreis wieder schließen kann, das heißt, Liebe werden Sie nur empfangen, wenn Sie auch selber bereit sind, welche zu geben.

Es ist ein unglaublicher Haß gegen das weibliche Prinzip in der Welt. Auch dieser Haß ist enttäuschte Liebe, das Gefühl von der Erde nicht angenommen zu sein – das muß geheilt werden auf der ganzen Welt.

Die Menschen sollen ihre Macht bewußt annehmen. Wenn man aus dem Herzen handelt, ist die Nutzung der dunklen Kräfte kein Problem, dann entsteht kein Mißbrauch. Die dunklen Kräfte sind links, die hellen Kräfte rechts im Körper. Es herrscht ein absolutes Gleichgewicht zwischen hell und dunkel in jedem Menschen.« Plötzlich beginnt Turga zu singen, eine monotone Melodie, ein gleichförmiger Singsang, den sie vorträgt wie ein Gebet. Die Worte sind mir unverständlich, aber ich verstehe intuitiv ihre Bedeutung:

Wir sind lichte Wesen, bevor wir in die dreidimensionale Realitätsebene inkarnieren, und wir bleiben auch lichte Wesen, so lange wir auf der Erde sind. Wir tauchen gleichsam in die Materie ein und lernen, sie zu verwandeln. Dieser gestalterische Akt gelingt nur mit den dunklen Kräften. Dies zu erkennen, bedeutet wahre Weisheit.

Kein Verhalten ist eindeutig licht oder dunkel. Alles hat seine Zeit und seinen Raum. Dieselbe Handlung kann zu verschiedenen Zeiten oder an unterschiedlichen Orten ein Segen oder ein Fluch sein. Dies zu erkennen, bedeutet wahre Weisheit.

Wir sind niemals vom Licht verlassen. Ohne die Anbindung an den göttlichen Funken könnte unsere Lebenskraft nicht fließen. Dies zu erkennen bedeutet wahre Weisheit.

Wir sind umgeben von liebevoller Fülle, von unserer Großen Mutter. Ohne ihre bedingungslose Liebe könnten wir nicht existieren. Dies zu erkennen, bedeutet wahre Weisheit. Liebe und Leben und Sexualität sind eins. Liebe ist das höchste

Prinzip. Sie ist die einzige Energieform, die auf anderen Realitätsebenen und jenseits der dreidimensionalen Welt noch Bestand hat.

Nur unsere Liebesfähigkeit wird uns auf die andere Ebene begleiten. Durch die Liebe bleiben wir auch über den Tod hinaus verbunden. Sexualität ist der Ausdruck der Liebe auf der Erde. Durch sie kann die Vitalkraft fließen und damit neues Leben entstehen. Liebe und Sexualität sollten nie getrennt sein, sonst leiden Körper und Geist, und die Anbindung zum Göttlichen und zur Großen Mutter geht verloren. Liebe und Sexualität sollten ungehindert fließen, damit sich das Leben ungehemmt entfalten kann.

Die Sexualität sollte allen Menschen heilig sein. Die Frauen sollten als Trägerinnen der Vitalkraft geachtet sein. Die Männer sollten erkennen, daß ihre wunderbare Kraft dazu da ist, das Leben in all seinen Formen zu schützen. Dies zu erkennen bedeutet wahre Weisheit.

Turga hält weiter in hoher Konzentration die Augen geschlossen. Dann strömen in großer Geschwindigkeit Worte und Bilder in mich ein. So schnell, daß ich sie im einzelnen nicht wahrnehmen kann. Es ist die Botschaft, die ich 5000 Jahre in der Zukunft verankern soll. Eine Botschaft für die Menschen der Zukunft, die die alten Weisheiten zu diesem Zeitpunkt vergessen haben werden. Ich brauche mich um den Inhalt nicht zu kümmern. Alles wird sich in meinem zukünftigen Leben von selbst materialisieren, wenn ich meine Aufgabe gut erfülle. Ein anderer Priester wird mir bei der Errichtung des Zeitstrahles beistehen. Unsere Botschaft der Liebe und der liebevollen Sexualität wird Heilung bringen.

Keine Lügen, keine Geheimnisse mehr

Ich halte mich für unwürdig. Ich glaube, die spirituelle Suche ist
für Menschen gemacht, die besser sind als ich.

Brida, in dem gleichnamigen Roman von Paulo Coelho

Ich bin als Katholikin aufgewachsen, habe eine katholische Sozialisation. Mir wurde als Kind ein Bild des christlichen Glaubens präsentiert, das voller Widersprüche und Unwahrheiten steckte. Zum Beispiel hat mir nie jemand erzählt, daß die vier Evangelien nicht als Bibel vom Himmel gefallen sind, sondern vom römischen Kaiser Konstantin im Jahre 312 aus machtpolitischen Gründen aus schätzungsweise achtzig verfügbaren Evangelien als passende Staatsreligion ausgewählt wurden. Es gab unter anderem ein Evangelium des Thomas, eines des Judas und eines der Maria Magdalena.

Maria Magdalena war nach Ansicht vieler Experten höchstwahrscheinlich Jesus Ehefrau, denn einen unverheirateten Rabbiner hätte es zur damaligen Zeit kaum gegeben, und Maria Magdalena war es, die den Leichnam von Jesus salbte. Eine Aufgabe, die damals ausdrücklich der Ehefrau vorbehalten war. Das letzte Abendmahl von Leonardo da Vinci zierte mein Kommunionsbild. Jahrelang hatte ich darauf nur Männer erblickt. Nachdem ich wußte, daß zur Rechten von Jesus höchstwahrscheinlich Maria Magdalena sitzt, fragte ich mich, wie ich jemals in dieser zarten Gestalt einen Mann sehen konnte. Ich wurde mir bewußt, daß ich eine Art Gehirnwäsche erfahren hatte, die meine eigene Wahrnehmung trübte. Ebenso sagte mir niemand, daß die sogenannte Leidensgeschichte Jesus eigentlich dem persischen Mithras-Kult entlehnt worden war. Ich wurde in dem Glauben erzogen, die Bibel, wie sie mir vorgelegt wurde, wäre quasi als originäre Neuerung direkt von Gott diktiert worden. Immer wurde so getan, als wäre in der Bibel eine absolute Wahrheit aufgeschrieben.

Die zahlreichen Widersprüche verunsicherten mich, sobald ich über die Botschaften nachdachte. Warum hatte Gott kein eindeutigeres Buch diktiert? Ich sollte alles ohne Gegenfrage glauben? Das fiel mir als kleines Kind schon schwer. Wir sollten uns nicht prügeln und friedfertig sein, aber der Gott des alten Testamentes war jähzornig ohne Ende. Wir sollten in der Schule fleißig lernen, aber wenn Eva und Adam vom Baum der Erkenntnis essen, vertreibt Gott sie aus dem Paradies. Maria bekam ein Kind, weil der heilige Geist sie besuchte, und Josef, der ihr

Verlobter war, führte sie schwanger auf einem Esel durch die Gegend, obwohl das Kind nicht von ihm war. Maria als Person war zwar die Mutter Gottes, aber auf fast allen Abbildungen wurde sie irgendwie unterwürfig gezeigt. Sollte die Mutter sich ihrem eigenen Kind unterwerfen? Nichts paßte zusammen. Selbst die Engel der Bibel waren streitlustig und hatten Himmelsschwerter. Ständig ging es um Kampf. Jesus paßte mit seiner Liebesbotschaft irgendwie nicht zu den meisten anderen Gestalten der Bibel.

Ich besuchte gerne Gottesdienste, weil mir die heilige Atmosphäre gefiel, aber mich ödeten die Lesungen an, weil sie fast immer darauf abzielten, einem ein schlechtes Gewissen zu machen. In meiner Kindheit wurden in der Kirche außerdem noch Jungen und Mädchen getrennt. Die Mädchen saßen links in der Kirche, und ich wußte sehr genau, daß die linke Seite eigentlich die schlechte Seite war, denn ich bin Linkshänderin und durfte in der Schule nicht mit der »schlechten« linken Hand schreiben. Als Mädchen spürte ich deutlich die Herabwürdigung der Frau. Mädchen durften auch keine Meßdiener sein. Beim Empfangen der Kommunion durften wir die Hostie nicht mit der Hand anfassen, mit unserer unwürdigen Hand hätten wir sie sonst entweiht. Der Priester legte sie direkt auf die Zunge. Dort wiederum mußte sie direkt zergehen, durfte nicht gekaut werden, auch wenn sie am Gaumen klebte. Während der Auflösung der Hostie mußten wir in der Bank knien und folgende Formel sprechen: »Herr, ich bin nicht würdig, daß du eingehst unter mein Dach, aber sprich nur ein Wort, so wird meine Seele gesund.«

Ich wuchs mit dem Gefühl auf, für Gott unwürdig zu sein, irgendwie fehlerhaft. Nur für Jesus machte ich eine Ausnahme. Nach all seinen Aussagen, die trotz aller Verdrehungen durch die Bibel strahlten, glaubte er an das Gute im Menschen.

Aus der Figur der Maria konnte ich keine Kraft schöpfen. Ich konnte sie zwar um Hilfe anflehen, daß sie bei ihrem Sohn ein gutes Wort für mich einlegt, aber sie selbst stand immer so unterwürfig auf ihrem Seitenaltar, daß ich mir ihre Stimme nur leise und kraftlos vorstellen konnte. Sie war bereit, sich zu opfern, aber nicht bereit, für die Freude des Lebens einzutreten. Ihr Bild vermischte sich auch immer mit der Schmerzensmutter, bis ich irgendwann das Gefühl hatte, daß sie nur für diesen Augenblick des Todes lebte. Der Glaube bestand viel mehr aus Repressalien als aus Freude. Schön fand ich die Fronleichnams-Prozessionen, bei denen die Wege mit kunstvollen Blumenteppichen verziert wurden. Ich mochte den Geruch des Weihrauchs und die Blumen und die vielen Kerzen vor dem Marienaltar, aber ich blieb von Anfang an gespalten.

»Liebe deinen Nächsten wie dich selbst« hieß es, aber in unserer Schule gab es getrennte Schulhöfe für Katholiken und Protestanten, und wer das verwechselte, bekam Ärger. Wenn ich eine kritische Frage stellte, wurde ich abgespeist, gerade so, als würde Christin sein bedeuten, nicht mehr denken zu können. Ich hatte alles zu glauben, was man mir servierte, sonst war ich eine Zweiflerin und damit keine richtige Christin, weil gute Christen nicht zweifeln. Ich hatte gehört, daß unser Begriff Ostern von der Göttin Ostara stammte und daß die Ostereier eigentlich ihrem Fruchtbarkeitskult entlehnt waren. Mein Religionslehrer, ein katholischer Pfarrer, sagte schlicht, das sei Quatsch, obwohl er, wie ich heute weiß, während seines Theologiestudiums auch über andere Religionen unterrichtet wurde.

Ebenso erzählte mir niemand, das die überwältigende Mehrheit von historischen Darstellungen von Menschen in priesterlicher Haltung Frauen zeigen, daß also über Tausende von Jahren der Menschheitsgeschichte das Priesteramt von Frauen ausgeübt wurde. Das erfuhr ich erst mit über vierzig Jahren bei der Lektüre des Buches »Frauen trommeln« von Lane Raynolds. Als Mädchen durfte ich nicht mal Meßdienerin werden, das durften nur die Jungs. Ich fühlte mich wegen meines Geschlechts als minderwertig angesehen.

Die Frauen meiner Familie hatten allesamt von der Kirche die Nase voll. Am meisten regte sie auf, daß sie nach der Geburt jedes Kindes in die Kirche mußten, um sich »aussegnen« zu lassen, das hieß, die Sünde der Sexualität, die mit der Empfängnis zusammenhing, zu vertreiben. Ohne dieses »Aussegnen« durfte eine Frau, die geboren hatte, nicht an der Kommunion teilnehmen, weil sie zu sündig war.

Meine Mutter und meine Oma fanden das eine Frechheit, schließlich hatten sie mit Schwangerschaft und Geburt viel auf sich genommen, um neuem Leben auf die Welt zu helfen, und jetzt sollten sie dafür als sündige Wesen um Gnade bitten, statt

geehrt zu werden? Sie betraten die Kirche nur noch pro forma bei Beerdigungen und Hochzeiten in der Verwandtschaft und beteten nur noch alleine für sich. Die Auseinandersetzung mit dem christlichen Glauben ging in meiner Familie nicht weiter in die Tiefe, und so erfuhr ich nichts von Übersetzungsfehlern, davon, daß das Wort Jehowa im Originaltext eigentlich Mutter *und* Vater bedeutet. Niemand erzählte mir von absichtlichen Umdeutungen alter matriarchaler Symbole, wie zum Beispiel der Schlange, die vom Symbol der Erneuerung und Wiedergeburt zum Symbol des Bösen gemacht wurde; oder vom männlichen gehörnten Gott der Zeugungskraft und Sexualität, der aufbrechenden Natur – Pan. Aus ihm wurde bei den Christen der gehörnte Teufel mit Hufen statt Füßen, der allen das Verderben statt sexueller Stärke bringt.

Doch warum werden uns so viele Lügen erzählt?

In der Mythe vom Minotaurus erkennt man deutlich die absichtliche Verdrehung ursprünglicher kraftvoller matriarchaler Symbole. Minotaurus lebt nach griechischer Sage in einem Labyrinth auf der Insel Kreta, wo, wie wir schon wissen, einstmals eine blühende matriarchale Kultur existierte. Das Labyrinth war Symbol für den Einweihungsweg hin zur göttlichen Mutter Erde, zur Anbindung an ihre allumfassende Weisheit. In der Mitte des Labyrinthes fanden die vorgeschichtlichen Menschen symbolisch die ultimative Wahrheit, die Erfüllung.

Jetzt sollte dort ein Ungeheuer leben, das Menschen fraß, und dieses Ungeheuer sollte ausgerechnet die Gestalt des einstmals hochgeachteten Vegetationsgottes der matriarchalen Kulturen haben: ein starkes männliches Wesen mit gehörntem Kopf.

Damit wurde das ursprüngliche Mysterienspiel in sein Gegenteil verkehrt. Im Inneren des Labyrinthes fanden die Menschen nicht mehr die weibliche Weisheit, sondern das Grauen, dargestellt im ehemaligen männlichen Gott der Sexualität, dem Gatten der Priesterin-Göttin. Der starke wilde Mann der matriarchalen Kultur wurde zum Ungeheuer umgedeutet. Der Minotaurus in seiner unbändigen Wildkraft zum Ungeheuer.

Der patriarchale Held kann ihn besiegen, allerdings muß ihm eine Frau – Ariadne – den Weg durch das Labyrinth und wieder hinaus weisen, er selbst hat den Zugang zum weiblichen Wissen verloren, ist längst abgespalten davon. Die starke Kraft des Minotaurus wird als böse diffamiert, weil in einem patriachalen System der »wilde Mann« nichts zu suchen hat. Ursprüngliche Wildheit läßt sich nicht mit Hierarchien in Einklang bringen.

So kämpfen Männer, die in einem hierarchischen System aufgewachsen sind, immer gegen ihre eigene Wildheit. Ihnen wird eingeimpft, daß in ihrem Inneren ein Schweinehund haust, der nur darauf lauert, die Oberhand zu gewinnen und dann sie selbst und alle anderen ins Verderben zu reißen. Würden die Männer sich wirklich auf den Weg in das Labyrinth ihrer Seele wagen, so würden sie am tiefsten Punkt keinem Ungeheuer begegnen, sondern ihrer innersten Wildnatur, dem »Wilden Mann«, der stark und vital das Leben feiert, so wie es ist.

Ein wildes Tier jammert nicht über Beschwernisse, sondern es sucht sich seinen lusterfülltesten Lebensweg. Lustverzicht und damit Lebensverzicht macht für eine wilde Kreatur keinen Sinn. Aber die Tiere sind auch nicht besinnungslos; bei allem, was sie tun, sind sie hellwach. Sie folgen nicht wie Roboter ihrem Fortpflanzungstrieb und vergessen dabei alles andere. Jedem Lebewesen wird eine gewisse Stumpfsinnigkeit unterstellt, sobald es sich sexuell betätigt, und auch vom Mann wird behauptet, daß er sein Gehirn ausschaltet, sobald er auf Freiers Füßen wandelt. Die Verstandesintelligenz läßt nach, was auch wünschenswert ist, bei allen Projektionen, die sonst das Erlebnis der Sexualität überschatten würden, zur selben Zeit läuft aber die Körperintelligenz auf Hochtouren und vermittelt dem Gehirn wichtige Eindrücke.

Wäre der Mann aufgrund seiner kulturellen Prägung noch in der Lage, das sexuelle Erlebnis mit der spirituellen Ebene zu verbinden, so würde sein Gehirn während des Beischlafs immer wieder die Anbindung vom Körperlichen zur geistigen Ebene suchen. Erst die Verbindung mit All-dem-was-ist bringt dem Mann das Gefühl vom »Ankommen« in der Frau, die letztendliche Erfüllung. Fehlt das, bleibt es eine verzweifelte Suche. Nur der wilde Mann kann die Erfüllung finden und auch nur bei einer wilden Frau. Die brave Eva, die versucht, ihm zu Willen zu sein, kann seine ganze Kraft nicht herausfordern und auch nicht nehmen.

Weder der wilde Mann noch die wilde Frau sind in einem patriarchalen System zu gebrauchen. Daher werden sie diffamiert. Ihnen wird unterstellt, daß sie nur Verderben bringen, des Teufels Kinder oder Gehilfen sind. Dies ist eine der grausamsten Lügen des Patriarchats, denn sie verbaut den Männern und Frauen den lebensnotwendigen Zugang zu ihrer eigenen Wildnatur.

Der stolze Vegetationsgott fand bei den Kelten seine Verehrung in der Gestalt des »Cernunnos«, des gehörnten Gottes, der oft auch in Meditationshaltung dargestellt wurde, um seine Verbindung zur geistigen Ebene zu verdeutlichen.

Später lebte diese Symbolik in der Verehrung des weißen Hirsches, der eine Krone zwischen seinen Geweihen trägt, weiter. Dieser Hirsch versinnbildlicht den Gott des Waldes und damit der emporschießenden und wieder absterbenden Natur.

Im Zeitalter der Christianisierung wurde der Vegetationsgott lächerlich gemacht, indem man einen Mann, der von seiner Frau »betrogen« wurde, als gehörnten Ehemann verspottete. Aus dem ehemals hochverehrten gehörnten Mann wurde eine Lachnummer gemacht. Tatsächlich gehörte diesem Mann seine Frau nicht alleine, denn er paarte sich im Ritual mit der göttlichen Priesterin, die keinem Mann gehörte.

Auch die Tempelpriesterinnen fanden einstmals große Verehrung. Römische Schriftsteller wunderten sich, daß bei manchen Völkern ehemalige Tempelpriesterinnen als Gattinnen sehr begehrt waren. Sie konnten nicht verstehen, daß diese Frauen als Abbild der Großen Mutter angesehen wurden, daß sie sehr gut ausgebildet waren und den Männern besondere sexuelle Freuden bereiten konnten. Mit ihnen zu schlafen, war eine große Ehre. Sie wurde später als Huren beschimpft. Übrigens stammt unser Wort Hure vom islamischen »Huriä«, das sind diejenigen Frauen, die einen gefallenen islamischen Märtyrer im Paradies mit ihren körperlichen Vorzügen bereitwillig verwöhnen. Im Himmel sind sie engelgleich, auf Erden werden sie zu Huren. Die patriarchale Propaganda ist eigentlich so plump, daß es verwunderlich ist, daß ihre Doppelmoral sich so lange halten und Unfrieden auf der Erde stiften konnte.

Die Zahl 666 war ursprünglich der Göttin Athene gewidmet. Die Christen machten aus ihr die Zahl des Satans. Der gehörnte Gott der Natur und der Sexualität wurde zum Vorbild des Teufels. Die Menschen verließen ihr Weltbild der freudespendenden Großen Mutter nie freiwillig. Es wurde ihnen mit Gewalt ausgetrieben. Die patriarchalen Machthaber zwangen immer mit Gewalt ihre männlichen Götter auf. In der einen Hand die Bibel, in der anderen das Schwert. Angst zementierte ihre Macht und vergiftete das Zusammenleben der Menschen. Es wurde mit dem Tode bestraft, wenn man es wagte, etwas anderes zu sagen als von oben zu glauben befohlen wurde. Weltliche und geistliche Macht reichten sich immer die

Hand und schüchterten gemeinsam die Menschen ein. Eigenständiges Denken wurde als »Eigensinn« abgestraft. Nur wenn man abweichlerischen Gedanken »abschwor«, konnte man sein Leben retten.

Die gnostischen Schriften zeichnen ein differenzierteres Bild der Lebensgeschichte von Jesus. Es gibt zum Beispiel ein Evangelium nach Judas, das ein ganz anders Bild des Jüngers Judas zeichnet, nicht den Verräter, sondern Jesus engster Vetrauter. Bischof Irenäus verfolgte im 2. Jahrhundert nach Christus die Gnostiker und verbot die gnostischen Schriften, wie zum Beispiel das Evangelium nach Judas. Die Gnostiker sagen sogar, daß Jesus nicht am Kreuz gestorben ist, sondern ein anderer Mensch an seiner Stelle. Gottes Sohn, als ein solch hochschwingender Mensch, hätte nicht am Kreuz sterben können. Die Evangelien der »Ketzer« landeten schon vor 2000 Jahren auf dem Scheiterhaufen. Die koptischen Christen führen bis heute ein Randdasein.

Die Historiker und Historikerinnen fragen sich heute, was wohl passiert wäre, wenn statt den vier kanonischen Schriften die gnostischen Schriften im Mittelpunkt der Geschichte gestanden hätten. Maria Magdalena ist in den gnostischen Schriften die wichtigste Jüngerin Jesus. Sie sollte die Anführerin der neuen Kirche sein. Ebenso wird bei den Gnostikern die kirchliche Hierarchie abgelehnt. Jedem Menschen wird es zugestanden, seinen eigenen Weg zum Göttlichen zu finden, unabhängig von jeder Hierarchie. Es wäre ein völlig anderes Verständnis von Frauen und vom Opfertod Jesu entstanden. Die Evangelien der »Ketzer« offenbarten eine neue Möglichkeit des Christentums. Die statt dessen ausgewählten Evangelien sind das Fundament der heutigen Christenheit.

Bis auf den heutigen Tag berufen sich die Christen darauf und bis auf den heutigen Tag wird uns Christen nicht erzählt, daß es noch Alternativen gab. Wie konnte Jesus nur so verraten werden! Aufgekauft für Macht und strategische Interessen. Ja, im gewissen Sinne wäre er nicht so berühmt geworden, wenn nicht Kaiser Konstantin ihn vor seinen Wagen gespannt hätte, aber ich bin mir sicher, daß Jesus der letzte gewesen wäre, der an einer solchen Verbindung interessiert gewesen wäre. Ihm ging es ganz gewiß um Qualität und nicht um Quantität. Was nutzen Massenaufmärsche im falschen Namen, wenn sie nicht im wirklichen Bewußtsein erfolgen, wenn sie verdreht sind, um der Macht zu dienen. Welcher Macht? Immer nur der Weltlichen, die doch so vergänglich ist. Jesus war an dieser Macht ganz sicher nicht interessiert. Er liebte die Frauen. Maria Magdalena sollte seine Botschaft weitertragen, die Frau mit dem roten Mantel aus den gnostischen Evangelien.

Ihr wäre ich gerne begegnet. Ihr Evangelium zeichnet ein anderes Bild dieses Mannes aus Nazareth. Sie hat Jesus geliebt mit ihrem ganzen Körper und ihrem ganzen Herzen. Sie hat ganz gewiß die Lehren verkörpert, die Jesus weitergegeben hat. Auch waren seine Lehren nicht seine persönlichen Lehren, sondern als Botschaft des göttlichen Bewußtseins an alle gerichtet. Kein strafender Gott, der mit finsterer Miene die Gläubigen verfolgte, sondern ein überpersönliches wohlwollendes Prinzip, das den menschlichen Bezugsrahmen überschreitet. Das wirklich Göttliche ist von den Menschen nicht faßbar, außer im Moment der Liebe. Die Liebe weitet sie so sehr, daß sie allumfassend empfinden können. Die Liebe ist das Tor, durch das der Mensch sich dem Göttlichen nähern kann. Sonst gibt es nichts.

Wo ist die Liebe im christlichen Glauben geblieben? Sie ist verkümmert zur Nächstenliebe, in gewisser Weise zur Selbstaufgabe. Mütter können ein Lied davon singen. Selbstaufgabe wird von ihnen implizit gefordert, statt bewußter Liebe zum Leben. Sie sollen nie an sich selbst denken, sondern nur an die anderen, sprich an die »Familie«. Denken sie an sich, sind sie selbstsüchtig. Dabei verurteilen sie sich selbst, bevor andere sie verurteilen können. Wo ist die Lebensfreude der Mütter geblieben? Hat sie überhaupt irgendeine gesellschaftliche Bedeutung? Nein.

Schmerzensmutter. Mütter sollen funktionieren, immer nach dem selben Mechanismus der Selbstaufgabe. Geboren in eine Welt, in der das Weibliche keinen eigenen Wert besitzt, haben Frauen sich an männlichen, väterlichen Werten zu orientieren. Sie werden damit zu Vater-Töchtern. Funktional stehen sie in einer Welt, die nicht die ihre ist.

Wo ist die, die ein Kind gebiert und dennoch Frau bleibt, mit Erotik und Sinn für die Freuden des Lebens? Wo ist die Frau, die Mutter ist und dennoch wilde Geliebte? Ich lasse mich nicht mehr spalten. Ich bin sinnlich, und meine Kinder wachsen in einer sinnlichen Atmosphäre auf. Sie lernen zaubern und lieben und die Erde achten in all ihren Erscheinungsformen.

Warum wird uns nicht gesagt, daß es einmal eine Zeit gab, in der die Menschen ohne Gewalt miteinander lebten, daß ihre Fruchtbarkeitskulte voller bewußt gelebter Sexualität waren, daß ihre Siedlungen nicht befestigt waren, also nicht dem Schutz vor den Nachbarn dienten, sondern der Verehrung der Großen Mutter mit einem großen Kultplatz auf einem Hügel als spirituelles Zentrum.

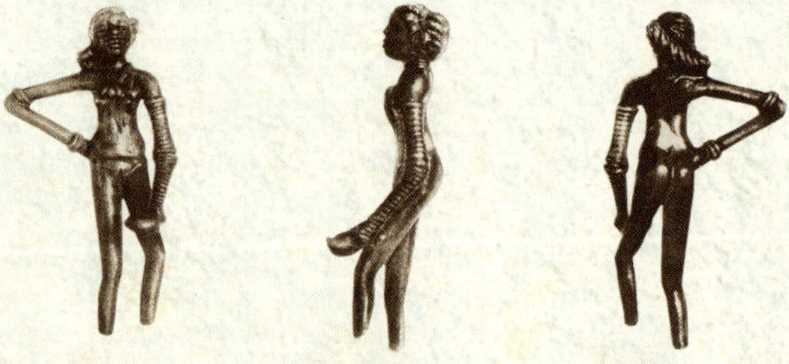

Warum wird das Bild aufrechterhalten, daß der Mensch in seinem Innersten von Natur aus gewalttätig sei, wenn doch die Geschichtsforschung mittlerweile bewiesen hat, daß das nicht stimmt? Ich habe diese Frage für mich beantwortet: Unser gesamtes Bildungssystem fußt auf der Weltsicht der Griechen und Römer. Gerade die Griechen hatten aber allen Grund, die Anfänge ihres Eintritts in die Geschichte zu verschweigen. Sie, die uns immer als die Väter eines Entwicklungsschritts der Menschheit präsentiert wurden, haben in Wirklichkeit nichts Neues geschaffen, sondern zunächst eine wunderbare matriarchale Kultur überrollt und deren Errungenschaften übernommen. Es war dies die minoische Kultur auf Kreta. Im Kapitel »Europa« wurde darauf näher eingegangen.

Die patriarchalen Eroberer waren so rückschrittlich, daß sie die kulturellen Errungenschaften der matriarchalen Gesellschaft noch nicht einmal halten konnten und ein wahrhaft dunkles Zeitalter anbrach. Nie mehr danach wurde die Frau so geachtet wie früher, denn mit den Eroberern kam die Angst und der Krieg zwischen Mann und Frau. Die Eroberer verachteten die friedvollen Menschen, die sich nicht wehrten und deren Kultur sie auch nicht verstanden, und sie vergewaltigten im großen Maßstab die Frauen.

Der patriarchale Geist der Griechen lebt bis heute in unserer Wissenschaft und unserem Schulsystem fort. Liebe und Hingabe werden weitgehend als weibliche Eigenschaften betrachtet. Das hilfreiche Wissen der matriarchalen Kulturen wird bis heute herabgewürdigt oder schlicht ignoriert. Den Menschen damals wird unterstellt, nur aus Angst vor dem Tod eine spirituelle Haltung entwickelt zu haben. Das können nur Menschen glauben, die noch nie in einem angstfreien Zustand waren. Was der Mensch nicht kennt, kann er sich nur schwer vorstellen. Nun ist unser heutiges Leben sehr angstbesetzt, ja, die Angst wird von vielen Machthabern geradezu geschürt – aus eigensüchtigen Motiven. Sie gewinnen daraus noch mehr Macht, denn ängstliche Menschen sind leichter zu lenken. Die meisten Menschen glauben, Angst sei den Menschen angeboren. Das stimmt aber nicht. Durch dieses falsche Bild bleiben die Menschen in hierarchischen Abhängigkeitsstrukturen gefangen. Wem nutzt das?

Wem nutzt die Angst? Wer hat etwas davon, wenn wir uns fürchten?

Patriarchale Systeme wollen Kontrolle. Wie könnte man eine Sexualität kontrollieren, die in alle Himmelsrichtungen blüht? Es geht nicht so sehr darum, daß Männer und Frauen gleichgestellt werden; es geht darum, daß die männlichen und weiblichen Komponenten in jedem Menschen freigesetzt werden und frei ausgedrückt werden können. Gott muß endlich weiblich und männlich zugleich sein. Alle liebevollen Formen des menschlichen Zusammenlebens müssen gleichermaßen anerkannt sein. In jedem Individuum sind vielfältige menschliche Eigenschaften und immense Fähigkeiten der Anlage nach vorhanden. Nur zu oft wird ihnen der Ausdruck verwehrt, weil sie als dem anderen Geschlecht vorbehalten gelten.

Frauen können, wenn sie besonders erregt werden, ebenfalls ejakulieren und zwar die erstaunliche Menge eines Sektglases voll! Warum wird das bis heute im Sexualkundeunterricht verschwiegen? Weil die meisten heutigen Männer nicht mehr die Kunst beherrschen, eine Frau energetisch so lange zu halten, bis sie in diesen Erregungszustand kommt?

Warum wird nicht erzählt, daß 21 % der Frauen angeben, während der Geburt einen Orgasmus gehabt zu haben? (Übrigens gibt es dazu einen neuen wunderschönen Film. Den Trailer können Sie im Internet unter www.orgasmicbirth.de anschauen.) Wäre diese Information zu unmoralisch? Oder liegt es daran, daß dann in unserem Geburtswesen einiges verändert werden müßte, denn eine orgiastische Geburt stellt sich nur unter ganz bestimmten Voraussetzungen ein.

Warum wird nicht erzählt, daß die Menschen nicht monogam sind? Wären sie es, würden nicht so viele Menschen im Laufe ihres Lebens ihre Sexual-Partner wechseln oder zumindest davon träumen, wenn die befürchteten Sanktionen zu hart sind. Würde endlich anerkannt, daß die menschliche Spezies eigentlich sexuell unternehmungslustig ist und das auch bleibt, selbst wenn gesellschaftliche Absprachen das verbieten, würde dem unseligen Ehrverlust und Eifersuchtsgefühl endlich der Boden entzogen. Viele Partnerschaften könnten bestehen bleiben, wenn ein Seitensprung kein Trennungsgrund mehr wäre. Mann und Frau könnten weiter ein vertrautes Paar bleiben, selbst wenn die Sexualität nicht mehr nur exklusiv dem einen Partner gehören würde. Menschen brauchen vertrauensvolle langjährige stabile Beziehungen für ihre emotionale Geborgenheit, aber sie brauchen auch manchmal das prickelnde Gefühl des Neuen. Das ist einfach so.

Warum können wir nicht dazu stehen, statt krampfhaft zu versuchen, »bessere« Menschen zu werden? Sind wir wirklich bessere Menschen, wenn wir unsere Sexualität »im Griff« haben? Wir werden energetischere Menschen, wenn wir den Fluß unserer Lebensenergie nicht mehr behindern und lernen, die Sexualkraft bewußt durch unsere Zellen und zurück zur Erde zu leiten. Wir werden glücklich, wenn wir Sexualität nur mit weit geöffneten Herzen ausüben, wenn wir uns einander anvertrauen. Dazu brauchen wir Wahrhaftigkeit und keine Lügen.

Die Heilungszeremonie

Ich werde zu einer Heilungszeremonie gerufen. Eine Frau unseres Nachbarvolkes ist vergewaltigt worden. Für uns ist dies ein Verbrechen, das die Existenz des gesamten Stammes bedroht und den Fluß der gesamten Lebensenergie behindert. Nach unserer Vorstellung wird bei einer Vergewaltigung der Frau ihre Heilige Höhle beschmutzt und ihr innerstes Geheimnis zerstört. Die Kraft ihrer inneren Sonne wird geschwächt, und sie gibt die Schwächung an ihre Kinder weiter, so daß die zukünftigen Generationen weniger Vitalität besitzen. Das gefährdet den ganzen Stamm. Also muß solch eine Verletzung nach unserer Vorstellung unbedingt geheilt werden.

Solch eine Verletzung der Frau ist sehr tiefgehend und daher nur sehr schwierig zu heilen. Ich habe von Turga gelernt, daß die Erinnerung an das schreckliche Erlebnis überall im Körper gespeichert wird. Wie ein Dämon vergiftet es ihren Körper und ihren Geist. Ich muß der Frau helfen, diesem Dämon ins Gesicht zu blicken, dann muß ich ihren Körper heilen, und danach müssen wir die schlimmen Bilder, mit denen ihre heilige Höhle verschandelt wurde, wieder mit schönen Bildern des Lebens übermalen. Ich packe meine Trommel und einige Rasseln ein und mache mich auf den Weg ins Nachbardorf. Mein Mitpriester begleitet mich. Ich werde seine Anwesenheit während des Rituals an einer bestimmten Stelle brauchen. Das Ritual ist kompliziert. Ich habe es noch nicht oft durchgeführt, weil ein solch furchtbares Vergehen bei uns eigentlich nie vorkommt. Niemals würde ein Mann unserer Völker gegen das universelle Lebensprinzip handeln und einer Frau Gewalt antun.

In diesem Fall scheint es ein Fremder eines anderen Volkes gewesen zu sein. Ist es ein erster Vorbote aus den Visionen, die mich seit einiger Zeit plagen? Ich verscheuche die düsteren Gedanken und konzentriere mich auf die Zeremonie. Ich singe mir in Gedanken das Lied der Heilung vor, das mir meine Lehrerin beigebracht hat. An manchen Stellen bin ich mir nicht ganz sicher, was gemeint ist, aber ich vertraue auf das Leben und die große Kraft der Liebe, die mich führen wird.

Im Nachbardorf angekommen, bleibe ich kurz stehen. Ich erkenne die Menschen kaum wieder. Eine dunkle Wolke der Traurigkeit hüllt sie ein. Niemand lacht. Nirgendwo ein hüpfendes Kind. Selbst die Tiere scheinen zu trauern. Ich werde zu der Hütte der Frau geführt. Sie sitzt verwirrt auf dem Boden. Ihre Welt ist zerbrochen. Von klein auf hatte sie gelernt, daß sie die Hüterin des Lebens ist, daß ihre Sexualität heilig ist, weil durch sie das neue Leben auf die Welt kommt, daß die

Frauen und die Kinder unter allen Umständen von den Männern geschützt werden müssen, weil sie das Weiterleben des Stammes garantieren. Jede Frau unserer Völker fühlt sich in Gegenwart eines Mannes absolut sicher. Die Männer lernen bei ihrer Initiation, die Frauen zu ehren und zu achten. Das ist ein ehernes Gesetz, gegen das keiner unserer Männer je verstoßen würde. Er würde sich damit seine eigene Lebensgrundlage zerstören und die des gesamten Stammes ebenfalls.

Außerdem glauben wir, daß die Frauen durch eine Vergewaltigung in ihrem energetischen Kern geschwächt werden und sie diese Schwächung an ihre Kinder weiter vererben, was wiederum den ganzen Stamm schwächt. Die Frau war also dem Mann wahrscheinlich völlig vertrauensvoll begegnet, und er hatte sie mit Gewalt genommen und brutal verletzt. Ich bin über das Ausmaß der Zerstörung erschrocken. Der ganze Stamm erscheint gelähmt. Ob meine Kraft reichen wird, die Verletzung zu heilen?

Ich treffe mich mit der Stammesmutter. Sie hat in ihrem langen Leben schon viel Leid gesehen, also bleibt sie auch jetzt gefaßt, aber ich spürte die große Hoffnung, die sie in mich setzt. Ich erkläre ihr, daß ich eine Anzahl von Männern und Frauen zur Unterstützung bei dem Ritual brauche. Sie bestimmt einige ihres Volkes, mir zu ihrem Ritualplatz zu folgen. Ich lasse die Frauen sich in einem Kreis zu Boden setzen. Die Männer bilden einen äußeren Kreis des Schutzes. In den inneren Kreis der Frauen führe ich die Frau, die wir heilen. Wir legen weiches Moos und Felle in die Mitte, und ich bedeute ihr, daß sie sich dort hinlegen soll. Ich lege die Rasseln und meine Trommel neben mich auf den Boden. Einige der Männer und Frauen haben ihre eigenen Trommeln mitgebracht.

Ich kniee mich neben die Frau und schließe die Augen. Ich konzentriere mich auf die andere Ebene, dort wo alles heil ist, und singe die Frau heilig. Ich singe von ihrem heilen Wesen, das in seinem innersten Kern niemals verletzt werden kann, und von der Quelle des Lebens, die neue Lebenskraft bringt. Ich erinnere den Körper an seinen heilen Zustand, damit er sich wieder heilen kann, und ich erhelle den Geist der Frau mit den schönen harmonischen Bildern von fließenden Wassern, grünen Ebenen und unendlicher Weite.

Dann stehe ich auf und verteile die Rasseln an die Frauen. Ich werde jetzt das verletzende Erlebnis heraufbeschwören und ihm gemeinsam mit der Frau ins Gesicht sehen. Die Rasseln machen ein zischendes Geräusch, wie Schlangen. Ich flüstere Zauberformeln und rufe die dunklen Kräfte. Meine Stimme wird dunkel und drohend. Ich hetze den Dämon aus seinem Versteck. Es dauert nicht lange, dann ist er da. Die Frauen rasseln immer wilder. Die Frau in unserer Mitte schreit verzweifelt und windet sich unter Schmerzen. Sie hat die Hände zu Fäusten geballt und preßt sie auf ihren Unterleib. Dann rollt sie sich auf die Seite, zieht die Beine zum Bauch und wimmert nur noch.

Der Dämon hat aufgehört zu toben. Ich gehe zu ihr und drehe sie sanft auf den Rücken. Es wird still. In dieser Stille lasse ich tiefe Töne aus meiner Kehle aufsteigen. Jetzt beginnt die eigentliche Heilung. Ich beruhige ihren schmerzenden Leib und knete ihren Bauch mit weichen Händen. Eine Frau setzt sich zu ihren Füßen und legte diese in ihren Schoß, eine andere hält sanft ihren Kopf. Alle beginnen tiefe Töne zu summen oder zu singen, bis wir das Gefühl haben, daß die Verletzung geheilt ist.

Jetzt müssen die Bilder der Gewalt, die sich ihr Körper gemerkt hat und die noch die heilige Höhle beschmutzen, durch ein positives Erlebnis gelöscht werden. Ich beginne einen bestimmten Rhythmus zu trommeln, den wir auch bei der heiligen Hochzeit spielen. Mein Mitpriester kommt auf mein Zeichen in den Kreis der Frauen. Er ist ein Frau-Mann, das heißt seine Natur ist nicht ganz männlich. Wir teilen die Menschen nicht nur in Mann und Frau. Manche Menschen haben gemischte Anteile aus beiden Geschlechtern und leben ihre Sexualität mit Männern und Frauen aus. Mein Mitpriester legt sich neben die Frau und beginnt, sie zu streicheln. Währenddessen steigen die Männer und Frauen auf ihren Trommeln in den Rhythmus ein. Es wird immer wilder und lauter. Einige stoßen anfeuernde Rufe aus.

Der Mitpriester legt sich auf die Frau und tut so als würde er sich mit ihr vereinigen. Erst liegt die Frau starr unter ihm, aber dann beginnt sie sich zu bewegen, läßt ihr Becken kreisen. Er streichelt sie sanft und folgt ihren Bewegungen. Wir trommeln immer lauter. Irgendwann beginnen wir zu tanzen.

Auch die beiden in der Mitte stehen auf und tanzen mit. Wir haben den Bann gebrochen. Die Frau lacht wieder. Ich bin erleichtert und froh. Bevor wir in unser Dorf zurückkehren, gibt es uns zu Ehren und als Dank ein Festmahl. Die Stammesmutter schenkt mir einen schönen Krug, der mit dem typischen Zickzack-Muster ihres Dorfes verziert ist. Den werde ich mitnehmen zur Quelle im Wald.

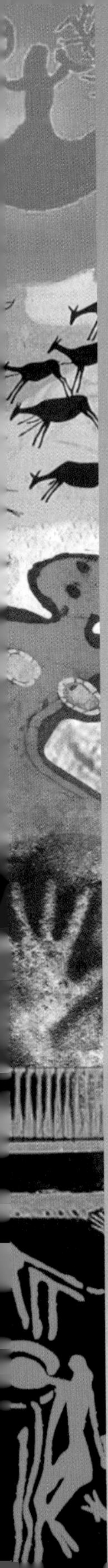

Die dritte Botschaft

10. Juni 2007

(nach dem Maya-Kalender im Zeitraum: Dritter Bolontiku, Perfektion des Spiegels der Vision der Seele)

In den letzten Wochen und Monaten war ich oft unruhig. Was soll ich mit den Informationen tun? Sie ergeben noch keinen zusammenhängenden Sinn, wie Puzzleteile, die noch nicht zusammenpassen. Während einer Einweihungszeremonie, die ich auf meinem Ritualplatz für einen Freund durchführe, habe ich wieder den spontanen Impuls auf eine Trommelreise zu gehen. Ich lege mich ins Gras, und mein Freund trommelt für mich. Ich bin ganz schnell auf der anderen Ebene.

Am Feuer neben meinem Einstiegsloch in die Unterwelt sehe ich meinen Hund, meinen Adler und außerdem meine Heilerin. Ich weiß sofort, daß die Reise nicht in die Unterwelt geht. Meine Heilerin gibt mir einen Kräutertrank und sagt, ich solle mich mehr um Kräuter kümmern. Ich trinke den Becher leer, dann steige ich auf den Adler Richtung Sibirien zu den Schamaninnen.

Wir fliegen über weite Landschaften und Berge. Dort liegt kein Schnee, sondern alles ist braun. Wir landen vor einer Höhle. Drinnen sind die Schamaninnen versammelt. In die Höhlenwand ist eine nackte stilisierte Göttin gehauen, mit einem großen V als Venushügel. Ich soll mich davor auf den Boden legen. Sie streifen mir ein Kleid aus dünnem Leder über. Eine von ihnen bringt einen Kräutersud und tränkt damit das Lederkleid. Das Leder wird ganz weich und legt sich wie eine nasse Haut um mich. Sie nähen mich in das Kleid ein wie in einen Kokon. Dann verlassen sie mich und sagen, ich müsse warten.

Ich liege alleine auf dem Höhlenboden und friere. Langsam beginnt das Leder durch meine Körperwärme zu trocknen. Zunächst freue ich mich, daß es nicht mehr so kalt ist, doch dann merke ich, daß das Leder sich immer mehr zusammenzieht, bis ich fast keine Luft mehr bekomme. Ich weiß, daß ich nicht schreien darf, weil dann auch noch die letzte Luft aus meinen Lungen entweicht. Nach langer Zeit, als ich kaum noch atmen kann, kommen sie zurück. Eine von ihnen hat ein scharfes Messer dabei. Damit schneidet sie die Lederhaut auf mir entzwei. Die scharfe Klinge berührt meine Haut, aber verletzt mich nicht.

Nachdem ich aus dem engen Kokon befreit bin, gehen wir aus der Höhle hinaus ins Sonnenlicht. Dort wartet auf mich ein großes Stück gekochtes Fleisch. Wir essen gemeinsam. Ich habe Hunger. Dann bekomme ich von ihnen ein Schamaninnenkleid aus Leder. Wir tanzen um das Feuer. Im Rauch sehe ich Naturgeister und Dämonen. Die Schamaninnen sagen, ich solle mit den Geistern tanzen, dann könnte ich mit ihnen reden. Da schlägt auch schon die Trommel – vier Mal – und ich muß schnell zurück. Die Schamaninnen werfen mir noch ein Päckchen zu.

Als ich von der Trancereise zurückkomme, habe ich zunächst einen unbändigen Hunger auf Fleisch. Wir fahren in ein Restaurant, und ich vertilge ein großes Steak, ohne jede Beilage. Ich spüre, daß das Fleisch dazu da ist, mich zu erden. Um mit den Geistern zu tanzen, muß man gut geerdet sein. In den nächsten Tagen grüble ich oft über die Reise nach, und ich komme zu dem Schluß, daß ich die Aufgabe habe, die Botschaften der Schamaninnen weiterzugeben, aber ich soll noch warten, wie ein Schmetterling, der in seinem Kokon auf die Verwandlung wartet. Ich soll mit dem Buch Geduld haben. Keine leichte Übung für mich, da mir der Hilfeschrei der Erde immer noch in den Ohren gellt.

Das spirituelle Mißverständnis

Vielen Menschen ist gar nicht bewußt, wie sehr das
spirituelle Leben der westlichen Welt und besonders
der westlichen Frauen durch die gewaltsame Unterdrückung
der Großen Göttin verarmt ist.

Barbara G. Walker

Wohin entwickelt sich ein spiritueller Mensch? Nach allgemein gängiger Vorstellung Richtung Paradies. Wo ist das Paradies? Irgendwo im Himmel, auf jeden Fall nicht auf der Erde. Der Körper der Erde wird gemeinhin nicht als Ziel der spirituellen Entwicklung angesehen, eher zielen die meisten Bestrebungen spirituell suchender Menschen darauf ab, sich von irdischen »Zwängen« zu befreien.

Jedes Volk hat eine eigene Seele, die es als erkennbare Eigenschaft verbindet. Die Deutschen haben eine andere Volksseele als die Franzosen und diese wiederum eine andere als die Italiener, obwohl räumlich gesehen diese drei Völker Nachbarn sind. Die Menschen inkarnieren nicht nur in eine bestimmte Familie mit einer bestimmten Mutter und einem bestimmten Vater, sondern sie inkarnieren auch in eine bestimmte Volksgemeinschaft, die im gewissen Sinn auch eine Wesenheit darstellt.

Auf der Herzensebene sind sich alle Menschen gleich. Auf dieser Ebene ist es daher immer möglich, mit Menschen aus sehr unterschiedlichen Kulturkreisen Kontakt aufzunehmen. Alle Volksseelen der Erde haben in den vergangenen 5000 Jahren im Feld des aufstrebenden Patriarchats gelebt und bis auf wenige Ausnahmen die Dominanz des Männlichen über das Weibliche übernommen. Selbst in modernen Schriften von Maya-Schamanen lese ich: *Es gibt nur einen Gott, nur einen Gott allein, der anzuerkennen und zu verehren ist. Es gibt nur einen Sternenmacher und Sternenherrn, den Herrn aller Universen, und das ist Gott. (aus: Die 260 Postulate der Dynamiken der Zeit und die Evolution der Zeit als Bewußtsein von Josè Argüelles, Ph. D., PAN Germany)*

Selbst im indischen Glaubenssystem, das mit der Göttin Shakti eigentlich die urweibliche Schöpfungskraft hoch verehrt, hat sich die Bedeutung hin zum Männlichen verschoben. Überall findet man Darstellungen des mächtigen Shiva, der von einer devoten Frauengestalt begleitet wird, seiner Gemahlin. Darstellungen der Shakti sind weitaus seltener geworden, so wie auch die Sinnenfreude beschwert wurde, so daß man alte indische Tempeldarstellungen wie auf dem unteren Foto

nur bestaunen kann. Im heutigen Indien leben die meisten Frauen unter männlicher Kontrolle.

Ich glaube, wir im Westen kranken bis heute an unserer christlichen Religion, die von verknöcherten Männern mir sauertöpfischem Gesicht in die Zwangsjacke der Lebensfeindlichkeit gesteckt wurde. Wenn man sich sündhaftes Treiben vorstellte, bestand es immer aus Wein, Weib und Gesang. Musik war nur noch zum Lobpreis Gottes gestattet. Frauen wurde das Singen, besonders in der Kirche, ganz verboten. (»Das Weib schweige in der Gemeinde« verkündet Apostel Paulus in der Bibel)

Diese Haltung illustriert sehr gut Jan I. Sattler mit seinem Kupferstich aus dem Jahre 1581, den er nach einem Gemälde von Dirck Barendsz anfertigte. Im Zentrum des Bildes sieht man eine schöne junge nackte Frau, die aus einem Buch vorliest oder vorsingt. Mit der rechten Hand scheint sie immer die Seiten umzublättern und mit der Linken hält sie locker die Hand ihres Gefährten, dessen Arm auf ihrer Schulter ruht. Zwei andere Frauen begleiten sie bei ihrem Vortrag mit Saiteninstrumenten, ein Mann bläst das Muschelhorn. Die Menschen wirken gelöst, haben kraftvolle, gesunde Körper und strahlen eine hohe Vitalität aus. Ihre Haltung ist selbstsicher und in sich ruhend. Es sind dreizehn Personen, wie beim letzten Abendmahl. Doch hier steht eindeutig die Freude im Vordergrund. Die Selbstverständlichkeit, mit der die Männer und Frauen die Fülle genießen und mit der sie

sich in sinnlichen Umarmungen halten, zeigt, daß sie diese Art von Festen häufiger feiern. Wie es wohl wäre, zwischen ihnen zu sitzen? Mit welchem Gefühl würden Sie sich an diese Tafel setzen?

Das, was eigentlich wie ein schönes Fest aussieht, war zur Abschreckung gedacht. Gezeigt werden die *Gottlosen vor der Sintflut*. Der lateinische Text dazu heißt übersetzt: *...damals vertrieben sich die Menschen ihre Zeit mit schändlichem Wohlleben, überall und immerwährend die Zügel der Freveltaten lockernd und helle Freude erntend bei wohlbestellten Tischen.* Läßt man die Wörter »schändlich« und »Freveltaten« weg, so bleibt übrig: ... *damals vertrieben sich die Menschen ihre Zeit mit Wohlleben, überall und immerwährend die Zügel lockernd und helle Freude erntend bei wohlbestellten Tischen.* Wie wunderbar! Eine genaue Beschreibung des Goldenen Zeitalters, die pure Fülle, gelebt in Freiheit, Frieden und Freude – vor allen Dingen auch Frieden und Freude zwischen den Geschlechtern, nirgendwo sieht man auf dem Bild eine Waffe.

Welche Ordnung darauf zu folgen hatte, zeigte der selbe Künstler im folgendem Kupferstich aus dem Jahre 1588, nach einem Gemälde von Joos van Winghe. Es handelt sich um die *Anbetung des Lammes Gottes*.

Man sieht Gott Vater auf einem Thron, umgeben von harfespielenden gekrönten Ältesten, über ihnen Cherubinköpfe und unter ihnen kniende Märtyrer. Die einzige Frauenfigur schwebt mit dicken Brüsten über allem. Sie trägt ein Kreuz auf der Schulter und einen lateinischen Sinnspruch in den Händen: *Timete Deum et date illi honorem (Offenb. 14,7): Fürchte Gott und zeige ihm Ehrerbietung.* Bis auf diese Frau eine reine Männerveranstaltung, so weit das Auge blickt. Die Märtyrer knien

auf kargem Steinboden. Nirgendwo eine Blume oder auch nur eine Andeutung von Schönheit, selbst die Palmwedel sehen in ihren Händen aus wie Schwerter. Die Männer wirken zum Äußersten bereit. Von ihnen selbst geht kein Strahlen aus, alles Licht empfangen sie nur von oben, auf der Erde selbst gibt es nur Dunkelheit. Es scheint, als wäre das Patriarchat wie eine Sintflut hereingebrochen und habe alles Zarte und Schöne verwüstet, vertrocknet, im Keim erstickt.

Diese beiden Bilder kämpfen bis heute in den Köpfen vieler Menschen miteinander. Wir knien auf der harten Erde und wollen alles richtig machen, sind wild entschlossen mit äußerster Disziplin zu ihm zu gelangen, vergessen dabei die Schönheit der Erde und leider auch die Liebe zum Leben. Wie befreiend wäre es für all die armen Männer, wenn plötzlich ein Samba-Zug mit wunderschönen Tänzerinnen in bunten Kostümen und begleitet von feurigen Trommlergruppen sie von den Knien reißen würde und Leben in die Veranstaltung brächte!

Während in der vorpatriarchalen Zeit die Menschen ihr Heil in der innigen Hingabe an das weibliche Prinzip und damit die Schöpfungs- und Wandlungskräfte der Erde suchten, sind wir seit 5000 Jahren auf dem Weg, uns von der Erde zu entfernen. So, wie die Frauen insgesamt als trügerisch und gefährlich angesehen wurden, erging es auch der Natur und ihrer Vitalkraft. Noch bis zum Mittelalter galten Frauen als sexuell triebhafter als Männer. Eine Ansicht, die aus heutiger

Sicht erstaunt, denn nach mehreren Tausend Jahren der Unterdrückung weiblicher Lust gelten jetzt die Männer als sexuell aktiver als die Frauen. Trotzdem gilt auch heute noch die weibliche Lust als suspekt. Die Frauen und die Erde sind den meisten Männern unheimlich, ihnen ist nicht zu trauen. Auch viele Frauen mißtrauen ihrer eigenen Sexualität. In vielen Köpfen herrscht immer noch die Vorstellung von reiner göttlicher Liebe und unreiner körperlicher Liebe.

Liebe = Leben = Sexualität
Sexualität = Leben = Liebe
Leben = Sexualität = Liebe
Sexualität = Liebe = Leben
Leben = Liebe = Sexualität
Liebe = Sexualität = Leben

Wie auch immer wir es drehen und wenden, Liebe, Leben und Sexualität lassen sich nicht trennen. Sie sind Synonyme für die Vitalenergie, wobei die Liebe das oberste Prinzip ist, da sie die einzige Energie ist, die die spirituelle Ebene mit der Erde verbindet. Wenn wir versuchen, die Liebe zu spalten in eine reine spirituelle Liebe und eine unreine sexuelle Liebe, spalten wir damit uns selbst von der Quelle unserer irdischen Kraft ab. Wie viel Leid wurde über die Welt gebracht, weil die Menschen versuchten, Liebe und Sexualität zu trennen.

Elisabeth Haich schreibt in ihrem Buch »Die Einweihung« auf Seite 85: *Diese Nacht war der Wendepunkt meines Lebens. Es wurde mir klar, daß Sexualität der größte Betrug ist. Die Natur verspricht uns etwas Wundervolles, etwas Großartiges, sie verspricht uns das höchste Glück, die Erfüllung selbst, sie nimmt uns selber die Kraft dazu... Wir verlieren eine Menge Kraft, und der Mensch fühlt sich nachher wie ein Bettler. Das lateinische Sprichwort sagt auch, daß nach einer körperlichen Vereinigung Tiere und Menschen traurig sind... Was hat man nach den größten sexuellen Freuden am anderen Morgen? Nichts, höchstens Müdigkeit! Und soll sich das immer wiederholen?... Vorher war wenigstens eine Kraft da – die Anziehungskraft, die die einander Suchenden verband. Nachher ist diese Kraft befriedigt, eine Leere ist entstanden, und jeder bleibt allein zurück – für sich – verzweifelt allein, ewig allein... Aber wenn ich das nicht suchte, wenn mich die Sexualität betrogen hat, so mache ich nicht mehr mit! Ich lasse mich nicht mehr betrügen! Die Sexualität kann nur den Körper befriedigen, nie aber die Seele, das Ich! Ich sehnte mich nach der Einheit, die ich in meinem Ich erlebte; diesen Wunsch konnte keine sexuelle Befriedigung erfüllen! Was nun? Ich will, ich muß das Glück finden! ... Ich kann nicht stehenbleiben, ich muß weitergehen. Aber wohin? Wenn das Glück im Jenseits ist, so gehe ich ihm nach ins Jenseits! Und so ging ich, das Glück zu suchen, die Erfüllung zu suchen, dort, wo ich sie zu finden ahnte, im Jenseits...* Mit wehenden Fahnen flüchtet die enttäuschte Elisabeth Haich vor der betrügerischen Natur und ihrer ermüdenden Sexualität.

Was ist mit dieser Frau passiert, daß sie diesen großen Teil ihrer Weiblichkeit abspalten mußte? Ihr Mißtrauen der Sexualität gegenüber stammt aus einer Inkarnation in Ägypten, in der sie kurz vor der spirituellen Einweihung in einem sexuellen Abenteuer ihr energetisches Zentrum verlor. Laut ihrer Schilderung lebte sie in ihrem damaligen Leben als Tochter des Pharaos alleine unter Männern. Ihre einzige weibliche Bezugsperson war eine Dienerin, der sie mit liebevoller Überheblichkeit begegnet. Sie erhält zwar eine Ausbildung in magischen Fähigkeiten, aber sie wird nicht in ihre weibliche Kraft geführt. Die Männerwelt, in der sie aufwächst, bezeichnet sich selbst als die »Gottessöhne«, die dem normalen Volk weit überlegen sind – eine überdeutlich hierarchische Struktur. Als Tochter und spätere Ehefrau des Vaters genießt sie zwar repräsentative Macht, aber keinerlei Wissen über die besondere weibliche Kraft ihres Körpers, die äußerst wichtige weibliche Magie wird ausgespart, ja, findet im gesamten Text nicht einmal eine Erwähnung.

Ohne dieses Wissen um die eigentliche weibliche Kraft sind aber Frauen extrem gefährdet, und auch Elisabeth Haich landet in der Falle der männlichen Inbesitznahme und Aufopferung, ohne sich schützen zu können. Sie erleidet nach der Vereinigung mit einem hochstehenden römischen Soldaten einen qualvollen energetischen Tod – sie verbrennt innerlich. Warum hat ihr angeblich so allwissender Vater sie nicht auf die Begegnung mit dem Männlichen vorbereitet oder zumindest dafür gesorgt, daß eine wissende Frau sich seiner Tochter annahm? – Weil im Ägypten der damaligen Zeit schon der patriarchale Geist so stark geworden war, daß die Pharaonen und Tempelpriester ihr spirituelles Wissen zum Machtausbau benutzten.

Die weibliche Macht wurde als Konkurrenz gesehen und bekämpft oder negiert, selbst wenn es das Leben der eigenen Tochter kostete. Äußere Erscheinungsformen der alten matriarchalen Struktur blieben erhalten, so konnte der Pharao nach dem Tod seiner Frau nur Pharao bleiben, wenn er seine Tochter heiratete, denn nur sie erbte den Pharaonenthron von ihrer Mutter, und Herrscher konnte nur sein, wer die rechtmäßige Thronerbin heiratete.

Nach dem Tod ihrer Mutter war sie augenscheinlich viel allein. Ihr Vater kümmerte sich kaum um sie. *Vater sah ich in meiner Kindheit nur selten. Er war und ist der »Große Herr« im Lande. Denn er kam mit der Pflicht auf die Erde, die Menschen in ihrem irdischen Leben zu führen und zu regieren... Er war von dieser Aufgabe so stark beansprucht, daß ihm sehr wenig Zeit blieb, sich auch noch mit mir abzugeben. Er kam täglich auf einige Augenblicke in den Garten, wo ich mit den Kindern der adeligen Familie spielte, um mich zu besuchen, oder er ließ mich in sein Gemach führen. Diese Begegnungen spielten sich meistens so ab, daß, als ich noch klein war, er mich auf seine Arme hob oder eine Weile neben mir auf dem Boden kauerte, dann schaute er mich mit unendlicher Liebe an, segnete mich und ging wieder weg.*

Sie tat alles, um von ihm wahrgenommen zu werden, um sich seiner Liebe würdig zu erweisen. Sie schildert ihn als unerreichbares zeitgleiches Wesen. Welch grausames fernes Erscheinungsbild eines Vaters! Das wird besser verständlich, wenn man bedenkt, daß in der Spätphase des ägyptischen Reiches das wunderbare spirituelle Wissen der Ägypter begann, in die schwarze Magie abzugleiten. Im morphogenetischen Feld der patriarchalen Zeit benutzten die Priester und Pharaonen ihr Wissen immer mehr dazu, ihre Untertanen zu beeindrucken und sie von ihren überragenden Fähigkeiten zu überzeugen. Sie spielten die Rolle der Gottessöhne, um ihre Macht auf der Erde zu festigen. Heilige Rituale verkamen zur Zaubershows, in denen sich die Priester in Szene setzten. Sie arbeiteten mit Lichteffekten und ihrem Wissen um astrologische Zusammenhänge, um Wunder zu vollbringen. Sie sahen sich selbst als die überlegene Rasse an. Die Macht lag bei den männlichen Gottessöhnen, das weibliche Prinzip wurde in den Hintergrund gedrängt.

Elisabeth Haich lebte anscheinend in dieser Übergangsphase von der matriarchalen zur patriarchalen Welt. Sie wird auf ihre Rolle als Pharaonengattin vorbereitet, aber kein einziges Wort wird darauf verwendet, was es bedeutet, eine Frau zu sein. Sie liebt ihren Vater leidenschaftlich, aber immer sehnsuchtsvoll-schmerzlich. Sie schwankt zwischen dem Gefühl, mit allem verbunden zu sein, und dem Bewußtsein, eine besondere Macht über ihre Umgebung zu besitzen. Ihr Tod durch Verbrennen erinnert mich an mittelalterliche Scheiterhaufen, eine unbarmherzige Strafe, die im damaligen Ägypten für die junge Adeptin noch dadurch verschärft wird, daß sie 3000 Jahre lebendig eingemauert wird. 3000 Jahre Dunkelheit in einem Sarkophag bei vollem Bewußtsein!

Elisabeth Haich nimmt diese Schuld als gerechte Strafe auf sich. Sie hätte sich nicht sexuell mit dem Mann einlassen sollen, denkt sie. Sie identifiziert sich ganz mit dem patriarchalen Machtsystem, in dem sie aufgewachsen ist. Denke ich als Frau und Mutter über die Strafe für dieses junge Mädchen für seine sexuelle Erfahrung nach, bin ich entsetzt. Kein Wunder, daß sie in ihren späteren Leben keinen Mann mehr in ihren energetischen Kern lassen will, daß sie Sexualität nur noch im Vorraum ihres Körpers als oberflächlichen Spaß erleben will. Nie mehr will sie sich so berühren und gefährden lassen. Noch 2000 Jahre später wirkt dieses Trauma und findet über ihr Buch einen Weg in die Köpfe anderer Frauen.

Später auf Seite 139 schreibt sie: *Es war mir keine Versuchung, war kein Kampf, und es war kein »Sieg« über meine Begierden, denn ich begehrte überhaupt keinen*

Mann. Ich fühlte mich seit dieser Nacht, wo ich den Betrug der Körperliebe klar erkannt hatte, nicht mehr als Weib. Ich wurde in dieser Nacht ein Mensch, ein Ich, und das Ich wünscht keine Sexualität! Und wenn sich der Mensch dieser Wahrheit bewußt wird, folgt der Körper!

Wohin soll der Körper folgen? Er kann nicht folgen, er kann nur verzichten. Verzicht wird zur großen spirituellen Tugend, ist um so besser, je weniger wir ihn noch als Verzicht empfinden. Sie wurde zu einer bekannten Yoga-Lehrerin. Sie lehrte ein sehr verbreitetes System des Yoga, das der Beherrschung des Körpers dient. Auch im Yoga-System hat das Be-Herrschen gewonnen über das Sich-Öffnen und Verströmen.

Daher hat zum Beispiel in den siebziger Jahren Adelheid Ohlig das System des Luna-Yoga entwickelt, das der weichen Sinnenfreude der Frauen viel eher gerecht wird und in dem es um die Wiedergewinnung der weiblichen Kraft geht. Die Sinnlichkeit abwertende Zitate könnte ich aus fast allen spirituellen Gemeinschaften dieser Erde sammeln. Die sinnliche Liebe, die Vitalkraft der Erde, die Sexualität der Frau gilt als Hindernis zur vollen spirituellen Entwicklung. Zum Beispiel schreibt der angesehene spirituelle Lehrer Raphael: *Denke nicht, daß die Liebe das ist, was sich auf sinnlicher oder instinktiver Ebene äußert. Diese Schwingungen sind, vor allem, wenn sie sich selbst überlassen werden, stumpf und mißtönend. Noch nie konnten sie befriedigen… Die Liebe keimt nicht in solchem Boden, sie kann nur in einer Umgebung entstehen, die gesäubert, gereinigt, rektifiziert und erhöht worden ist. … In der Liebe schwingen zwei Seelen in Freiheit. Im sinnlichen Begehren findet eine gefangennehmende Befriedigung psychophysischer Bedürfnisse statt. Die sinnliche Liebe ist Nostalgie nach dem verlorenen Paradies…. Wenn du nicht sonnengleich bist, überwältigt dich der Drache.* (Raphael, *Der dreifache Feuerweg*, Kamphausen)

Die bewußte Abspaltung des Lebendigen, der Sexualität und damit verbunden die Abwertung des Weiblichen findet noch extremere Züge im religiösen Fanatismus. Im Testament des Terrorpiloten Muhamed Atta heißt es: *Weder schwangere Frauen noch unreine Personen sollen von mir Abschied nehmen – das lehne ich ab. Frauen sollen nicht für meinen Tod Abbitte leisten… Frauen sollen weder bei der Beerdigung zugegen sein noch irgendwann später sich an meinem Grab einfinden. Derjenige, der meinen Körper rund um meine Genitalien wäscht, sollte Handschuhe tragen, damit ich dort nicht berührt werde.* (*Der Spiegel* 40/2001, S.32 - 33)

Die Angst vor der Frau – besonders der emanzipierten und sexuell aktiven Frau – ist auch ein in der islamischen Welt weit verbreitetes Phänomen. Körperfeindlichkeit, Reinheitsideale, das Streben nach vollständiger Vergeistigung, die Entwertung der realen Existenz, die höherwertige Idee vom Jenseits, der Wunsch, das eigene Leben vollständig einer illusionären Idee zu weihen und schließlich sogar zu opfern, bilden ein Syndrom, das allen Fanatismen aller Couleur eigen ist. Die immanente Todessehnsucht fordert ihren Tribut. Das Leben verliert seinen Wert, es wird bereitwillig »höheren« Idealen geopfert. Die Männer sehen sich als Gotteskrieger, in gleichsam göttlicher Mission. In allen fanatischen Systemen, die das Leben abwerten, werden auch Frauen als minderwertige Wesen angesehen, ihre Söhne als Opfer dargebracht.

Patriarchal aufgewachsene Frauen sind in ihren Primärimpulsen so verunsichert, daß sie glauben, eine gute Frau zu sein, wenn sie die Trauer über den Tod ihres gefallenen Sohnes unterdrücken und statt dessen Stolz über seinen Märtyrertod empfinden. Wenn das menschliche Leben und die Liebe nicht mehr heilig sind, dann ist auf Erden nichts mehr heilig. Trotzdem bleibt eine Wahrheit gültig: ***An der Erde vorbei führt kein Weg ins Himmelreich.*** Zunächst müssen wir unsere Verbindung zur Erde heilen, uns mit ihr ganz in Liebe verbinden, das wunderbare Geschenk unserer Körper achten und der göttlichen Schönheit des Lebens huldigen und sie schützen. Erst dann können wir frohgemut die Dreidimensionalität verlassen.

Der Tod

Ich stehe im Steinkreis und beobachte den Sonnenaufgang. Ich bin bedrückt. Heute muß ich ein besonders trauriges Ritual vollziehen. Eine Mutter und ihr Kind sind gestorben. Das ist ein großer Verlust für unser Volk. Ich habe sie gerne gemocht und ich spüre, wie mein Herz wehtut, wenn ich an den Verlust denke. Das kleine Kind habe ich auch schon mehrmals in den Armen gehalten.

Ich darf als Priesterin während des Rituals keine persönlichen Empfindungen haben, aber jetzt ist es mir noch gestattet, und so lasse ich die Tränen der Trauer in mir aufsteigen. Es ist noch genügend Zeit, und daher beschließe ich, zu meinem Lieblingsplatz bei der Quelle im Wald zu gehen und mich dort von ihnen zu verabschieden und wieder zu sammeln. Ich verlasse mit der vorgeschriebenen Verbeugung im Süden den Steinkreis und betrete den heiligen Hain, der im Norden dicht an den Steinkreis reicht.

Hier ist es noch kühl. Es ist noch ganz früh im Jahr. Die allerersten Frühlingszeichen sind schon da: Das Licht wird heller und die ersten Pflanzen machen sich schon bereit, wieder ins Leben zu pulsen. Die Bäume haben noch keine Blätter, und so kann das wärmende Sonnenlicht bis auf den Waldboden fallen. Ich halte mein Gesicht der Sonne hin und grüße sie. Nur noch wenige Schritte, und ich bin an der Quelle. Wir suchen für unsere Steinkreise meistens die Nähe einer Quelle, denn sie steht für die weibliche Schöpfungskraft, aus der alles Leben entspringt. Außerdem brauche ich für viele Rituale frisches Quellwasser.

Zu einem Steinkreis gehört auch immer ein heiliger Hain. So wie wir im Steinkreis den Kosmos beobachten, steht der heilige Hain für die heilige Ordnung der Erde. Hat jemand gegen eine Regel verstoßen, so besprechen wir das unter einem großen alten Baum, der die Weisheit der Erde repräsentiert.

Wir sehen die Erde als genauso weise wie den Kosmos an, und unser ganzes Bestreben besteht darin, uns auf diese Weisheit einzuschwingen, eins zu werden mit der Weisheit des Kosmos und der Erde. Der Tod ist eine guter Anlaß, sich immer wieder darin zu üben.

Ich setze mich an den Rand der Quelle. Das Wasser plätschert aus einer kleinen Höhle am Fuß des Hügels. Es ergießt sich in einen Bach, der sich in viele Arme verzweigt und gen Osten in einem Waldsee mündet. Das Wasser glitzert schäumend in der Sonne. Das wohltuende Rauschen beruhigt meine aufgewühlten Gefühle. Ich erinnere mich daran, wie oft ich hier als kleines Mädchen mit meiner Ausbilderin gesessen habe. Immer wieder mußte ich sie zur Quelle begleiten, was ich allerdings viel lieber tat, als in den dunklen Grabtempel zu gehen.

Hier im Wald zwitscherten die Vögel, war es hell und freundlich, und die Sonne schickte wunderschöne Schattenspiele auf den Waldboden. Es roch immer frisch und würzig, und ich genoß den leichten Wind auf meiner Haut.

An der Quelle erklärte mir meine Lehrerin das Prinzip des Lebens. Immer wieder sollte ich mir den Fluß des Wassers anschauen und mich in seine Bewegungen versenken. Ich erkannte Spiralen, Wellen und Zickzacklinien, aber keine einzige gerade Linie. Alles war in ständiger Bewegung. Das Wasser mußte immer fließen, weil es sonst seine kristallene Klarheit verlor. Die Betrachtung des Wassers lehrte mich, daß Leben Veränderung bedeutet. Wenn ich das Leben bejahe, muß ich auch Veränderung bejahen. Je mehr ich mich in diesen Lebensstrom hineinbegebe, um so mehr befinde ich mich mit ihm im Fluß, um so leichter werde ich getragen und um so weniger muß ich mich anstrengen. Versuche ich hingegen, mich irgendwo am Rand festzuhalten, kostet es mich übermenschliche Kraft. Ich halte das nur eine bestimmte Zeitlang aus. Irgendwann muß ich entkräftet loslassen. Wenn ich zu spät loslasse, habe ich keine Kraft mehr, mich über Wasser zu halten, und ich versinke in den Strudeln. Andererseits kann ich mich mit völliger Leichtigkeit im Wasser des Lebens bewegen, wenn ich seinen Bewegungen folge. Mit einer kleinen Gewichtsverlagerung kann ich sogar von einem Ufer zum anderen wechseln oder im Kehrwasser kurz gegen den Strom schwimmen und mich in seichten Gewässern ausruhen. Doch niemals darf ich versuchen, den Fluß des Lebens aufzuhalten.

Sie lehrte mich, die Trauer über einen Verlust mit dem Wasser fortschwimmen zu lassen und dann meinen Blick wieder zu dem größeren Ganzen zu heben. Das Wasser, die Bäume, die Vögel, der Wind, die Sonne und die Liebe, das Leben an sich waren immer noch da. Meine Trauer wurde mit dem Rauschen des Baches fortgetragen. Ich verstand das Wesen der Veränderung. Je weniger ich versuche, festzuhalten, um so mehr gebe ich mich in den Fluß des Lebens. Selbst ich verwandle mich ständig, bin schon im nächsten Moment eine andere. Nichts ist endgültig.

Selbst der Tod ist nur ein Übergang und führt wieder zu neuem Leben. Wir werden niemals wirklich verlassen, denn alles ist miteinander verbunden durch den ewigen Strom der Liebe, aus dem wir immer wieder neu geboren werden. Unsere Sehnsucht läßt uns immer wieder zusammenfinden.

Nichts, was sich liebt, wird von einander getrennt. Liebende finden immer wieder zueinander. Alles umschlingt sich in einem unendlichen Kreislauf, durch alle Zeitalter hindurch. Wir sind in diesem Strom des Lebens und des Todes sicher und geborgen. Wenn wir uns diesem Fließen anvertrauen, werden wir sicher getragen. Jede Veränderung ist dann nur eine Welle oder Wendung im Fluß unseres Lebens.

Meine Lehrerin erklärte mir auch die Bedeutung der Rituale. Für die Menschen sei die Bewegung des Lebens oft unüberschaubar, aber mit den immer gleichen Ritualen im Kreis der Steine würde ich ihnen einen Anker bieten, an dem sie sich festhalten könnten. Die Rituale würden immer wieder ihren Blick auf das große Ganze lenken, auf die Verbindung mit all dem, was ist. So könnten sie die wunderbare Schönheit des Lebens in seiner ständigen Wandlung erkennen.

Plötzlich verstand ich, warum ich jahrein jahraus immer genau die gleichen Handlungen zu bestimmten Zeitpunkten im Sonnenkreis vollziehen mußte. Ich bildete damit kosmische Zusammenhänge ab. Die Menschen, die die Rituale mit mir feierten, feierten gleichsam die ständige Schöpfung des Lebens in Harmonie mit dem Kosmos. Ohne diese Rituale würden sie die Anbindung verlieren und im Strudel des Lebens versinken. Ich war ihr spirituelles Zentrum. Nach mir würden die Menschen schauen, wenn sie im Wasser die Orientierung verloren. Ich mußte sicher im Fluß des Lebens schwimmen, damit sie durch mein Vorbild ermutigt würden.

Ich erkannte meine große Verantwortung dort an dieser kleinen Quelle im Wald. Von da an bemühte ich mich noch ernsthafter, mir jede Botschaft meiner Ausbilderin genau zu merken. Es gab so viel, was ich mir merken mußte. Immer wieder sang sie mir die gleichen Botschaften vor, Strophe um Strophe, Lied um Lied. Sie sang von der Harmonie auf der anderen Ebene, von der unendlichen Liebe, die uns umgibt, vom Prinzip der Schöpfung, aber auch von Zutaten für Ritualtränke, Räucherungen zu verschiedenen Anlässen, unterschiedlichen Einweihungswegen und Abbildungen des Kosmos im Ritual. Das Singen machte mir Freude, aber die Menge der Botschaften war eine große Herausforderung für mein Gedächtnis. Ein bißchen halfen mir auch die Symbole an den Steinen des Steinkreises, mich zu erinnern. Vor allen Dingen zeigten sie mir den richtigen Zeitpunkt für die Rituale.

Heute gilt es also, ein Todesritual zu vollziehen. Der Sonnenstand zeigt mir, daß es Zeit ist zu gehen. Ich erhebe mich von meinem Platz an der Quelle und mache mich auf den Rückweg zum Steinkreis. Dort wird zum höchsten Sonnenstand die Prozession zu unserem Totenplatz beginnen.

Als ich ankomme, haben sich schon die ersten Menschen versammelt. Ich war lange an der Quelle gewesen. Ich entfache die Räucherung und stelle mich selbst zuerst in den würzigen Rauch des Salbei. Der vertraute Geruch erfüllt mich mit einem Gefühl von Stärke und Überblick. Ich schaue von dem Steinkreis aus Richtung Meer und dann nach links unten Richtung Dorf. Über den Weg sehe ich die Menschen kommen. Sie tragen die Toten in helle Tücher gewickelt auf den Armen. Ich nehme meine Rahmentrommel auf und halte auch sie in den Rauch. Während der Prozession werde ich sie mit einem Knochen schlagen, so wie meine Ausbilderin es mich gelehrt hatte.

Der Zug der Menschen kommt am Steinkreis an. Ich gebe ihnen ein Zeichen, daß sie die Toten auf den Altarstein legen können. Ich fächere Salbeirauch um die toten Körper. Mit geschlossenen Augen stimme ich das Totenlied an. Ich singe von der Trauer der Menschen um den Verlust ihrer Liebsten, ich singe von schweren Herzen und von Tränen. Doch dann schwingt meine Stimme sich auf zur anderen Seite, dort wo alle Seelen heil sind, wo alles zusammenklingt in wunderbarer Harmonie. Dort wo alles in Liebe verbunden ist und Leichtigkeit und Weite die Wesen umfängt.

Ich singe so lange, bis ich spüre, daß die Herzen der Menschen um mich herum leichter geworden sind. Ich öffne die Augen und kann sehen, daß mein Gesang gewirkt hat. Die Tränen sind versiegt. Jetzt werden die Toten aufgehoben und in einer Prozession zum Totenplatz getragen. Ich gehe mit meiner großen Rahmentrommel vorneweg. Die Trommel hatte auf der Rückseite ein Kreuz, damit ich sie beim Gehen gut halten kann. Laut hallen die Trommelschläge über die Hochebene.

Als wir am Totenplatz ankommen, ist die Sonne an ihrem höchsten Stand. Wir legen die Toten auf drei hohe Felsblöcke, die zu diesem Zweck vor langer Zeit hier aufgerichtet wurden. Wir übergeben die Toten der Sonne und dem Wind und den Vögeln als Futter und geben sie damit bewußt in den Fluß der Veränderung. Sie werden vom Leben wieder aufgenommen, und sie können erneuert in anderen Körpern wiederkommen.

Wir haben keine Angst vor dem Tod, sondern sehen ihn eher als willkommene Gelegenheit, in einen neuen Körper zu wechseln. Schon bald werden auf den Felsen nur noch strahlend weiße Knochen liegen. Von den Vögeln sauber abgepickt, von der Sonne gebleicht und vom Wind getrocknet. Diese Knochen werden wir dann einsammeln und in einem Grab zurück an die Erde geben.

Wir verlassen den Totenplatz wieder Richtung Steinkreis. Die Stimmung ist fröhlich, die Menschen haben leuchtende Augen. Wir haben den Kreis fast ganz geschlossen. In der nächsten Zeit werden die Männer und Frauen oft beieinander liegen, um den Seelen die Wiederkunft in einem Körper zu ermöglichen.

Das goldene Zeitalter

Ich bin die Seele, die Schöpfung der Urwasser…
Mein Nest ward nie gesehen, mein Ei ward nie gebrochen.
Aus dem ägyptischen Totenbuch

Der Kult der Großen Mutter war einst eine Weltreligion. Während des Jahrtausends, das der schriftlich überlieferten Geschichte vorausgegangen ist, und in den Jahrhunderten der Frühgeschichte war er von Nordindien bis zum Mittelmeer verbreitet und hatte sich überall die gleichen Symbole geschaffen. So schreibt es Gert von Natzmer 1955 in seinem Werk »Die Kulturen der Vorzeit«. Er beschreibt das vielbesungene Goldene Zeitalter als genau diese Epoche der Menschheitsgeschichte, als die Menschen die Große Mutter anbeteten und friedlich miteinander lebten. Er zitiert aus anderen wissenschaftlichen Standardwerken der damaligen Zeit und zeigt auf, daß der Kult der Großen Mutter auf der ganzen Erde stattgefunden hat: Europa, Afrika, Australien, Amerika. Er beschreibt die Wanderungsbewegungen der Völker und deckt verblüffende Übereinstimmungen im Symbolgehalt und im Kult über Tausende von Kilometern, von Zentralasien bis nach Südamerika auf.

Die Erzählung der Bibel vom verlorenen Paradies ist nur eine Abwandlung dieses Mythos, der in geschichtlicher Zeit vom Mittelmeer bis nach Indien und darüber hinaus verbreitet war. Dieser Mythos berichtet von einem versunkenen Goldenen Zeitalter einstiger Vollkommenheit und glücklicher Unschuld. Alles, was nach ihm kam, erschien als unaufhaltsamer Abstieg, die Geschichte der Menschheit war also ein Weg, der immer tiefer hinab ins Dunkle führte.

Könnten die Erzählungen vom Goldenen Zeitalter auf Tatsachen beruhen? Könnte es sein, daß die Entwicklungsgeschichte des Menschen nicht nur von Fortschritten, sondern auch von herben Verlusten kündet? Noch dem griechisch-römischen Altertum war diese Vorstellung vertraut. Durch Hesiod (um 800 v. Chr.), den Sänger der griechischen Frühzeit, wurde die Legende vom Goldenen Zeitalter in eine große Dichtung vom Schicksal der Welt gefaßt. Aus der Hand der Götter war ein Menschengeschlecht hervorgegangen, das in seliger Harmonie die Erde bewohnte. Diesem Weltenmorgen folgten drei Zeitalter, im Einklang mit dem sich mindernden Wert der Metalle das silberne, das erzene und das eiserne genannt. Mit ihrem Absinken sinkt auch die Menschheit von Stufe zu Stufe.

Erst das eiserne Zeitalter ist die Weltenstunde des geschichtlichen Menschen. Von dieser Endzeit sagt Hesiod: Ein jeder werde gegen den anderen aufstehen, die

Kinder gegen die Eltern und der Bruder gegen den Bruder, die Männer gegen die Frauen; zuletzt werde sich in einem Kampf aller gegen alle das Schicksal erfüllen.

Ähnliche Gedanken kehren im Weltmythos der Iraner wieder. In einer babylonischen Vision vom Ende aller Dinge heißt es: Verwirrung wird über die Völker kommen, und man wird keine Gebete mehr hören; die Menschen werden sich verschlingen und ihre Kinder verkaufen, der Mann wird seine Frau verlassen und die Frau ihren Mann; Sonne und Mond werden dann nicht mehr scheinen. Auch der indische Mythos kennt die Legende von den vier Weltaltern. Sie werden dort nach den vier Würfen des indischen Würfelspiels benannt. Das Goldene Zeitalter des Anfangs entspricht dem Wurf der 4: Alles Dasein ist noch frag-los sicher in sich gegründet. Das folgende Weltalter, dem Wurf der 3 gleichgesetzt, ruht nicht mehr völlig in sich selbst: Das Gute muß erst erlernt werden, dann aber wird es auch befolgt. Im dritten Weltalter halten sich Gutes und Böses die Waage: Zerstörerische Gewalten branden zwar heran, die Menschen werden von Leidenschaften geblendet, und das unmittelbare Offenbarungswissen geht verloren, aber noch gelingt es, das gefährdete Gleichgewicht wiederherzustellen. Das vierte Weltalter – es entspricht dem Wurf der 1, dem »Verliererwurf« – ist das Äon, in dem auch wir leben. Genauer gesagt: Es begann vor etwa 5 000 Jahren, also zu jener Zeit, mit der die schriftlich überlieferte Geschichte beginnt.

Wahn und Verblendung nehmen nun stetig zu, und das Chaos wächst, bis ein Weltenbrand das große Drama beenden wird. Eine besondere Variante dieses kosmogonischen Mythos wollte wissen, daß wir erst im vorletzten Weltalter leben. Seine Kennzeichen sind das Fehlen jeglicher Erleuchtung und allgemeiner Niedergang. Ihm soll jedoch die eigentliche Endzeit erst folgen. Dann wird der Mensch in Höhlen wohnen und den Gebrauch des Feuers nicht mehr kennen. Nur in der Dämmerung kann er sich ins Freie wagen, da noch ungeahnte Schrecknisse und Gefahren überall auf ihn warten.

Ebenso beginnt die klassische Literatur Alt-Chinas mit Berichten von einem Goldenen Zeitalter legendärer Friedenskaiser, als Mensch und Kosmos noch im Einklang waren. Durch Jahrtausende stand China völlig im Banne und unter der Faszination dieser Überlieferung. Einen Abglanz dieser Harmonie zu bewahren und ihn auch in kommende Zeiten hinüberzuretten, war daher dort das eigentliche Anliegen aller Lebensweisheit und Staatsethik. Die Lehre von den vier Weltaltern bestimmte auch das Dasein der alten Kulturen Mittelamerikas. In seltsamer Übereinstimmung mit dem indischen Mythos nahmen diese Völker an, daß das letzte der vier Weltalter etwa vor 5 000 Jahren begonnen hätte.

Die Azteken – ihr Kult war vielleicht der blutigste aller Zeiten – erzählten von fernen, glücklichen Tagen, als die Götter nur Früchte und duftende Blüten als Opfergaben forderten. Der Maya-Kalender kündet ebenfalls von einer goldenen Vergangenheit der Menschheit. Sogar in den Mythen mancher Naturvölker erscheint die Legende vom Goldenen Zeitalter. Vor allem findet sie sich im Sagenschatz solcher Völker, die man den primitiven Urkulturen zurechnet, zum Beispiel bei Stämmen Australiens und bei Pygmäen der Urwälder. Es gab eine Zeit des Überflusses.

Bisweilen heißt es, daß das Paradies verlorenging, als der Mensch Böses tat. Auch hier lebt die Hoffnung, daß diese glücklichen Zeiten nicht für immer dahin sind.

Die Anthropologen sind bis heute besonders darüber erstaunt, daß gerade die sogenannten »Primitiven« von einem Paradies der Frühzeit erzählen. Man könnte doch annehmen, daß gerade sie noch in paradiesischen Zuständen leben. Aus manchen Gründen neigt man heute dazu, in ihnen nicht Frühformen, sondern abgesunkene Restvölker und Völkersplitter zu sehen, die ihren einstigen Kulturbesitz zum größten Teil verloren haben. Hierfür spricht auch die Tatsache, daß ihre Mythologie oft erstaunlich reich ist. Dann wären diese Stämme ein lebendiges Zeugnis dafür, daß ein Abstieg der Menschheit, an den andere Zeitalter geglaubt hatten, und damit eine Re-Primitivierung zumindest möglich sind, ein Gedanke, der dem Abendland unter der Suggestion des Fortschrittsglaubens völlig fremd wurde.

Im Einklang mit den Mythen vieler anderer Völker erzählte der nordisch-germanische Mythos, nach der Götterdämmerung und dem Untergang der alten Welt werde das Goldene Zeitalter wiederkommen. Die Sumerer erwarteten die Erneuerung der goldenen Frühzeit unter einem Gottkönig, dem »König der vier Weltteile«.

Auch Vergil erwähnt in hymnischen Versen zum Zeitalter des Kaisers Augustus eine große Wende, die das Goldene Zeitalter wiederbringen werde. Offenbar dachte er an einen Einiger aller Völker. Die Kirche des Mittelalters legte seine Prophezeiungen später als messianische Weissagung aus, die auf das baldige Erscheinen Christi hinweisen sollte. Jedenfalls wurde durch Vergil die alte Legende vom Goldenen Zeitalter wieder zum Leben erweckt und zur Nationalsage Roms erhoben. Als ein Fest der Erinnerung an jene glückliche Zeit wurden alljährlich zur Zeit der winterlichen Sonnenwende die Saturnalien gefeiert: so genannt, weil die Sage berichtete, das Goldene Zeitalter habe einst unter der Herrschaft des vorweltlichen Erdgottes Saturn gestanden. Man beschenkte sich in diesen Tagen, den Tagen unseres Weihnachtsfestes, und behandelte die Sklaven, als seien sie freie Bürger. Dies alles geschah in Erinnerung an die Zeit, als noch alle Menschen Brüder und Schwestern waren.

Vielleicht könnte es ja sein, daß all diese Mythen nicht reine Phantasiegebilde der Menschen sind, sondern von einer Zeit künden, die es wirklich einmal gegeben hat. Die vergleichende Mythenforschung ist ein neuer Zweig der Anthropologie. Gerade aus diesem Zweig kamen in den letzten Jahrzehnten sehr wichtige Impulse, die es erlaubten, archäologische Funde in einen größeren Zusammenhang zu stellen und zu deuten. Vor allen Dingen erlaubte dieser interdisziplinäre Ansatz es den Forscherinnen und Forschern ihren eigenen neuzeitlichen Blickwinkel zu verlassen. Wurden zum Beispiel früher Reste von einem großen steinzeitlichen Langhaus gefunden, interpretierten dies die ersten Archäologen als das Haus des Stammesfürsten, weil sie selbst in solchen Kategorien dachten. Erst Vergleiche mit anderen Kulturen zeigten ihnen die Möglichkeit, daß in diesen Häusern auch eine matrilineare Sippe gelebt haben könnte, die ohne patriarchale Hierarchie dort friedlich zusammengelebt hat. Ebenso wurde es plötzlich vorstellbar, daß die Menschen in der vorgeschichtlichen Zeit sehr wohl um die Bedeutung des Mannes beim Zeugungsakt wußten und dennoch das weibliche Prinzip so hoch achteten.

Jahrzehntelang wurden die Archäologen, die von matriarchalen Gesellschaftsformen berichteten, von ihren Kollegen hart bekämpft. Diese Auseinandersetzung hält bis heute an. Eine überwältigende Fülle von Material wurde zusammengetragen, die deutlich zeigt, daß es Gesellschaften mit weiblicher Erbfolge gab, in denen vorwiegend Priesterinnen den Kult gestalteten, der sich wiederum an eine weibliche göttliche Kraft richtete. Die meisten Anzeichen sprechen dafür, daß diese Zeiten sehr friedlich waren.

Die Siedlungen und Städte waren nicht befestigt. Es gab regen kulturellen und wirtschaftlichen Austausch mit den Nachbarn. Handelsbeziehungen wurden über Tausende von Kilometern gepflegt. Die Menschen der Steinzeit waren nicht die rohen Barbaren, als die sie noch heute den Kindern in der Schule präsentiert werden. Auch sie hatten schon einen einheitlichen Kulturraum. Vor 5000 Jahren, also in der Zeit, die wir mit unserer geschichtlichen Zeit gleichsetzen, waren die Völker der Erde schon alt, hatten sie schon eine lange geschichtliche Entwicklung hinter sich. Nur weil wir davon keine schriftlichen Zeugnisse haben, heißt es noch lange nicht, daß da »nichts« war.

Immerhin gibt es Menschen auf der Erde seit geschätzten 600.000 Jahren. Ob sie eine hochstehende Kultur hatten, kann man nicht alleine daran ermessen, welche Werkstoffe sie bearbeiteten. Für uns sind die Zeiten vor 5000 Jahren grob »die Steinzeit«, obwohl es dieses Phänomen in diesem einheitlichen Sinne nie gab. So wie heute noch Völker mit verschiedensten Lebensgestaltungen auf dem Planeten nebeneinander oder aneinander vorbei leben, war es auch schon zu vorgeschichtlichen Zeiten. Die Geschichte der Menschheit spulte sich eben nicht ab, wie eine Perlenkette, sondern war schon immer eher eine spiralige und wellenförmige Bewegung.

Noch heute gibt es auf der Erde Menschen, die im Zeitalter der Steinzeit leben. Sie leben in Hütten oder Zelten, benutzen Steinwerkzeuge, haben Kulte. Andere benutzen Werkstoffe aus Erdöl, leben in klimatisierten Hochhäusern und haben kaum noch kultische Strukturen in ihrem Leben. Würden in zweitausend Jahren Menschen zurückschauen, was würden sie wohl über unser Zeitalter denken?

3000 vor Christus errichteten die Menschen riesige Zeremonialkreise aus Stein, besuchten sich gegenseitig über Entfernungen von Hunderten von Kilometern, trieben Ackerbau und Viehzucht. Die Bewohner der Pfahlbauten an süddeutschen und schweizer Seen zogen zum Beispiel Erbsen, Bohnen, Linsen Möhren, Mohn sowie Flachs, Hanf und einen veredelten Apfel. Als im Orient die Geschichte begann, waren dort bereits Datteln, Feigen, Oliven, der Weinstock und andere Fruchtbäume in Kultur genommen.

Wahrscheinlich lebten bereits im 6. Jahrtausend vor Christus in Persien, dem heutigen Iran, in Mesopotamien, Syrien und Ägypten Bauernvölker, die ihr Wissen über Ackerbau und Viehzucht strahlenförmig verbreiteten. Diese Menschen erwirtschafteten bereits beachtliche Erträge, so daß sie viel freie Zeit für ihre Kulte und für Naturbeobachtungen hatten. Höchstwahrscheinlich hatten sie keine Angst vor dem Tod und auch keine Angst voreinander. Sie lebten in friedlicher Koexistenz, statt in Konkurrenz, denn wenn alles als miteinander verwandt angesehen wird, hat es keinen Sinn, sich von den anderen abgrenzen zu wollen. Die Menschen tauschten über Tausende von Kilometern Handelswaren aus und nahmen die Kenntnis vom Reichtum anderer Völker nicht zum Anlaß, diese zu überfallen, wie es die modernen Menschen bis heute tun.

Die Städte damals waren nicht befestigt. Unsere Wissenschaftler betrachten bis in die heutige Zeit die Welt mit der Annahme, daß es auf der Erde eine Fortentwicklung der Menschen gab, hin zu einem immer besseren Menschen. Es könnte sehr gut sein, daß wir gar nicht die besseren sind, sondern daß es Kulturen gab, die zumindest im Bereich der sozialen Interaktion ohne Gewalt auskamen und ein objektiv sinnerfüllteres Leben führten als die heutigen Menschen. Somit hätten wir auf dem Weg unserer Entwicklung etwas sehr Wichtiges verloren: unser Gefühl, als Mensch gut zu sein.

Aus den Zeugnissen der Kulturen der Frühgeschichte spricht ein deutliches Bild: der Mensch als magisch begabtes Wesen, das durch bestimmte Handlungen einen förderlichen Einfluß auf seine Umgebung ausüben kann – um so förderlicher, je mehr es sich in Harmonie mit dem Kreislauf des Lebens und den kosmischen Gesetzen befindet. Die Menschen schmückten sich mit Perlen und Muscheln, die sie bisweilen über Tausende von Kilometern heranschafften, sie pflasterten die Vorhöfe ihrer Wohnstätten und sie färbten die Felle ihrer Kleidung, die sie zudem zu schönen Mustern zusammennähten. Sie musizierten und tanzten miteinander, gingen auf die Jagd, führten sogar erfolgreiche Schädeloperationen durch und glaubten an die wohltätige Unterstützung der Großen Mutter.

In ihren Ritualen nahmen sie immer wieder direkten Bezug zu den Kreisläufen der Natur und des Kosmos. Sie beobachteten die Natur und die Sterne genau und versuchten, sich mit ihrem Leben in dieses Geschehen immer wieder einzubinden. Jeder, der Musik macht, kennt das Gefühl, wie es ist, wenn man aus dem Rhythmus fällt. Ein sehr unangenehmes Gefühl. Die anderen spielen weiter, aber man selbst liegt daneben. Sofort bemüht man sich, wieder in den Rhythmus einzusteigen, sonst fühlt man sich nicht wohl.

Genauso mag es den mitfühlenden Menschen der Frühzeit ergangen sein. Sie waren das Gegenteil von abgespalten. Sinn ihres ganzen Lebens war ja, die kosmischen Gesetzmäßigkeiten, die sie wahrnahmen, nachzuleben und gegebenenfalls günstig zu beeinflussen. Sie wußten aus Erfahrung, daß ihr Verhalten im Außen direkte Wirkung zeigt. Wenn sie im Sexualritual bewußt wieder Liebesenergie zur Erde zurücksandten, dankten das die Tiere und Pflanzen mit größerer Fruchtbarkeit. Waren sie nachlässig, so zeigte dies auch die Natur. In diesem Sinne war ein »schlechter« Mensch einer, der sich nicht den kosmischen Gesetzmäßigkeiten gemäß verhält.

Daß die Menschen damals sehr viel Energie auf das Abbilden dieser großen Zusammenhänge legten, davon zeugen bis heute zahlreiche Reste in Form von Steinkreisen und Tempelanlagen und Zeichnungen in Höhlen, auf Felsen und in Landschaften.

Unsere Forscher stellen sich oft überheblich lächelnd über diese Funde, als könnte man aus ihnen nicht jetzt schon ganz klar ablesen, daß diese Menschen über ein Wissen verfügten, das wir heute nicht mehr haben. Dabei sprechen die Symbole ganz deutlich zu uns, wir müssen nur aufhören, sie als primitive Krakeleien unwissender Kinder anzusehen, sondern als Botschaften aus einer anderen Zeit, die das Goldene Zeitalter war. Einige dieser Bilder möchte ich jetzt zeigen.

Ich nehme mir die Freiheit so zu tun, als könnte ich von den prähistorischen Menschen etwas lernen. Ich, die ich auf meinen Knien das dünnste Notebook der Welt liegen habe, von hier aus ins Internet gehen kann und, wenn ich will, auf das moderne Wissen der gesamten heutigen Welt zugreifen kann, ich richte meinen Blick in die scheinbare Vergangenheit, die, wie ich mittlerweile gelernt habe, gar nicht vergangen ist, sondern immer noch in uns lebt, weitergegeben in materiellen Zeugnissen Jahrtausende alter Kulturen und weitervererbt in unseren Zellen, wahrscheinlich sogar uns umgebend in einem gemeinsamen morphogenetischen Feld. Fakt ist: Es gab Jahrtausende, in denen die Menschen friedlich und ohne Angst miteinander und mit der sie umgebenden Natur lebten. Die Geschichtsforscherinnen und Forscher bezeichnen sie als die magische Zeit. Die allergrößte Zeit der menschlichen Entwicklung hatten wir ein magisches Bewußtsein. Jene 5000 Jahre, die uns von den Tagen der Frühgeschichte trennen, bedeuten im ganzen der Menschheitsvergangenheit, wenn wir uns den Beginn der Menschheit als eine Strecke von zehn Metern vorstellen, nur fünf Zentimeter.

Diese Zeiträume sind nicht ausgelöscht. Sie leben mit ihrem materiellen wie seelisch-geistigen Erbe bis heute in immer neuen Verwandlungen fort und bestimmen auch unser Dasein. Was die Menschen der Vorzeit errungen haben, wirkt weiter.

In einer Welt magischer Zusammenhänge sind die Schranken von Raum und Zeit aufgehoben, und jedes Ding vermag über die Schranken hinweg auf andere zu wirken. Diesen Einflüssen sucht der Mensch durch eigene Magie zu begegnen: Es ist die Welt des Zauberwesens und Schamanentums, in die wir hier hinübertreten. Riten und Kulthandlungen werden nun zu Beschwörungsgesten, die darauf hinwirken sollen, daß diese Mächte ihm gefügig werden oder im Nichts zergehen.

»Ein magisches Bewußtsein spricht aus vielen Fels- und Höhlenbildnissen der Steinzeit. Bis heute lebte es auch, zwar rudimentär und verkümmert, in entlegenen Randzonen der Erde bei einigen versprengten Jägervölkern fort. Wie der Mensch hier nicht zwischen dem Wild und seinem Abbild an der Wand der Höhle unterscheidet, so verschwimmen auch die Grenzen zwischen Mensch und Tier. Das Tier wird bisweilen zum Schutzgeist und zur Stammesmutter des Menschen, der sich wiederum in Gestalt gewisser Tiere wiederkehren sieht. Dieser magische Mensch ist zu einem individuellen Bewußtsein noch nicht erwacht! Er weiß von keinem Selbst, das sich von allen anderen Dingen abhebt und unterscheidet. Daher hat

auch der Mensch der Eiszeit in Plastiken und Zeichnungen sich nur gesichtslos dargestellt. In anderen Fällen trägt er eine Maske, verkörpert also eine überindividuelle Rolle. Dieser Seelenlage entsprach ein ›Wissen ohne Bewußtsein‹, vielleicht ähnlich, wie es manche Tiere zeigen, deren Instinkt ihr Ziel fast niemals verfehlt,« schreibt von Netzmer.

Ich sehe diese Weltsicht nicht in Randgebiete versprengt. Ich finde sie bei den Indianern Nordamerikas, bei meinem sibirischen Freund Gendos und dem Schamanen der Quechua Indianer Leonardo. Ich finde diese Haltung bei Gläubigen, die Votivtafeln aufhängen, und bei denen, die Wünscherituale vollziehen und bei Fußballfans, die mit magischen Gesängen ihre Mannschaft anfeuern. Wir sind ein magisches Geschlecht, wir haben die Magie von unseren Vorfahren geerbt. Warum sagt uns das keiner? Weil wir uns der weltlichen Macht entziehen, wenn wir unsere eigene magische Macht entfalten?

Im Schweiße deines Angesichts sollst du dein Brot verdienen – nicht mit Magie. Schwer soll dein Leben sein, nicht leicht. Angst sollst du haben und fürchten sollst du dich vor der Zukunft, statt auf deine Kräfte zu vertrauen und sie zum Wohle des Ganzen mit Leichtigkeit einzusetzen.

Ich habe das Goldene Zeitalter kennengelernt, zum Beispiel in Schwitzhüttenzeremonien, beim Heilsingen und anderen Ritualen. Die Menschen fühlen sich verbunden mit allem, was ist, und gehen daher selbstverständlich davon aus, daß alles, was sie tun, auch auf ihre Umwelt wirkt. Sie fühlen sich angenommen mit all ihren Unzulänglichkeiten, sowohl vom großen Ganzen als auch von den Menschen, mit denen sie zusammen sind.

Diese Weltvorstellung mischt sich mit einer mythischen Sicht der Dinge. Alles wird benannt und in einen großen Zusammenhang gestellt. Die Schwitzhütte ist Symbol der Gebärmutter, der Mutter Universum, aus der wir alle kommen. Das Feuer, das gegenüber der Schwitzhütte im Osten brennt, symbolisiert die männliche Kraft, die das Weibliche befruchtet. Die glühenden Steine werden von dem Feuermann in die Bauch-Höhle getragen. Im Inneren reicht eine Frau den Wassereimer weiter, denn das Element Wasser gilt als weiblich. Kein Element ist besser als das andere, nichts steht über dem anderen. »Wir sind alle miteinander verwandt«, ist immer wieder zu hören. Das Goldene Zeitalter ist nicht verloren, es lebt bereits weiter. Es wurde über Jahrtausende gegen allen patriarchalen Druck gerettet.

Was spricht dagegen, sich von dem allmächtigen Gottvater zu emanzipieren und es mit der eigenen magischen Kraft zu versuchen, im festen Glauben daran, daß der Mensch in seinem Innersten gut ist und im Schöpfungsklang der Großen Mutter geborgen? Was können wir von unseren Vorfahren und Vorfahrinnen lernen, welches Wissen könnten wir erneuern? Ich beobachte die Vertreter von sogenannten Naturvölkern, die ich kennengelernt habe. Das Zeitempfinden dieser Menschen orientiert sich an den großen Kreisläufen der Natur, die sie umgibt. Sie leben die Ereignisse in der Natur bewußt nach und identifizieren sich mit dem kosmischen Geschehen. Sie beobachten die Jahreszeiten, Wanderungs- und Paarungsmuster bei Tieren, Wachstum und Reife bei Pflanzen, Ebbe und Flut des Meeres, den Menstruationszyklus der Frauen. Sie haben für alle Naturvorgänge einen immer wiederkehrenden Kalender. Es gibt keine Vorstellung von einer Fortentwicklung in der Zeit. Alles ist gut, so wie es ist, und muß nicht verbessert werden.

Die Aufgabe der Menschen besteht darin, sich möglichst harmonisch in den Kreislauf einzufügen. Alle Dinge und Geschehnisse erhalten so ihren Platz in einem Bild der Welt und finden damit ihre Rechtfertigung und Erklärung. Diese mythische Welt war auch der geistige Lebensraum, in dem sich die frühen Hochkulturen entfalteten. Sie erwuchsen aus ackerbautreibenden Völkern, die sich vor allem im Umkreis weiter fruchtbarer Stromtäler zusammengeballt hatten und die erst vor wenigen Jahrtausenden zu Pflanzern und Viehzüchtern geworden waren. Über Jahrzehntausende bewährte sich diese Lebensform, während 5000 Jahre Patriarchat uns an den Rand des Untergangs gebracht haben.

Die Wiedergeburt

Es ist der Tag des letzten Rituals mit IHM. Es ist früher Morgen, die Sonne ist noch nicht aufgegangen. Feuchter Nebel steht zwischen den Bäumen. Sie strecken ihre kahlen Äste in den fahlen Himmel. Die scharfen Winde der letzten Tage haben die meisten Blätter fort gerissen. Ich fröstele unter meinem groben Umhang. Die Feuchtigkeit steigt meine Beine empor. Ich beschließe, im Steinkreis ein Feuer zu machen und dort auf den Sonnenaufgang zu warten.

Ab heute ist die Tür zur anderen Seite offen. Ich werde im Rauch des Feuers die Geister der Ahnen sehen, in den blauen Flammen ihre Stimmen hören. An der Feuerstelle liegen noch einige dünne Hölzer, Reisig und Zunderschwamm. Mit meinen neuen Feuersteinen schlage ich Funken, bis erste kleine Flämmchen aufleuchten. Vorsichtig blase ich sie an und entfache so nach und nach ein kleines Feuer. Sobald die Flammen an den Spitzen hellgelb tanzen, streue ich eine Handvoll Salbei in die Glut. Sofort erfüllt der würzige Geruch den Steinkreis. Ich lasse mich von dem Rauch umhüllen und von allen drückenden Gefühlen reinigen.

Mir wird warm und leichter ums Herz. Heute muß ich IHN verabschieden, sonst kann ich IHM nicht die Wiedergeburt schenken. Ich bin die Priesterin, ich verkörpere den Kreis des Lebens, der durch den Tod in die Wiedergeburt führt. Ich erinnere mich an die Stimme von Turga, die mich immer wieder ermahnte, daß nicht ich selbst auf dem Altar oder im Steinkreis die Rituale vollziehe, sondern eine lange Kette von Priesterinnen, die von Generation zu Generation ihr Wissen weitergibt. Ich kann IHN nicht halten. Unser Schicksal ist das Schicksal alles Lebendigen. Wir müssen uns wandeln, sonst gibt es keinen Neubeginn. Sonst fällt es mir leicht, den Tod zu akzeptieren, aber heute fällt mir das Abschiednehmen schwer.

Ich trete zum Ritualstein des heutigen Tages. Jeder Stein im Kreis trägt bestimmte Symbole, die in Verbindung zu bestimmten Sternenkonstellationen stehen und mir als Erinnerung dienen, mit welchen rituellen Handlungen ich die Resonanz zum Kosmos herstellen soll. Meine Fingerspitzen fahren die Linien in dem kalten Stein nach, immer wieder, bis ich das Symbol als Teil meines Selbst fühle. Ich steige auf zu den verblassenden Sternen, verbinde mich mit der langen Kette der Priesterinnen vor mir und bin bereit.

Alle Trauer ist verflogen. Ich freue mich jetzt auf die Begegnung mit IHM, spüre seine Kraft in mir. Noch einmal werden wir uns vereinen, wir werden die Grenze zwischen Leben und Tod überschreiten und unsterblich sein. Liebe und Tod werden sich begegnen, wie bei der Brunst der Hirsche. Die Liebe wird siegen.

Das heutige Ritual ist das wildeste des ganzen Jahres. Wir rufen die wilde Urnatur, überschreiten die Grenze des Todes und tanzen mit den Geistern. Unsere Sexualität ist die eines Hirsches, der erst im blutigen Kampf seine Nebenbuhler vertreibt und dann noch blutig zur Hirschkuh kommt und ihre Blesse leckt. Es ist die Erbarmungslosigkeit der Natur, die Kraft des tosenden Meeres, der Stürme, der eisigen Kälte, der sengenden Sonne.

Ich strecke meinen Körper und schüttele mich, ich nehme die Herausforderung an. Ich nehme das Leben an, mit all seiner Wildheit, mit Leben und Tod. Bis zum Beginn des Rituals bei einbrechender Abenddämmerung ziehe ich mich in den Grabtempel zurück, um mich vorzubereiten.

In einer Ecke am Boden schiebe ich eine kleine Steinplatte zur Seite und nehme das Abschiedsgeschenk von Turga aus seinem Versteck. Es ist ein großer weißer Kristall, oben rund, unten spitz zulaufend. Er ist kunstvoll geschliffen, und an der Oberseite ist ein Anhänger befestigt, durch den ich eine Schnur ziehen könnte, um ihn umzuhängen. Kurz überlege ich, ihn beim Ritual zu tragen, doch Turga hat mir eingeschärft, daß ihn die Menschen nicht sehen dürfen. Er stammt aus einem anderen Zeitalter. Nur in äußersten Notfällen darf ich ihn benutzen, um meine Energie zu bündeln und Gefahren abzuwehren.

Der kühle helle Stein erinnert mich an die Botschaften anderer Dimensionen, die immer wieder zu mir strahlen, an die Sterne, den Rhythmus des Kosmos. Achtsam lege ich ihn wieder in sein Versteck und streue Sand über die Stelle.

Wie vorgeschrieben wasche ich mich an der Quelle und reibe mich am ganzen Körper mit roter Erde ein. Rot ist die Farbe des Todes und der Geburt. Ich nehme meine Rahmentrommel und den Knochenschlegel von der Wand des Grabtempels und mache mich auf den Weg ins Dorf zum Ritualplatz. Schon auf dem Pfad werde ich von schweigenden Menschen erwartet. Sie stehen hoch aufgerichtet rechts und links des Weges. Die Männer halten ihre Speere in der Hand, die Frauen rituelle Gegenstände und Rasseln. Am Ritualplatz brennen große Feuer. An den Flammen wärme ich meine Trommel, bis ihre Haut sich straff spannt.

Das erhöhte Podest ist diesmal nicht geschmückt, nur ein Hirschfell liegt in der Mitte. Ich besteige das Podest, stelle mich auf das Fell und schlage mit dem Knochen meine Trommel, in einem schnellen pulsenden Rhythmus. Alle Trommler des Dorfes fallen ein und die Frauen rasseln dazu. Das ist das Zeichen für IHN. Er tritt aus dem Dunkel in den Schein der Feuer. Die Trommeln werden noch lauter und eindringlicher.

Stolz trägt er die Krone mit dem Hirschgeweih. Auch er hat sich mit roter Farbe bemalt, denn heute wird sich für ihn der Kreislauf des Lebens vollenden. Heute wird er die sterbende Natur symbolisieren. Er wird für uns sterben. Er wird uns noch in derselben Nacht verlassen und nie mehr zurückkehren.

Er schaut zu mir auf, und ich sehe grenzenlose Liebe und Entschlossenheit in seinem Blick. Gleich wird er mich nehmen wie der Hirsch die Hirschkuh. Er wird ganz in das Wesen des wilden Tieres schlüpfen, das gerade alle Nebenbuhler im Kampf vertrieben hat und jetzt das Weibchen besteigt, das scheinbar teilnahmslos auf ihn wartet.

Ich knie mich im Vierfüßlerstand auf das Fell und neige meinen Kopf zum Boden. Der Geruch der Hirschhaut steigt mir in die Nase. Ich warte auf IHN. Lautlos betritt er das Podest. Ich spüre die Erschütterung des Holzbodens. Plötzlich packt er im festen Griff meine Hüften. Ich fühle seinen Atem an der zarten Haut meines Geschlechtes. Er riecht an mir, so wie der Hirsch an der Hirschkuh schnuppert, und leckt mir sanft über die weiche Haut. Ich werde erregt und dränge mich gegen ihn. Sein Penis drängt sich zwischen meine Schenkel und gleitet zielsicher in meine heilige Höhle. Ich öffne mich ganz und lasse die wundervolle männliche Kraft durch mich strömen, wie ein breiter Strom pulsierender Energie. Mit jedem Stoß werde ich weiter.

Urgewaltig brandet seine Kraft an meine Ufer, und ich genieße das Gefühl, von einer riesigen Welle fortgeschwemmt zu werden. Seine Stöße werden noch tiefer und kräftiger, ich spanne meine Rückenmuskeln an, um dagegenzuhalten und dann ... erfüllt ein tiefer kehliger Schrei die Luft.

Ich schreie vor Lust, und auch der Mann schreit, wie ein röhrender Hirsch, so laut, daß aus dem nahen Wald ein Echo zu hören ist. Er explodiert in mir, sprengt alle Grenzen, wilde Urnatur.

Schwer atmend lassen wir voneinander. Ich drehe mich um und schaue ihm in die Augen. Liebevolle Wildheit, Erfüllung und Hingabe sehe ich darin. Sein muskulöser Körper ist schweißnaß, an manchen Stellen hat der Schweiß die rote Farbe abgewaschen. Ich streiche sanft über seine nasse Haut und drücke ihm mit meinem Körper auf den Rücken. Jetzt liegt der Mann unter mir – der zweite Teil des Rituals beginnt. Wir reisen auf die andere Ebene.

Die Frauen des Dorfes rasseln in einem schnellen Rhythmus, die Trommeln der Männer schweigen. Ich setze mich auf ihn und nehme seinen immer noch erigierten Penis in die Hand und führe ihn in meine Höhle. Der Mann schließt die Augen, breitet die Arme aus und gibt sich ganz hin. So wild er eben war, so fließend ist er jetzt. Ich sauge ihn mit meiner Vagina in mich hinein und lasse mein Becken los.

Jetzt nehme ich ihn, so wie er mich zuvor genommen hat. Er antwortet sofort. Mit einigen tiefen Stößen treibt er die Energie in mir empor, und ich lasse sie nach oben strömen, durch mein Herz, bis zur Schädeldecke und darüber hinaus.

Plötzlich sehe ich uns beide als große Adler über einer sonnigen Felslandschaft spiralige Kreise ziehen. Wir segeln schwerelos im Aufwind. Einer wartet immer auf den anderen. Unsere lauten Rufe hallen über die Weite, sonst ist kein Laut zuhören. Wir sind durch zarte goldene Fäden immer verbunden. Immer wieder, in vielen Wiedergeburten, werden wir uns treffen. Wir können uns nicht verlieren. Tränen des Glücks rinnen mir über die Wangen. Wir haben es geschafft, wir haben gemeinsam die andere Ebene betreten. Wir sind unsterblich.

Strahlende Frauen braucht die Welt

> Frauen haben aus meiner Sicht die Aufgabe, die Verbindung zu Gaia, zur Mutter Erde, wieder herzustellen und ihre natürliche Macht der Parteinahme für alles, was lebt, wieder aufzubauen.
>
> SABINE LICHTENFELS

Wie könnte man eine eigenmächtige Frau definieren? Jede Definition, die gegeben wird, fällt wohl anders aus, denn jeder definiert Eigenmacht anders. Worin äußert sich weibliche Macht?

Wir begegnen ihr in ihrer negativen Form, dort wo Frauen Männer manipulieren. Doch wo findet man ein positives Beispiel für weibliche Macht, selbst wenn man lange sucht? Das ist nicht leicht, denn in den letzten 5000 Jahren wurde die Kraft der Frauen, wo es ging, verschwiegen. Sei es im Bereich der Kunst, der Religion, Politik, Naturwissenschaften, Literatur, überall wurden die Lebensbedingungen der Frauen systematisch beschwert.

Im Jahre 576 heißt es in »Gebote der Väter, Höheren und Meister«: *Christen sollen ihre Töchter weder das Singen lehren noch das Spielen auf Instrumenten oder ähnliche Dinge, denn ihre Religion heißt dies weder gut noch schicklich.*

Die Frauen sollten sich im öffentlichen Leben zurückhalten. Noch heute werden in der überwältigenden Mehrheit der Fälle Straßen und Plätze in Deutschland nach Männern benannt. Schon alleine das Wort Macht ist für viele Frauen negativ besetzt, denn sie setzen Macht automatisch mit Machtmißbrauch gleich. Der Grund dafür liegt in dem mangelhaften Menschenbild, das viele Menschen unseres Kulturkreises in sich tragen. Sie zweifeln an ihrem »Gutsein«, das heißt, sie haben nicht das Bild von sich selbst, daß sie grundsätzlich gut sind, sondern sie sehen sich selbst als mangelhaft, so daß die Macht bei ihnen nicht gut aufgehoben ist. Sie nehmen ihre spirituelle Reife nicht an.

Es geht dabei nicht um die Entscheidung: Lebe ich mit diesem oder jenem Mann, in der Kleinfamilie oder in einer Kommune? Sondern: Gehe ich den Weg der Liebe, meiner Vision, meiner Spiritualität oder nicht? Dazu muß ich *spirituelle Macht* annehmen. Das Thema lautet: Wie vereine ich Macht und Liebe, damit ich meine Macht annehmen kann. Wie kann ich Familie und Vision vereinen?

Vorbild könnte die so genannte Rote Frau sein, die in der Trinität der weißen, roten und schwarzen Frau, die zentrale Rolle einnimmt. Die mythische Vorstellung dieser drei Phasen im Leben jeder Frau ist uralt und leitet sich von den drei Mondphasen ab: zunehmender Mond, Vollmond, abnehmender Mond, also Mädchen, Frau und Alte. In allen drei Phasen können Frauen sexuell aktiv sein.

Die weiße Frau steht für die Kindfrau, die noch mit den Männern spielt, frei durch den Wald streift und sich nicht binden läßt. Diana, die römische Göttin der Jagd, ist ein Beispiel dafür. Die rote Frau steht für die voll erblühte Frau, die lustvoll Leben spendet. Alle prähistorischen Muttergottheiten spiegeln diesen Aspekt. Die schwarze Frau schließlich führt durch ihre Liebe in die Wiedergeburt. Die phrygische Mondgöttin Hekate zeigt zum Beispiel diese spirituelle Verbindung zur anderen Ebene.

Schauen wir uns nun in unserer Gesellschaft um, so werden wir viele Frauen finden, die weit über die Zwanzig hinaus nach außen noch die Kindfrau spielen, denn dieser Frauentyp wird in den Medien enorm favorisiert. Klappt es nicht mehr, das Bild der Kindfrau aufrechtzuhalten, werden sie sehr schnell zur Alten. Die Frau dazwischen, die lustvolle rote Frau sucht man meist vergebens.

Sie ist aus unserer Gesellschaft weitgehend verschwunden – mit schwerwiegenden Konsequenzen für die Frauen. Unser Körper ist eigentlich energetisch auf diese drei Entwicklungsphasen angelegt. Verschieben wir nun diese drei Phasen, bedeutet das für den Körper eine enorme Belastung, die Vitalkraft kann nicht frei fließen. Eigentlich müßte die Phase der Diana mit Mitte Zwanzig sich wandeln Richtung rote Frau, aber dieser Frauentyp erscheint so bedrohlich, daß kaum eine Frau ihn lebt. Sie schlafen mit Männern, werden schwanger, bekommen Kinder, bleiben energetisch aber Kindfrau, gehen nicht ganz in ihre (sexuelle) Kraft.

Nach dieser Phase folgt schnell eine gewisse Resignation, die Alte erscheint, erstens viel zu früh und zweitens ohne ihren spirituellen Aspekt. Ab vierzig könnten die Frauen ihre Sexualität ganz bewußt leben und erst recht etwas später, wenn sie keine Periode mehr bekommen und keine Schwangerschaft mehr fürchten müssen. Aber dann macht sich bei vielen Frauen schon eine lähmende Resignation breit. Die nach Erfüllung strebende Vitalenergie des Körpers findet keinen befriedigenden Kanal und wandert im Körper. Depressionen, Hitzewallungen, Schilddrüsenprobleme und Autoimmunerkrankungen, wie etwa Krebs, sind die Folge. Nicht die Änderung des Hormonhaushaltes ist das Problem, sondern die nicht gelebte weibliche Lebenskraft.

Statt machtvoll ihren (sexuellen) Bedürfnissen nachzuspüren, trocknen viele Frauen diese lieber aus. Sie neigen dazu, ständig Kompromisse zu machen, weil sie Angst haben, sonst in die soziale Isolation zu geraten. Warum? Für viele Frauen führt ihre Definition von Familie zu »entweder - oder«, denn Familie bedeutet nach ihrer Definition Verzicht. Entweder ich folge meinen eigenen Impulsen oder ich kümmere mich um meine Familie. Eine *liebevolle* Mutter und Ehefrau opfert Teile ihres Selbst dem Mann und den Kindern. Je aufopfernder, um so höhere Punktzahl.

Diese Definition von Liebe schränkt die Liebe ein. Liebe will keine Opfer, denn Opfer führen zu Verlust an Lebenskraft. Liebe will, daß alle Beteiligten ihr Potential ausschöpfen können.

Die Liebe ist die stärkste Kraft des Universums. Sie strebt nach Weite und Ausdehnung, nicht nach Begrenzung und Opfer. Alle faulen Kompromisse der Frauen richten sich gegen die Liebe selbst.

Der größte Angriff auf ein patriarchales System ist die sexuell freie Frau. Nicht nur die patriarchalen Männer kontrollieren die Frau, auch die Frauen selbst, die in einem patriarchalen System aufgewachsen sind, überwachen sich gegenseitig. Die grenzenlose Liebe erscheint als Bedrohung, als im praktischen Leben nicht umsetzbar. So halten die Frauen ihre Liebesfähigkeit im Zaum. Sie bleiben sich selbst nicht treu. Für sie ist es meist unvorstellbar, ihre Lebenslust vom Zaum zu lassen. Sie fürchten um ihre Sicherheit, die sie in ihrer Paarbeziehung sehen. Außerdem fürchten sie, als Hure angesehen zu werden, wenn sie leichten Herzens eine sexuelle Beziehung zu mehr als einem Mann unterhalten oder überhaupt mit mehreren Männern schlafen. Immer noch hat eine ordentliche Frau »ihrem« Mann treu zu sein.

Dabei ist die Vermutung, eine sexuell freie Frau würde ihre Liebhaber wahllos konsumieren, völlig unbegründet. Jede Frau, sofern sie nicht als Prostituierte arbeitet oder schwere psychische Störungen hat, achtet darauf, daß die Männer, die sie mit ins Bett nimmt, eine bestimmte Qualität aufweisen. Schließlich spielt sich ja der Liebesakt *in* ihrem Körper ab.

Lebt eine Frau in einer sogenannten »festen Beziehung« sollte sie auf jeden Fall sexuelle Kompromisse vermeiden. In vielen Beziehungsratgebern kann man lesen, daß die Frau auch mal mit dem Mann schlafen sollte, um ihm einen Gefallen zu tun, einfach so aus Liebe, selbst wenn ihr eigentlich nicht danach ist.

NEIN! Wenn eine Frau keine Lust hat, mit »ihrem« Mann zu schlafen, sollte sie unbedingt nachspüren, woran das liegt. Die innere Stimme abzuspalten, um »ihm« gefällig zu sein, richtet sich gegen das eigene energetische System. Auf der Verstandesebene denkt sich die Frau: »Ist ja nicht so schlimm. Ich kann ja mal über meinen Schatten springen und mich ihm zuliebe überwinden.« Auf der Körperebene heißt es: »Meine Impulse werden nicht wahrgenommen. Ich werde nicht gehört. Mein heiligstes Zentrum wird einer Vorstellung geopfert.«

Aus meinen Seminaren weiß ich, daß fast alle Frauen gelegentlich in diese Opferhaltung rutschen. Dahinter steht die Vorstellung, daß die Frau mit einem solchen Verhalten Beziehungspflege betreibt. Und richtig, definieren viele Männer Beziehung über die Sexualität. Ist im Bett alles in Ordnung, stimmt auch die Beziehung. »In Ordnung« heißt in diesem Fall: regelmäßige Sexualkontakte. »In Ordnung« ist aber erst wirklich in Ordnung, wenn die Frau dabei ihre Erfüllung findet.

Alles andere ist zu wenig. Jeder faule Kompromiß schadet der Frau und damit letztendlich der Beziehung. Der Körper der Frau spürt ganz genau, was sie braucht, aber die Frau hört daran vorbei. Damit sendet sie ihrem Körper das Signal: »Ich nehme dich nicht wahr. Ich nehme deine Impulse nicht ernst.« Der Körper reagiert darauf mit Frustration. Statt in die Fülle zu gehen, schaltet er auf Überlebensfunktion.

Mit dieser Haltung kann die Frau – wenn sie Glück hat – tatsächlich viele Jahre auf einem niedrigen Energieniveau überleben, sie kann aber ebenso unheilbar krank werden und sterben. Die Signale des Körpers zu übergehen, ist ein gefährliches Spiel. Die Macht der Frauen ist das Wissen um ihre Verletzlichkeit. Frauen müssen sich schützen. Gefahrlos können sie sich nur den erwachten Männern öffnen. Aus Angst vor dem Alleinsein überfordern viele Frauen ihr System und verlieren kostbare Lebenskraft. Dahinter steckt die Vorstellung, ohne eine »feste Beziehung« minderwertig zu sein und einsam. Also glauben diese Frauen im Grunde, daß sie ohne männliche Ergänzung mangelhaft wären. Ihnen fehlt der Glaube an ihre göttliche Vollkommenheit. Ohne »feste Beziehung« kann jede Frau Freunde und Freundinnen haben, Kinder großziehen und sexuell sein.

Das trügerische Bild des Märchenprinzen, der der Frau das Glück bringt, ist tief in die Köpfe von uns Frauen eingebrannt. Natürlich kann es auch schön sein, mit einem Mann zusammenzuleben, aber nur, wenn die Frau keine Opfer bringt. Es stimmt nicht, daß man in einer Beziehung eben Opfer bringen muß. Diese Haltung gründet sich auf Mangeldenken und führt zu Energieverlust. Dieses Mangeldenken manifestiert sich auch in der äußeren Welt, so daß die Frau in eine defensive Haltung gerät. Sie befindet sich nicht in der Fülle, aus der sie schöpfen kann, sondern muß aufpassen, daß ihr die Felle nicht davon schwimmen.

Ein zweiter wichtiger Punkt der Weiblichkeit neben der Liebesgöttin ist die Mutterschaft. Auch hier fällt es den meisten Frauen schwer, sich selbst zu schützen und zu spüren, was ihnen und dem Kind guttun würde. Zu sehr stecken die Frauen voller Bilder der »optimalen« Weiblichkeit. Im Frankreich des 17. Jahrhunderts war es unüblich, seine Kinder selbst großzuziehen. Jede Frau, die es sich irgendwie leisten konnte, gab ihr Kind zu einer Amme. Das Schicksal dieser in die Fremde gegebenen Kinder war sehr oft erbärmlich. Trotzdem rangen sich viele Mütter zu diesem Schritt durch, denn ein Kind selbst zu stillen galt als unfein. Diese Einstellung stammte bestimmt nicht aus der Vorstellungswelt von Frauen, sondern war ein Zugeständnis an die patriarchale Sicht der Gesellschaft, in der eine Frau, die schwanger war oder stillte, der Öffentlichkeit nicht zuzumuten war. Überhaupt wurde eine Schwangerschaft als Peinlichkeit angesehen, die es so lange als möglich zu verheimlichen galt.

Die Folge war eine extrem hohe Kindersterblichkeit in Frankreich. Einfluß auf dem gesellschaftlichen Parkett hatten Frauen in der Regel nur als Liebhaberinnen und als Gattinnen, aber nicht als Mutter. Die Zeiten, in denen die mütterliche Abstammung über die Erbfolge bestimmte, waren lange vorbei. Nur in Märchen und Legenden tauchte noch die Vergangenheit auf, indem der Prinz nur das Königreich erwerben konnte, wenn er die Prinzessin heiratete.

Der Mutter stand die »Dame« gegenüber. Bis heute verfolgt uns dieses Ideal von Weiblichkeit. Die meisten jungen Mädchen wollen irgendwie damenhaft wirken. Zu Stöckelschuhen und engen Hüfthosen paßt nun mal kein dicker Bauch. Also versuchen die jungen Frauen, so lange es geht mädchenhaft zu wirken. Das Bild der erwachsenen Frau, die sich um die Familie kümmert, hat wenig Attraktion. Irgendwie wünschen sie sich trotzdem ein Kind, aber statt nach ihrer eigenen Mutter schauen sie dabei eher auf den Mann an ihrer Seite.

Ein hoher Prozentsatz der Männer geht an das Thema Schwangerschaft und Geburt mit technischem Verständnis heran. Wo liegt das Risiko? Wie kann ich es minimieren? Was belastet die Frau am wenigsten? Diese Haltung führt zu so genannten kontrollierten Geburten, mit ständiger technischer Überwachung, Orientierung an statistischen Mittelwerten und einer Kaiserschnittrate in Deutschland von inzwischen etwa 30 %.

Nun mag es lebensbedrohliche Situationen geben, in denen ein Kaiserschnitt tatsächlich Leben rettet, aber er sollte die absolute Ausnahme bleiben. Während die Mutter die Schmerzen der Geburt annimmt und gleichzeitig die Kraft aufbringt, dem Kind auf die Welt zu helfen, passiert eine sehr wichtige Verbindung vom energetischen Kern der Mutter zum energetischen Kern des Kindes. Eigentlich wird diese Verbindung sogar schon während der Schwangerschaft aufgebaut und während der Geburt noch einmal besiegelt. Natürlich geborene Kinder bekommen einen stärkeren Startimpuls fürs Leben von der Mutter.

Um natürlich gebären zu können, müssen aber die natürlichen Rhythmen der Frau wieder mehr Beachtung finden. Jede einzelne Phase einer Geburt kann von Frau zu Frau sehr unterschiedlich sein. Wenn dies nicht ganz klar im Bewußtsein *aller* an der Geburt Beteiligten verankert ist und auch respektiert wird, gerät die Frau in einen Normierungszwang, der sie ihre eigene Kraft nicht spüren läßt und ihr die Eigenmacht raubt. Darüber hinaus wird die mögliche spirituelle Erfahrung einer Geburt geschwächt. Jegliche Form von übergestülpter Krankenhausroutine wird dem Wunder der Geburt und der Frau nicht gerecht.

Wunderschöne Beispiele, wie orgiastisch Geburten sein können, zeigt der Film »Orgasmic Birth« von Ina May Gaskin. (Den Trailer zum Film findet man auf

»YouTube« unter: OrgasmicBirthMovie.) Ist die Frau dann Mutter, wird sie meist nicht geehrt und reich beschenkt wie in früheren Zeiten, sondern sie muß schauen, wie sie die sich widersprechenden Frauenbilder unter einen Hut bekommt: Mutter, erfolgreiche Berufstätige, Liebhaberin, Familienmanagerin... Noch bis zum 17. Jahrhundert wurden während des Wochenbettes fröhliche Weiberfeste veranstaltet, in denen die Wöchnerin beschenkt und verwöhnt wurde. Dabei tranken die Frauen auch Kräuterschnäpse und aßen spezielle Speisen. Die katholische Kirche hat diesen Brauch schließlich eingedämmt. An die Stelle trat die Aussegnung in der Kirche, bei der die junge Mutter die Befreiung von ihrer sexuellen Sündhaftigkeit erbitten mußte. Schluß mit lustig! Auch für ihre Kinder sollten die Frauen mit mehr Eigenmacht auftreten.

Es gibt auch für Frauen Situationen, in denen sie in der Lage sein sollten, das Schwert zu ziehen – nämlich zum Schutz ihrer Kinder. Kindesmißbrauch sollte als Mord an der Seele eines Kindes angesehen und auch genauso bestraft werden. Heute wird jedes vierte bis sechste Mädchen und jeder siebte bis achte Junge in Deutschland sexuell mißbraucht. Deutliche Zahlen, die zeigen, wie sehr in unserer Gesellschaft heranwachsendes Leben bedroht ist.

Immer noch schauen Frauen weg, wenn sie Mißbrauch in ihrem nächsten Umfeld spüren. Sie tun so, als würden sie nicht merken, wie begehrlich der Onkel auf die Tochter schaut. Besonders ältere Männer, deren Frauen sich von der Sexualität frustriert verabschiedet haben, sind anfällig, sich sexuelle Erregung woanders zu holen. Am liebsten tun sie es dort, wo kaum Gegenwehr zu erwarten ist – bei den ganz Kleinen, aber sie streichen auch gerne mal bei einer Familienfeier der Tante wie zufällig an den Brüsten vorbei. Solche Szenen kommen quer durch alle sozialen Schichten vor. Unter der scheinbar glatten Decke brodelt es. Die lieblos gelebte Sexualität treibt ihr Unwesen im Untergrund. Jetzt ist es an den Frauen, mutig zu sein und *jeden* sexuellen Übergriff zu ahnden, selbst wenn sie damit einen großen Skandal provozieren.

Licht, Licht, Licht auf alle Aspekte der Sexualität. Als heilig und strahlend muß sie wieder angesehen werden, sonst schneiden wir uns selbst von den Lebensimpulsen ab. Frauen, die sich nicht befreien, geben den patriarchalen Druck an ihre Kinder weiter, vererben die Angst und das Mißtrauen gegenüber dem Leben.

Zwei unterschiedliche Systeme aus unterschiedlichen Zeitaltern stehen zur Wahl: hier der Mißbrauch der Sexualität und der Frauen und der Erde und dort die Heiligkeit der Sexualität und der Frauen und der Erde.

Die Frauen haben die Wahl.

Die Priesterinnen vom Berg

Heute ist der Tag, an dem einige unserer jungen Männer zum ersten Mal zu den Priesterinnen vom Berg gehen werden. Unsere Ahnfrau und der angesehenste der Männer haben einige von ihnen nach langen Prüfungen ausgewählt. Sie müssen in der Jagd erfolgreich sein oder sich durch andere besondere Fähigkeiten auszeichnen. Achtung gegenüber den Älteren und Hilfsbereitschaft sind Charaktereigenschaften, die ihnen zu eigen sein müssen.

So, wie ich als Priesterin über den Ablauf der Rituale im Steinkreis und in der Bewegung des Kosmos wache, so wachen die Priesterinnen des Nachbarvolkes über die Bewußtwerdung der jungen Männer. Es ist für unser Volk eine große Ehre, daß unsere Männer dort das heilige Wissen der Großen Mutter erhalten werden. Deshalb werden sie auch von einigen Abgesandten unseres Dorfes begleitet, die Ritualgeschenke in großen Körben und Tonkrügen mit sich tragen. Besonders begehrt sind unsere Kräutertränke und die Räucherungen.

Die Priesterinnen des Nachbarvolkes haben sich ebenfalls seit Wochen auf den heutigen Tag vorbereitet. Bei den ersten Frühlingsanzeichen badeten sie in ihrer heiligen Quelle und erneuerten damit ihre Jungfräulichkeit. Durch das Bad im heiligen Wasser werden sie wieder zur energetischen Jungfrau. Rein wie Quellwasser und völlig unberührt sollen sie den jungen Männern begegnen. Sie haben ganz besondere Rituale, mit denen sie sich einstimmen, und ihre Körper werden immer wieder gesalbt und durch bestimmte Übungen gleichzeitig gestärkt.

Ich habe noch keine von ihnen gesehen, weil sie sehr abgeschieden leben und sich auch nicht von ihrem Berg entfernen dürfen, aber, wie ich höre, sind sie alle sehr schön. Sie haben strahlende Augen, biegsame Körper, eine aufrechte Haltung, weiche lange Haare und wunderbare Stimmen. Es heißt, daß sie mit ihren Gesängen das Glänzen der Sterne auf die Erde singen können. Von ihnen lernen unsere Männer, die Frauen mit ihren männlichen Körpern zu ehren und in rechter Weise die männliche Energie zu schenken. Das trägt zum Wohle unseres ganzen Stammes bei, denn so werden unsere Frauen voller Energie schwanger und gebären kraftvolle, gesunde Kinder. Die Achtung der Frau gegenüber, die sie vom Berg mitbringen, ist die Grundlage unseres Zusammenlebens, denn würden die Männer uns Frauen nicht achten und unterstützen, wäre keine fruchtbare Zusammenarbeit möglich.

Immer wieder werden die jungen Männer im Verlauf dieses Jahres auf den Berg gehen. Eine erfahrene Frau erwartet sie. Sie bringt ihnen bei, wie sie sich bewegen müssen, um ein junges Mädchen gebührend zu behandeln und wie man achtsam einer Frau begegnet, wenn man ihr beiwohnt. Sie lernen auch, wie man die sexuelle Energie hält und in die verschiedenen Kreise lenkt.

Ich habe die Verwandlung, die sie durchmachen, schon oft miterlebt, denn sie kommen zu bestimmten Zeitpunkten auch zu mir in den Steinkreis, um Dankesopfer darzubringen. Sind sie am Anfang noch linkisch und unsicher, so werden sie bei jedem Besuch bei den Priesterinnen selbstsicherer und männlicher. Nach Ablauf des Jahres strahlen sie eine ruhige männliche Kraft aus, die die Frauen unseres Dorfes magisch anzieht. Deswegen machen die Frauen des Dorfes auch am heutigen Tag viele scherzhafte Bemerkungen, die alle in die Richtung zielen, daß sie das Ergebnis der Einweihung kaum erwarten können.

Unser Dorf gleicht einem Bienenstock. Alle laufen geschäftig umher, selbst, wenn sie nichts zu tun haben. Eine freudige Erregung hat sie alle erfaßt. Die jungen Männer werden mit Blumenkränzen geschmückt und ihre nackten Körper bemalt. Ihre Mütter erhalten Geschenke. Die jungen Mädchen tuscheln und schauen mit leuchtenden Augen wie die Blumenkränze, die sie gewunden haben, ihren Brüdern stehen. Abends wird im Dorf ein großes Fest gefeiert, bei dem alle ein berauschendes Getränk aus dem Honig der wilden Bienen trinken. Es wird getrommelt und getanzt. Dann kommt eine Prozession zu mir auf den Berg, und ich weihe die jungen Männer mit Rosenblättern für die Liebe.

Ich habe eine Vollmondnacht gewählt, weil sie sich in der Nacht auf den Weg machen und so leichter wandern können und weil der Vollmond ihre Sinne noch mehr berauscht und ihr Bewußtsein für die liebevolle Botschaft der Priesterinnen öffnet.

Es ist ein wunderschönes Gefühl im Kreis dieser erwartungsfreudigen jungen Männer zu stehen und ihre Erregung zu spüren. Ich fühle ihre aufstrebende junge Kraft. Und wieder einmal erschließt sich mir der Kreis des Lebens.

Erwachte Männer braucht das Land

Euer Planet sehnt sich nach dem erwachten Mann.

Pia Gyger

Das neue Zeitalter hat bereits begonnen. Viele Männer fühlen sich nicht mehr wohl im alten Rollenbild des dominanten »Herr des Hauses«. Sie wollen nicht mehr ständig beweisen müssen, daß sie stärker, schneller, besser sind. Sie suchen nach neuen Wegen. Eigentlich ist die Zeit der kämpferischen Machtstrategen vorbei.

Gebraucht werden Männer, die ihre Kraft in den Dienst des Lebendigen stellen, die der Fülle den Weg bereiten. Männer, in deren Gegenwart keine Angst herrscht, weil sie nicht drohen. Starke Männer, die die Frauen begehren und gleichzeitig achten. Es gibt sie schon, vereinzelt noch, aber sichtbar. Auch sie müssen ihre Rolle neu definieren, so wie es auch die Frauen müssen. In den vorpatriarchalen Zeiten wurden die Männer behutsam von den Priesterinnen in die Liebe eingeführt.

Nicht das Alter eines jungen Mannes bestimmte, ob er zur Frau durfte, sondern sein gesamter Reifegrad. Die jungen Männer mußten sich in verschiedenen Ritualen bewähren, bevor sie zur Frau durften. Von den Priesterinnen erhielten sie auf dem Weg der Initiation das Wissen um das Geheimnis der weiblichen Lebenskraft, die der Mann Zeit seines Lebens mit all seiner Kraft unterstützen und schützen sollte. Immer wieder machten sich die Männer auf den Weg zur Priesterin oder den Priesterinnen und lernten dort, wie man sich einer Frau nähert, wie man sie behutsam öffnet und für sich einnimmt, wie man ihr zeigt, daß man sie begehrt.

Sie lernten, mit ihrem Penis Kontakt zur heiligen Höhle der Frau aufzunehmen und ihre männliche Energie dort hineinstrahlen zu lassen. In diesem heiligen Raum war es ihnen möglich, die Frau stundenlang energetisch zu halten und sich von ihr auf die andere Ebene führen zu lassen. Die Priesterinnen vermittelten ihnen, wie stark die Sexualkraft der Frau ist und wie verletzlich zugleich ihr energetisches Zentrum.

Die Männer mußten ein Gelübde ablegen. Es lautete:

Ich gelobe, keine Frau zu verletzen oder zu beleidigen. Ich gelobe, die Mütter zu achten und zu ehren. Ich gelobe, das Leben in all seinen Formen zu schützen.

Die Sexualität der Frau wurde als Spiegel der Urkraft der Erde angesehen und die Frauen als Ebenbild der Großen Mutter, die alles Leben gebärt. Diese lebensspendende Kraft war heilig und wurde von den Menschen in bestimmten Ritualen immer wieder gefeiert. Besonders wichtig war das bewußte Lenken der Vitalkraft während der Rituale.

Die Männer lernten, das energetische Rad mit bewußten Stößen aus dem unteren Ende des Steißbeins anzutreiben und diese Kraft lange zu halten, damit die Frau diese Kraft durch ihren Körper und zurück zur Erde leiten konnte. Gegenseitiges Annehmen und Hingeben lernten sie auf immer höherem Niveau, bis sie in der Lage waren, gemeinsam mit der Frau in spirituelle Weiten zu fliegen.

So gelebte Sexualität war Liebesdienst an der Großen Mutter. Die Männer brachten ihr erworbenes Wissen ins Dorf. Sie erfreuten damit die Frauen des Dorfes und die gesamte Gemeinschaft. Genau diese Fähigkeiten brauchen auch die neuen Männer: mit starker Kraft die Frau begehren, ihre starke männliche Kraft geben und sich ganz hingeben in die Weite der Frau. Bei solchen Männern wäre alles Leben auf diesem Planeten geschützt. Die Frauen könnten sich geehrt und geachtet fühlen.

Das Männerbild ist seit den Zeiten der Frauenbewegung zumindest in der westlichen Welt starken Wandlungen unterworfen. In den achtziger Jahren wurden die Softies modern. In den neunziger Jahren wurden die Männer wieder männlicher aber gefühlvoller. Männer durften Tränen zeigen. Jetzt ist ihre männliche Kraft wieder voll gefragt. Die Frauen sind selbstbewußter geworden. Sie wollen starken Männern begegnen, aber sie wollen nicht in alten patriarchalen Strukturen landen. Deshalb sind in den letzten Jahren Beziehungen zwischen älteren Frauen und jüngeren Männern salonfähig geworden. Die jüngeren Männer genießen die finanzielle Unabhängigkeit der älteren Frau, die fest im Leben steht und nicht erwartet, von ihnen finanziert zu werden, und die ältere Frau genießt die Spontaneität der jüngeren Männer, die meist bei schon emanzipierteren Müttern aufgewachsen sind und daher das patriarchale Männerbild überwunden haben.

Das weibliche Prinzip der Fülle und der Vergebung haben die Frauen nicht für sich alleine gepachtet. Es gibt schon jetzt viele Männer, die ihr autoritäres Erbe abschütteln und neue Wege suchen und gehen. Doch noch sind die meisten Männer an der so genannten »Spitze« der Gesellschaft vom alten Schlag. Ob die Menschen, wenn sie harte Staatsmänner an ihre Spitze wählen, sich wirklich beschützt fühlen? Wahrscheinlich wiederholen sie eher das, was sie zu Hause schon kennengelernt haben.

Patriarchale Macht fußt auf Angst. Angst ist die Triebfeder und das Schmieröl, das ein patriarchales System am laufen hält. Die strafende Hand des strengen Vaters soll Ordnung bringen statt die kollektive Einsicht in eine höhere lebensspendende Ordnung.

Die Angst vor der Verschmelzung mit der Frau kann zu einer Panzerung des Mannes führen. Klaus Theweleit (1977, 1978) hat eingehend die Entstehung des

Panzers gegen die Frau für den Typus des soldatischen Mannes beschrieben. Dieser unterwirft sich dem militärischen Drill und entwickelt sich zur Stahlgestalt. Der äußere Panzer vermittelt ihm das Gefühl von Halt und Stärke. Andererseits ersehnt die im stählernen Leib eingeschlossene Vitalkraft die Sprengung des Körperpanzers. Der Körper möchte sich ausdehnen und sich spüren. Extreme Ausprägungen davon sind uns bekannt: sich im Krieg in den Kugelhagel stellen, sich in die Luft sprengen oder mit dem Auto mit hoher Geschwindigkeit gegen einen Baum fahren. Weniger dramatisch erarbeiten sich Männer ihren Panzer im Fitneßstudio oder bei verschiedenen Kampfsportarten.

Für die Frauen sind die muskelgepanzerten Männer im Bett oft eine Enttäuschung. Ihnen fehlt sehr häufig die Fähigkeit, sich hinzugeben. Sie sind sportlich, haben Ausdauer, aber sie erreichen die Frau nicht in ihrem Kern, denn sie können sich nicht verschwenden. Oft entlädt sich ihre Angst vor der Auflösung der Körpergrenzen im Sexualakt durch eine vorzeitige Ejakulation. Die Frau findet keine Erfüllung.

Der gepanzerte Mann hat das Gefühl, nicht gewollt und nicht gut aufgehoben zu sein auf der Erde. Er kann die Fülle nicht empfinden, daher entreißt er der Erde ihre Gaben mit Gewalt. Ein solcher Mann ist sich auch seiner männlichen Stärke nicht sicher, ständig muß er im Außen Zeichen seiner Stärke setzen in Form von Statussymbolen, weil ihm die innere Stärke fehlt. So treibt es ihn zur Ausbeutung der Erde, zur Verschwendung von Ressourcen. Er kann nicht bescheiden sein, weil er seine Männlichkeit an seiner materiellen Verfügungsmacht mißt.

Die Zeiten wandeln sich. Auch die Wissenschaftler sind zu neuen Erkenntnissen bereit. Entgegen der früheren Annahme, daß der ranghöchste Affe den größten Erfolg bei den Weibchen hat, haben Wissenschaftler in jüngster Zeit herausgefunden: Alphamännchen werden von ihren weniger machtgierigen Geschlechtsgenossen ausgetrickst. So nutzen rangniedere Rhesusaffen jede Gelegenheit, um sich heimlich mit den Weibchen zu vergnügen. Klugerweise verhalten sich die weiblichen Affen bei diesen Affären viel leiser, als wenn sie mit dem Hordenchef kopulieren.

Und wie sieht es unter Wasser aus? Würzburger Wissenschaftler ermittelten durch Gentests die Herkunft der Nachkommen von Parugia-Kärpflingen, einer kleinen Fischart. Ergebnis: Kein einziger Jungfisch stammte von einem dominanten Männchen ab. Die armen Alphas mußten von früh bis spät ihren Rang verteidigen. Fische mit lediglich mittlerem Rang zeugten dagegen zwei Drittel der Nachkommen. Denn sie wendeten nur fünf Prozent ihrer Zeit für Konkurrenzkämpfe auf und versuchten den Rest des Tages, die Weibchen zu betören. Nachkommen sind die Währung der Evolution. Wer möglichst viele hinterläßt, hat im darwinschen Wettbewerb gewonnen. Rangniedere Affen und Fische siegen also dort, wo es drauf ankommt.

Was zeichnet einen erwachten Mann aus? Er ist sich seiner Ängste bewußt und bereit, sich ihnen zu stellen und sie zu überwinden, anstatt sie auf die Frau zu projizieren. Er ist im Besitz seiner männlichen Kraft und kann sich gleichzeitig verschwenden an die Frau. Er ist in der Lage, eine Liebesbeziehung zu führen, in der Mann und Frau sich gegenseitig verschenken. Er hat die Angst vor der Frau, ihrer Weite und Tiefe, überwunden. Bei ihm kann die Frau lustvoll schöpferisch sein. Sie kann in seiner Umgebung aus der Fülle schöpfen, kann sich selbst ebenfalls an ihn verschwenden, ohne Angst haben zu müssen, daß er sie in Besitz nimmt.

Sich einander zu verschwenden, dazu bedarf es eines bestimmten Klimas. Das geht einfach nicht, wenn man sich gegenseitig mißtraut. Gegenseitiges Vertrauen ist die Grundvoraussetzung. Indem sich Mann und Frau gegenseitig erkennen, können sie die Verschmelzung mit all dem, was ist, erfahren. Sie können sich aufgehoben fühlen auf der Erde und das Wirken des schöpferischen Prinzips in der Vitalkraft selbst spüren. Voraussetzung ist die unbeschwerte Sexualität. Sich zu verschenken, damit fängt alles an.

Der Schlüssel ist die Heiligkeit der Sexualität – eine starke Aussage, da viele Menschen die Sexualität eher dunkel bewerten. Es gibt aber keine Sünde, außer der, nicht sein Bewußtsein zu entwickeln. Die Sexualität ist ein göttliches Geschenk der Erde an uns, ihre Kinder. Es ist zu hoffen, daß die lockende Liebe des Weiblichen und die liebevolle Hingabe der erwachten Männer die destruktiven Kräfte erfolgreicher überwindet als Speer und Schwert.

Die vierte Botschaft

21. Oktober 2007
*(nach dem Maya-Kalender im Zeitraum:
Vierter Bolontiku: Perfektion des Spiegels
des Träumens der Seele)*

Ich bin zu Besuch in einem Kloster. Im Ofen flackert ein Feuer. Kerzen verbreiten ein warmes Licht. Draußen ist es naß und kalt. Mein Gefährte und ich sind in dem großen Raum alleine. Wir sitzen vor dem Feuer auf dem Boden. Ich spüre, daß eine Botschaft an die Oberfläche drängt, um wahrgenommen zu werden. Ich bitte meinen Gefährten, für mich auf seiner großen Schamanentrommel zu trommeln, weil ich reisen will. Wir löschen die Kerzen, nur noch das Feuer im Ofen erhellt schwach den Raum. Ich lege mich hin, schließe die Augen und…

… treffe direkt meinen Hund. Er führt mich auf meine Wiese in der Unterwelt. Dort steht das Schamaninnenzelt. Die Schamaninnen sitzen darin. Kaum habe ich das Zelt betreten, fliegt mein Adler heran, schnappt das Zelt an der Spitze und trägt es nach Sibirien auf einen schneebedeckten Gipfel. Dort setzen die Schamaninnen mich nackt aus. Ich bin verzweifelt und fühle mich sitzengelassen. Dann verliere ich mein Bewußtsein.

Ich werde in einem warmen Zelt wieder wach. Die Schamaninnen reiben mich mit einem Kräutersud ab und massieren mir die Füße. Danach sitze ich mit zarter rosiger Haut am Feuer wie ein Neugeborenes. Ich schaue in die Flammen, immer tiefer und tiefer.

Symbole tauchen auf. Es ist die fehlende dritte Zeile auf dem gewebten roten Tuch.

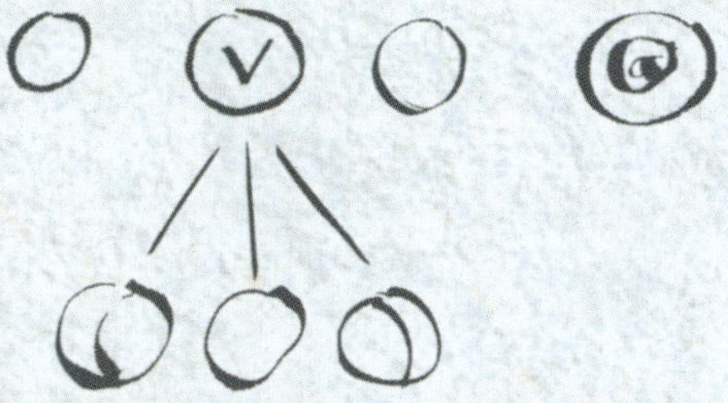

Die Alte Welt *soll sich jetzt durch die* weibliche Spiritualität *mit der* Neuen Welt *verbinden. Das führt zur* Harmonie der drei Welten, *zu einer Gleichzeitigkeit von Vergangenheit, Gegenwart und Zukunft. Das Symbol für weibliche Spiritualität wird in Verbindung mit den drei Mondphasen dargestellt.*

Im nächsten Augenblick befinde ich mich im unterirdischen Raum meiner inneren Heilerin. Ich singe in den Kupferkessel, der auf dem Feuer steht. Durch den Kessel können wir plötzlich die Schamaninnen sehen, wie auch sie am Feuer sitzen. Es herrscht Gleichzeitigkeit. Alle Traumebenen durchdringen sich.

Vier Trommelschläge holen mich zurück in die Gegenwart. Ich habe Schwierigkeiten, mich zu orientieren. Das Gefühl der Gleichzeitigkeit von Vergangenheit, Gegenwart und Zukunft hängt noch im Raum.

Für mich ergeben die Botschaften jetzt einen Sinn. Ich erfasse die innere Logik: Die Menschen werden auf einen Entwicklungsschritt vorbereitet, den sie bald gehen werden. Sie werden lernen, das Weibliche wieder mit dem Männlichen zu verbinden. Dann werden sie auch wieder angebunden sein an All-das-was-ist und die größeren Zusammenhänge erkennen, was ihnen in der Zeit der Abspaltung verwehrt war. Die Zeitauffassung wird sich ändern und die Menschen werden die tatsächliche Struktur der Zeit erkennen.

Eheglück statt Ehemann

Eine jede neue Idee durchläuft bis zu ihrer Anerkennung
drei Stufen: zuerst wird sie als lächerlich denunziert, sodann
vehement bekämpft, um dann letztlich von jedermann
als selbstverständlich bezeichnet zu werden.

ARTHUR SCHOPENHAUER

Eheglück wird in jeder Gesellschaft und zu jeder Zeit anders definiert. Die Kelten zum Beispiel heirateten nur für ein Jahr. Anfang August wurde Lugnasad gefeiert, ein Fest, das die Hochzeit zwischen dem Himmelsgott Lug und der Erde symbolisierte. Zu diesem Zeitpunkt vollzogen auch die Menschen »ihre« Hochzeit. Nach genau einem Jahr wurde die Ehe entweder erneuert oder aufgelöst. Beltane zu Anfang Mai war das Fest, um andere Partner auszuprobieren. Nur was sich bewährt hatte, sollte auch Bestand haben. Trotz dieser Freiheit blieben die Partner anscheinend jahrelang zusammen. Dieser Brauch brachte auf jeden Fall große Bewußtheit in die Mann-Frau-Beziehung, denn man mußte sich jedes Jahr aufs neue ehrlich der Frage stellen, ob man sich noch wollte oder nicht und ob die Beziehung für beide erfüllend war. Nach allem, was man über die Kelten weiß, lebten sie in intensiver Übereinstimmung mit der Natur und ihren zyklischen Vorgängen. Sie übten sich darin, die Energie der sie umgebenden Natur zu spüren und zu nutzen. Die Christen machten sich diese Fähigkeit der Kelten später zu nutze, indem sie ihre Heiligtümer bevorzugt auf denselben Stellen erbauten, wo sich früher keltische Heiligtümer befanden. Aus den römischen Berichten über die Kelten kann man bei aller römischen Propaganda klar herauslesen, daß die Kelten ein gut funktionierendes Gemeinwesen hatten, ihre Frauen ein hohes Ansehen genossen und es weibliches Erbrecht gab, außerdem wurden sie als sehr kraftvolle, gesunde Menschen mit großer Lebensfreude beschrieben. Das spricht dafür, daß sie mit dem natürlichen Fluß ihrer Energien lebten.

Energetisch betrachtet, ist es völlig kontraproduktiv, eine Beziehung aufrechtzuerhalten, wenn sie mehr Energie nimmt als sie gibt. Das machen Menschen entweder nur, wenn sie Angst haben, ihren Impulsen zu vertrauen, oder wenn die gesellschaftlichen Regeln so starr sind, daß eine Trennung sehr schwer bis unmöglich wird. Bei den Kelten war eine Trennung für die Frau kein Problem. Frauen verfügten über eigenes Vermögen, und die Kinder waren dem gesamten Stamm sehr wichtig. Der ganze Stamm sorgte dafür, daß die Kinder gut versorgt waren.

Einige Archäologen vermuteten zunächst, daß die Kelten ihre Kinder nicht bestattet hätten, weil man so wenige Kindergräber bei ihnen fand. Mittlerweile geht man davon aus, daß die Versorgung der Kinder und Mütter so gut war, daß einfach wenige Kinder starben.

Beim Volk der Moso in China gibt es die Tradition der Besuchsehe. Die Menschen leben matrifokal, das heißt, die Kinder bleiben bei der Mutter. Junge Mädchen verlassen nicht das Mutterhaus, um zu heiraten, sondern sie werden dort von den Männern nachts besucht. Die Männer wiederum leben im Haus ihrer Mutter und ihrer Schwestern und sind für die Unterstützung ihrer Herkunftsfamilie zuständig. Ihre eigenen Kinder kennen sie zwar in der Regel, aber sie besuchen sie eher wie ein guter Onkel. Der Arte-Film über die Moso trug den Titel dieses Kapitels »Eheglück statt Ehemann«, und tatsächlich sahen alle Frauen im Film sehr entspannt und glücklich aus, obwohl sie hart arbeiteten.

In Mittelsibirien, dort wo mein Freund Gendos herkommt, gibt es Volksstämme, bei denen die Frauen zwei Männer heiraten. Einer führt eher den Haushalt und der andere geht eher zur Jagd und bearbeitet das Feld.

Es gibt auf der Erde sehr verschiedene Formen des ehelichen Zusammenlebens. Wir sollten uns aus unseren starren Konzepten lösen, die uns als einzig richtige Lebensform aufgedrängt werden und unseren Verstand spielerisch anderen Formen öffnen. Wir würden dadurch auf jeden Fall Vitalenergie gewinnen, die bisher in den starren Konzepten gebunden war.

Neue Lebensformen sind nur mit einem neuen Bewußtsein möglich. Wie eine dünne Membran trennen uns alte überlieferte Vorstellungen von unserem eigentlichen göttlichen Wesen. Wir sind im innersten Wesenskern gut und von göttlicher

Kraft. Wir wurden dazu erzogen, uns zu mißtrauen und im anderen die Fehler zu sehen, anstatt das Leuchten zu suchen. Wir betonen die Unterschiede, statt uns an der Übereinstimmung zu freuen. Wir bleiben im Kontakt an der Oberfläche, erfüllen die gesellschaftlichen Regeln, statt in die Freiheit der frei fließenden Herzenergie zu treten.

Nur eine dünne Haut trennt uns von unserem wahren göttlichen Wesen. Sobald wir diese durchstoßen, brechen wir auf zu neuen (alten) Ufern, zum Goldenen Zeitalter, in dem Mann und Frau sich voll Achtung, Lust und Liebe begegnen. Tatsächlich geht die Welt dann unter. Die alte Welt der Dualität und Trennung löst sich auf, verschwindet vor unseren Augen. Himmel und Erde verbinden sich wieder für uns, alles durchdringt sich gegenseitig in neuem Glanz. Niemand ist lebensmüde und niemand fürchtet den Tod. Die Augen strahlen, und die Menschen sind voll vitaler Kraft. Sie begegnen sich in Liebe zueinander und zur Welt, im Einklang mit All-dem-was-ist, immer in Verbindung zur spirituellen Ebene, die alle Handlungen befruchtet.

Es gibt kein profanes oberflächliches Leben mehr. Es gibt nur noch Erfüllung. Jeder Augenblick ist kostbar, weil in jedem Augenblick kostbare Lebensenergie fließt. Jeder Mensch ist wertvoll, weil er existiert. Er oder sie lebt, also ist er oder sie Ausdruck der göttlichen Vitalkraft, die sich in der Materie manifestiert. Keiner wird ausgeschlossen, also muß keiner kämpfen. Für Menschen, die sich daran machen, die dünne Haut zu durchbrechen, steigt zunächst die Spannung, denn viele andere halten die Haut aufrecht und klammern sich daran. Doch jeder einzelne, der mutig diesen Schritt wagt, ist Vorbild für weitere.

Jede einzelne Frau, die es wagt, die Erwartungen ihres Umfeldes an eine »gute« Frau zu enttäuschen und konsequent einen machtvollen Weg zur Ganzheit zu gehen, bahnt einen Weg für andere, die ihr folgen wollen. Und jeder einzelne Mann, der es wagt, die alten Bilder der Männlichkeit zu verletzen und selber verletzlich zu werden und seine Wut und sein Dominanzstreben hinter sich zu lassen, ist Vorbild für andere Männer, die von ihm lernen können, daß wahre Männlichkeit sich nicht über Härte definiert, sondern über Lebendigkeit. So werden die Menschen heil und heilig. Sie werden ganz.

Das neue Zeitalter befindet sich schon jetzt zwischen uns, es umgibt uns und lebt in uns, sonst könnten wir nicht existieren. In der tatsächlichen Trennung vom Leben tritt der Tod ein. Uns trennt nur unsere Wahrnehmung vom Glanz des goldenen Lichtes. Selbst diese hauchdünne Haut existiert in Wirklichkeit nicht. Sie existiert nur in unserem Bewußtsein. Wir sind und waren und werden immer eins sein. In diesem Bewußtsein können sich Mann und Frau ganz spielerisch begegnen wie zwei Schmetterlinge zum Liebestanz, völlig unbeschwert vom sogenannten Ernst des Lebens.

Dieser Ernst ist der erste Verrat an der Erde und ihrer unendlichen Liebe. Die Erde braucht von uns keinen Ernst, sondern Liebe. Wenn wir uns ihr liebevoll nähern und uns auf sie einschwingen, verstehen wir ihre Zeichen, und es wird für uns leicht, unsere Existenz zu sichern. Krankheit und Tod gehören auf der Erde dazu, aber das können wir auch mit noch so großer Ernsthaftigkeit nicht verhindern. Die größte Hilfe im Leben ist liebevolle Begegnung und Gemeinschaft, jedoch keine erzwungene Gemeinschaft, die vom einzelnen Unterordnung unter die Regeln fordert, sondern eine Gemeinschaft, die darauf setzt, daß jeder einzelne nachspürt, welches Verhalten am besten schwingt mit All-dem-was-ist, und auf die richtige Wahrnehmung jedes einzelnen. In solch einem Umfeld fühlt sich jeder angespornt, sein Bestes zu geben, weil jeder neugierig auf das Beste beim anderen ist.

Man gibt nicht sein Bestes, um endlich geliebt zu werden. *Ich liebe dich so wie du bist*, ist die einzige wahrhaftige Form der Liebe, und nur in diesem Umfeld kann der Mensch sich wirklich seinem inneren Wesen gemäß entfalten. Jede Einschränkung dieses freien Liebesbegriffes führt zu einer Deformation des Menschen. Er oder sie verbiegt sich, um geliebt zu werden. Dieser Form der Liebe kann sich der Mensch nie sicher sein, beim nächsten Fehlverhalten droht der Liebesentzug. Das bedeutet, daß der Mensch nicht in seine ganze Kraft kommt, ständig hält er sich irgendwie zurück. Unsere Gesellschaft unterstellt, wenn man sich nicht zurückhielte, dann würden Sodom und Gomorrha ausbrechen. Ungezügeltes Leben würde im Chaos enden.

Das mag stimmen, wenn man sich nicht einschwingt auf seine Umgebung, doch sobald man sich bemüht, mit seiner Umgebung zu schwingen, leitet man seine Energie automatisch in lebensfördernde Richtungen. Dies ist ein Naturgesetz, daß allen Lebewesen auf diesem Planeten innewohnt: Jedes Lebewesen will zum Leben beitragen, jedes will mitschwingen. Leben und Lieben ist das Grundprinzip dieser Existenzform. Leben kann man nur auf der Erde. Jede Wesenheit, die auf diesem Planeten geboren wird, stimmt diesem Prinzip zu, niemand betritt diesen Planeten, um zu zerstören. Es gibt keinen angeborenen Zerstörungsdrang.

Die Heiligkeit der Sexualität in unserem heutigen Leben wieder erstehen zu lassen bedeutet, an festgefahrenen Positionen zu rütteln. Menschen, die diesen Weg gehen wollen, brauchen Mut und Ausdauer. Im hohen Tantra lautet eine Anweisung an die Yogini und den Yogi: Achtet darauf, daß ihr euch nicht aneinander gewöhnt. Eure Beziehung sei ein erleuchteter Tanz. Die Sexualität der Frau und des Mannes ist eine sehr kostbare Energie, es ist die Energie des Lebens. Versäume nie, sie zu achten und zu würdigen.

Anregungen und Übungen

Die Botschaften aus dem Leben vor 5000 Jahren lassen sich nicht eins zu eins auf unsere heutige Zeit übertragen. Die Menschheit ist auf der Spirale des Lebens weitergewandert und hat sich verändert. Die Entwicklung der Individuation läßt sich nicht mehr zurückdrehen, selbst wenn wir uns das wünschen würden. Wir können jedoch Elemente des Goldenen Zeitalters in unser heutiges Leben integrieren.

Welchen Nutzen können die heutigen Menschen aus den alten Botschaften ziehen und wie können sie dieses goldene Licht praktisch in ihr Leben integrieren? – Im folgenden stelle ich Übungen vor, mit denen jeder einzelne Mensch einen wertvollen Beitrag zur Heilung und Transformation der Erde und der Menschen leisten kann. Alle Übungen sind wie Rezeptvorschläge in einem Kochbuch gedacht. Ich öffne ab hier meinen privaten Übungsraum, lade dich ein, das, was ich herausgefunden habe, kennenzulernen. Du kannst nach Herzenslust Variationen ausprobieren oder diese oder jene Zutat verändern. Du bist dein eigenes Universum mit eigenen Spielregeln. Einige »Regeln«, die in meinem System gelten, werden bei dir vielleicht keine Gültigkeit haben. Wenn du auf solche »Ungereimtheiten« treffen solltest, dann verändere sie, bis es für dich stimmig ist. Wenn du ganz aus dem Herzen handelst, wirst du schon die richtigen Entscheidungen treffen. Auch wenn du merken solltest, daß du einen Fehler gemacht hast, ist das kein Weltuntergang. Du sammelst einfach Erfahrungen auf dem Weg zum Goldenen Zeitalter. Hauptsache: Du gehst! Ich möchte mich an dieser Stelle wieder den sechs Punkten aus der Einleitung zuwenden:

1. Es gab um die Erde früher eine goldene Gitternetzstruktur, die zerstört wurde. Dieses goldene Gitternetz muß wieder aufgebaut werden. Die Knotenpunkte sind Menschen.
2. Alle Leiden sind durch das blaue Licht, das durch die Herzen strömt, zu heilen.
3. Es gibt kein Gut und kein Böse. Licht und Dunkel sind gleichwertig.
4. Die Erde ist ein lebendiger Organismus. Sie hat Teil an uns und wir sind ein Teil von ihr.
5. Die Erde braucht unsere Hilfe, so wie wir ihre Hilfe brauchen – gerade jetzt!
6. Der weibliche Aspekt muß in unsere Vorstellung von Göttlichkeit integriert werden. Sexualität muß wieder heilig werden.

Zu jedem dieser sechs Punkte habe ich mir Übungen überlegt, beziehungsweise überlegt, wie ich selbst mein Leben dahingehend verändern kann.

1. DAS GOLDENE GITTERNETZ

Kommunikation aus dem Herzen

Dazu möchte ich dir eine Meditationsübung vorschlagen: Versetze dich in eine dir geläufige meditative Grundhaltung, am besten im Sitzen, mit aufrechter Wirbelsäule. Wenn du Yoga praktizierst, kannst du dir die Kundalini-Schlange vorstellen, wie sie von deinem Steißbein bis zum Scheitel in dir aufsteigt. Spüre den Fluß deiner Vitalenergie von unten nach oben. Jetzt begebe dich ganz in deinen Herzraum.

Stelle ihn dir vor, wie du magst, als große Höhle oder Festsaal oder als weite Landschaft, auf jeden Fall nicht zu eng, und sieh dich dort um. Lerne dein Herz kennen. Seine innere Ausgestaltung. Ist es dort wild, hängen Lianen von der Decke? Oder ist es eher verspielt mit Blumenwiese und sanftem Wasserfall. Achte auch auf die Einzelheiten, du wirst sehen, es gibt viel zu entdecken.

Jetzt lade andere Menschen in dein Herz ein. Beginne zum Beispiel mit einem guten Freund, setze dich mit ihm an deinen inneren Wasserfall und führe mit ihm ein wortloses Gespräch. Sage ihm etwas, das du ihm schon lange sagen wolltest, als Bilder – ohne Worte. Lasse ihn deinen Wunsch fühlen. Dann fühle dich in seinen Herzraum ein. Lerne seinen Herzraum kennen. Schau dich dort um. Wie sieht es dort aus? Eher weite Steppe oder mächtige Höhle mit glitzernden Edelsteinen an den Wänden? Du begegnest bei dieser Übung der unverstellten Urnatur des Menschen – der Wildnis.

Diese Wildnis ist nicht bedrohlich, wie uns oft vorgegaukelt wurde. Sie entspricht einfach unserem innersten Wesenskern. Wenn wir unsere Wildheit zulassen, wird sie nicht ausschließlich aus unserem unteren Zentrum und dunklem Begehren gespeist, sondern unsere Wildheit will unsere innersten Wünsche verwirklichen, und die sind in unserem Herzen gespeichert – unsere Herzenswünsche eben. Wenn wir unserer Wildheit wirklich nachgeben, führt sie uns zur Gestaltung unserer Herzenslandschaft.

Wenn du also als Herzraum einen grünen Hügel am Meer siehst, an dem immer frischer Wind weht und du dich leicht und verspielt fühlst, so wird dich deine Wildheit, wenn du sie wirklich akzeptierst, in einen solchen Erfahrungsraum auch in der äußeren Welt führen.

Du wirst dir Lebensumstände verschaffen, die dir genau dieses Lebensgefühl vermitteln, und andere Lebensumstände meiden. Wie fühlt sich das für dich an? Wenn diese Affirmation für dich angenehm ist, dann kannst du sie sofort auf das tägliche Leben übertragen.

Übe dich darin, wenn du auf andere Menschen triffst, ganz aus dem Herzraum zu kommunizieren – mit und ohne Worte. Die Menschen vor 5000 Jahren kommunizierten in einer fast wortlosen Sprache miteinander. Sie waren durch eine Sprache des Herzens verbunden. Ihre Form von Telepathie bildete keine Worte im Kopf des anderen, sondern Bilder, gemeinsam geteilte Erfahrungen.

Das Goldene Gitternetz war einstmals die energetische Verbindung der Menschen aus dem Herzen heraus. Aus deinem Herzraum heraus kannst du dir vorstellen, wie du goldene Fäden zu allen anderen Menschen auf diesem Planeten spinnst, bis ein dichtes goldenes Netz den Planeten umspannt. Beim nächsten Gebet oder beim nächsten Ritual, das du zelebrierst, lenke deine Aufmerksamkeit auf die vielen anderen Menschen auf diesem Planeten, die zur Zeit ebenfalls bemüht sind, das Goldene Gitternetz wieder aufzubauen. Du bist nicht allein!

Natürlich bietet eine solche Haltung einen großen Schutz für den Planeten und die Menschen selbst, denn wenn man sich so miteinander verbunden fühlt, tut man sich gegenseitig kein Leid an!

Vermeide alles, was Trennung erzeugt. Besiege deine Eifersucht!

Meditationsübung für Kinder

Falls du Kinder hast, kannst du mit ihnen gemeinsam das Goldene Gitternetz visualisieren. Rede mit ihnen über dieses schöne Netz und wie es alle Menschen aus dem Herzen heraus verbindet. Laß sie ihre Energie auch in das Netz einbringen. Die Kinder freuen sich, wenn sie merken, daß ihr Beitrag auch Anerkennung findet. Laß die Kinder dieses Goldene Gitternetz malen. Du wirst erstaunt sein, wie leicht den Kindern diese Vorstellung fällt!

2. HEILUNG

Einstmals, als die goldene Gitternetzstruktur auf der Erde noch intakt war, führten die spirituellen Führerinnen und Führer fast aller Völker der Erde zum gleichen Zeitpunkt in bestimmten Abständen ein Ritual durch, in dem sie heilendes blaues Licht um die Erde schickten. Sie luden damit gleichzeitig die Energiezentren der Erde auf.

Jedes Volk hatte seine eigene ihm angemessene Form des Rituals. Einige tanzten zu Ehren der Mutter Erde und stampften auf den Boden, andere spielten auf Trommeln oder Digderidoos. Wieder andere hatten magische Steine oder Kristalle oder benutzten feine Energiefäden, die sie von ihrer Hautoberfläche aussandten. Unter Wasser wurde das blaue Licht von den Walen und Delphinen weitergeleitet.

Dort, wo die Menschen sich mit der Absicht versammelten, die Erde zu heilen, bildeten sich Kuppeln aus blauem Licht. Einstmals wurde so jedes Chakra der Erde in bestimmten Abständen von Menschen wieder aufgeladen. Wir Menschen sind also tatsächlich mit dem Organismus Erde mit einer bestimmten Aufgabe verbunden, so wie etwa ein Enzym unseres Körpers uns bei der Verdauung hilft oder bestimmte Bakterien das Immunsystem stützen.

Auch wir sollten das blaue Licht der Heilung wieder um die Erde schicken. Laßt uns sofort beginnen. Jeder heile sich selbst, die anderen und die Erde! An erster Stelle steht hier die Auflösung der alten Traumata, da sie in erheblichem Maße den gesunden Fluß der Vitalenergie und unsere spirituelle Entwicklung behindern. Dazu möchte ich zunächst das Konzept der »Dämonen des Traumas« erläutern:

Die Schamaninnen und Schamanen Sibiriens gehen davon aus, daß jemand, der in seiner Kindheit oder in seinem vorherigen Leben verletzt wurde, einen Dämon in sich trägt, der ihn so lange begleitet oder sogar beherrscht, bis er aktiv wahrgenommen und in seine Schranken verwiesen wird. Die moderne Psychologie würde dies als ein Trauma bezeichnen. Dieses Trauma verleitet die Menschen dazu, das traumatische Erlebnis immer wieder mit wechselnden Mitspielern nachzuspielen. Sie tendieren dazu, andere zu verletzen oder Situationen zu schaffen, in denen sie selbst verletzt werden.

Im ersten Fall schlägt die Enttäuschung der nicht erfüllten Liebessehnsucht in Wut oder Kontrollzwang um. Durch Terror soll der oder die »Geliebte« zur Hinwendung gezwungen werden. Diese Form des »Dämons« besetzt öfter Männer. Aus heiterem Himmel werden sie zu einem wütenden Donnerkeil. Sie fühlen sich völlig im Recht, während sie wüten. Hinterher tut es ihnen oft leid, und sie wissen nicht »was in sie gefahren ist.« Im zweiten Fall ist die Enttäuschung so tief in die Gefühlswelt eingebrannt, daß sie nicht losgelassen werden kann und nach Wiederholung schreit.

Der »Dämon« bewirkt, daß die Menschen anderen im übertragenen Sinn immer wieder ein Messer in die Hand drücken und sagen »Stich zu!«. Sie setzen damit die anderen in die Rolle des Täters und sich selbst in die Rolle des Opfers und spielen damit immer wieder das Trauma des Verletzwerdens nach. Die angeblichen Täter geraten in das schwarzmagische Feld des »Dämons« des Opfers, fühlen sich schlecht, verstehen nicht. was sie falsch gemacht haben. und verlieren Energie.

Die angeblichen Opfer sind in der starken Position, denn sie können sich die Täter nach Belieben aussuchen. Diese Form des Dämons bewohnt besonders oft Frauen. Allerdings können auch Männer sich schmollend zurückziehen und Frauen durch Kontrolldruck ihren Partner tyrannisieren. Die Übergänge sind fließend. Wie bei einer Sucht sehen die Betroffenen sich nicht in der Lage, ihr zwanghaftes Verhalten zu ändern. Meist finden sie unbewußte Mitspieler, die sich mit ihnen in einem Kreislauf von Reaktion und Gegenreaktion verfangen.

Liebe erzwingen	Liebe zurückziehen
= Gewalt	= Liebesentzug
= Täter	**= Opfer**
= Liebeszerstörung	= Liebesverzicht
= Lebenszerstörung	= Lebensverzicht
= Todessehnsucht	**= Todessehnsucht**

Aufgabe für beide Seiten wäre, in die Liebe zu gehen und ins Leben zu gehen – ohne Einschränkung, also die absolute **Lebensbejahung.** Die Attraktion der Todessehnsucht ist eine Verklärung des Todes. Beide erhoffen sich dort die Auflösung aller Widersprüche, die Verbindung mit der anderen Ebene, die Verbindung mit dem Göttlichen, die Verbindung mit der universellen Liebe. Es ist also eine versteckte Liebessehnsucht.

Die spirituelle Aufgabe besteht darin, zu erkennen, daß die ersehnte Anbindung hier und heute, auf dieser Erde, durch die eigene Liebe zu verwirklichen ist. Gelingt dies wenigstens einem der beiden Mitspieler des Dramas, besteht eine Chance, daß der zerstörerische Teufelskreis durchbrochen wird. Geschieht das nicht, können traumatische Erlebnisse sogar regelrecht weitervererbt werden. Die nächste Generation erbt die lebenszerstörenden Verhaltensweisen. Die Töchter und Söhne lassen ihrer Wut freien Lauf, richten sie gegen sich selbst oder andere oder ziehen sich vom Leben zurück und können der Liebe nicht vertrauen.

Der Verhaltensforscher Pavlov war der erste, der auf dieses Phänomen aufmerksam machte, und durch seine Laborhunde herausfand, daß erlittene Qualen sich dem gesamten Erinnerungsfeld einer Gruppe mitteilen, also auch Gruppenmitgliedern, die nicht direkt beteiligt waren. Mittlerweile konnte darüber hinaus wissenschaftlich nachgewiesen werden, daß Traumata die Struktur der Gene verändern und damit das Erbgut. Werden Traumata nicht behandelt, werden sie tatsächlich in den Zellen über Generationen weitergereicht. Unter diesem Gesichtspunkt versteht man, wieso es so viel Gewalt in der Welt gibt. Jede Gewalttat der letzten 5000 Jahre tragen die Menschen auf ihren Schultern und vergelten sie mit neuer Lieblosigkeit.

Liebe alleine reicht nicht aus, diese Bürde zu heilen. In einem liebevollen Umfeld können die Auswirkungen höchstens gemildert werden. Es führt kein Weg daran vorbei, dem Trauma selbst ins Gesicht zu blicken.

Wir tragen fast alle den zermürbenden Gedanken in uns, daß wir Menschen von Grund auf fehlerhaft sind. Wir fühlen uns nicht geliebt, so wie wir nun mal sind. Wir haben Angst, unsere Liebesbeziehungen wieder zu verlieren. In einem Umfeld der Angst verletzen die Menschen sich häufiger gegenseitig. Beste Voraussetzungen für neue Dämonen des Traumas.

Eifersucht ist oft auch ein Zeichen für ein gestörtes Selbstwertgefühl. Aus der Tiefe wirken verkrustete Emotionen alter Verletzungen. Du hast niemals das Recht, andere mit deinen verletzten Ego-Anteilen zu belasten. Leben bedeutet Veränderung. Das gilt auch für deinen Partner. Was hindert dich daran, Veränderung zuzulassen, was wäre daran für dich so bedrohlich?

Gleichgültig, was dein Partner oder deine Partnerin tut, du solltest ihm oder ihr vertrauen. Zeige deutlich, daß du sie oder ihn liebst und respektierst, und gehe dann in deinen Herzraum und warte ab. Bleibe in der Liebe und im Leben, füttere nicht deine Todessehnsucht durch Rückzug oder Druck und Kontrolle. Das ist eine der schwersten spirituellen Übungen, aber sie hilft dir, bei dir selbst und lebendig zu bleiben, auch wenn es schmerzt.

Die auftauchende Verlassensangst wird aus Mangeldenken gespeist. Dieses Denken ist uns nach jahrtausendelanger Indoktrination in Fleisch und Blut übergegangen.

Immer sind andere besser, wissender, erleuchteter, und man selbst bleibt alleine zurück. In der Katholischen Kirche meiner Kindheit wurde während der Kommunion gebetet: »Herr, ich bin nicht würdig, daß du einziehst unter mein Dach, aber sprich nur ein Wort, so wird meine Seele gesund.« Dabei mußten wir uns in Höhe des Herzens drei Mal gegen die Brust schlagen.

Wie soll man sich in der Fülle fühlen, wenn man so aufwächst, mit dieser ständigen Affirmation, ein mangelhaftes Wesen zu sein? Diese Haltung betrifft nicht nur die Katholiken, sondern alle Menschen, die im Einflußbereich einer Abrahamitischen Religion leben. Der nagende Zweifel, irgendwie immer fehlerhaft zu sein, belastet das Zusammenleben der Menschen. Fast jeder bezieht die Handlungen der anderen Menschen auf sich selbst, obwohl sie mit einem selbst meist nichts zu tun haben.

Will sich jemand nicht mit einem treffen, wird unterstellt, daß man selbst in den Augen des anderen zu mangelhaft sei oder daß der andere einen nicht angemessen würdige. Moderne Paartherapeuten treiben diese egozentrische Haltung sogar noch auf die Spitze, indem sie behaupten, Seitensprünge würden ausgelöst, weil ein Partner in einer Beziehung etwas vermisse. Der »Betrogene« soll sich fragen, was er oder sie falsch gemacht hat. Wieder dieses Mangeldenken. Die Betrogenen sollen ihre Haltung überdenken und die Seitenspringer so wieder in den sicheren Hafen der Beziehung zurückführen. Dabei haben die Betrogenen meist nichts falsch gemacht, die Seitenspringer wollten nur in die Fülle des Lebens eintauchen, Lebens- und Liebesenergie tanken.

Es gibt viele Menschen, von denen man liebevolle Impulse aufnehmen kann. Die Liebesenergie ist unendlich und nicht begrenzbar. Sie sucht sich immer neue Wege. Sie ist die stärkste Kraft auf diesem Planeten. Also muß man sehr viel Gewalt, Regeln und Druck anwenden, um ihren freien Fluß zu behindern. Das wurde in der Vergangenheit auch getan, so daß kaum jemand als Kind bedingungslose Liebe erfahren hat. Was man nicht erfahren hat, kann man nicht weitergeben. Statt dessen drohen wir fast alle mit Liebesentzug und/oder Druck, um uns der Liebe zu versichern. Eine schizophrene Situation.

Diese Gewalt und der Druck sind ein hervorragender Nährboden für Dämonen des Traumata, so daß sich in »normalen« Beziehungen in der Regel verletzte Menschen gegenüberstehen, die von ihren jeweiligen Dämonen im Untergrund gelenkt werden. Der Partner kann nicht in Freiheit geliebt werden, weil die ständige Unsicherheit, ob man ein liebenswertes Geschöpf ist, auf Sicherheiten drängt. So kommt es zu ewigen Liebesschwüren und offiziellen Eheversprechen. Der freie Fluß der Liebesenergie wird durch Gatter kanalisiert und zurückgedrängt. Die Ehegatten bestehen auf ihr exklusives Sexualitätsrecht. Die Begattung darf nur durch den einen Partner erfolgen, den Ehegatten eben. Wird gegen diese Regel verstoßen, kippt die wichtigste Grundregel der meisten Beziehungen.

Die Psychologie hat mit der Traumaforschung begonnen, den Dämonen ins Gesicht zu blicken. Dies bietet auch uns westlichen Menschen eine Chance, die alten Verletzungen zu heilen und unsere Kinder unbelastet in die Zukunft blicken zu lassen. Unter anderem werden Familienaufstellung, Hypnose und verschiedene Atemtechniken angewandt, um sich der verletzenden Erfahrung zu nähern. Andere Kulturen haben dafür ihre eigenen Verfahren. Die sibirischen Schamaninnen führen die Betroffenen zum Beispiel mit ihrer Trommel zurück an die Entstehungsstelle des Traumas und helfen so, dem Dämon ins Gesicht zu blicken. Die Begegnung mit solch einem Dämon erfordert sehr viel Mut, und zwar um so mehr Mut, je größer der Dämon ist, beziehungsweise je stärker die Verletzung von der Wesenheit empfunden wurde.

Der hohe Einsatz zahlt sich aus, denn die Bindung an die alte Enttäuschung kostet wertvolle Lebensenergie. Dadurch, daß die Dämonen aus ihrem Versteck ins Licht gezerrt werden, lösen sie sich auf, und der Mensch kann endlich frei durchatmen und sein Herz öffnen. Die Energie kann wieder frei fließen. Geschieht das nicht, macht der Dämon immer wieder auf sich aufmerksam. Er will gleichsam gefüttert werden. Immer wieder bauen die Menschen, ohne es zu wissen, ein schwarzmagisches Feld auf, in dem sie selbst und ihre Mitspieler kostbare Lebensenergie verlieren.

Viele große Heerführer, die vorgaben, zum Wohle der Menschheit die Waffen sprechen zu lassen, waren in Wirklichkeit von diesen Dämonen des Traumas besetzt. Man erkennt sie an der Angst, die sie verbreiten.

Wann sind die ersten Traumata entstanden? Wilhelm Reich hat intensiv in der Traumaforschung gearbeitet. Er hat die These aufgestellt, daß die Menschen ursprünglich in matristischen Gesellschaften lebten, in denen sinnliche Lebensfreude und ein freier Fluß der Sexualenergie das Zusammenleben bestimmten.

Diese Gesellschaften waren friedfertig, und ihre Mitglieder lebten gleichberechtigt miteinander. Reich stellte die Theorie auf, daß die destruktive Aggression und sadistische Gewalt des Homo sapiens ein völlig unnatürlicher Zustand sei, der durch traumatische Erlebnisse ausgelöst werde. Traumata führten zu einer chronischen Hemmung der Atmung, zu einer emotionalen Panzerung und einer Schwächung der lustorientierten Impulse und damit insgesamt zu einer starken Beeinträchtigung der Vitalkraft des Menschen. Gesellschaften mit gepanzertem Gefühlsleben bezeichnete er als patristisch. Sie sind gekennzeichnet durch schmerzvolle und lustfeindliche Rituale: *Unbewußtes oder rationalisiertes Zufügen von Schmerzen gegenüber Säuglingen und Kindern; Trennung und Isolation des Kindes von seiner Mutter; Gleichgültigkeit gegenüber weinenden und beunruhigten Kindern; Verweigerung der Brust oder verfrühte Entwöhnung; Beschneidung bei Kindern; traumatische Reinlichkeitserziehung sowie Erziehungsmaßnahmen, die Kinder dazu zwingen, ruhig, gehorsam und nicht neugierig zu sein. Andere soziale Institutionen, die darauf abzielen, das Aufkeimen der kindlichen Sexualität zu kontrollieren oder zu zerstören, sind zum Beispiel das weibliche Jungfräulichkeitstabu, das in jeder Kultur, in der ein patriarchaler, hoher Gott verehrt wird existiert, und Zwangsehen…* Der weiblichen Sexualität werden strenge Beschränkungen auferlegt, da sie als Bedrohung für patriarchale Machtstrukturen empfunden wird.

Sein Schüler James DeMeo konnte durch kulturvergleichende Studien nachweisen, daß Gesellschaften, in denen Traumata und Schmerzzufügungen gegenüber Kindern und Jugendlichen gehäuft vorkommen und die in der Folgezeit den emotionalen Ausdruck und das sexuelle Interesse der Jugendlichen unterdrücken, ausnahmslos ein Spektrum von neurotischen, selbstzerstörerischen und gewalttätigen Verhaltensweisen zeigen. Im Gegensatz dazu sind Gesellschaften, die ihre Säuglinge und Kinder mit großer körperlicher Zuwendung und sanfter Zärtlichkeit behandeln und die den emotionellen Ausdruck und die jugendliche Sexualität in einem positiven Licht sehen, psychisch gesund und gewaltlos. Gestörte gewaltsame Gesellschaften traumatisieren ihre Kinder und/oder unterdrücken sie sexuell. In allen historischen kriegerischen, despotischen und autoritären Staaten herrschte Sexualunterdrückung, Männerherrschaft und Gewalt in der Familie.

Denselben Zusammenhang kann man auch in modernen Gesellschaften nachweisen. Ist das Thema Sexualität angst- oder schambesetzt, entsteht ein lustfeindliches Klima. In den Metropolen kippt die Angst in pervertierte Sexualität, die jedes Tabu sprengt. Auffällig ist die Anonymität, mit der oft Sexualität betrieben wird. Sexualität soll irgendwie anmachen, einen Kick bringen, aber keine menschliche Bindung. Das führt zu einer Verrohung der sexuellen Umgangsformen und zu einer Überbetonung von gewaltsamen Momenten.

Gruppen, die mit freier Liebe experimentieren, sind außerhalb der Großstädte extremen Anfeindungen ausgesetzt. Sie werden als Bedrohung der Gemeinschaft empfunden und mehr oder weniger offen bekämpft. Alle sexuellen Ängste werden auf diese Gruppen projiziert. Sexuelle Ekstase erscheint in einem solchen Klima als absoluter Kontrollverlust. Es wird unterstellt, daß man rechtzeitig einen Riegel vorschieben muß, weil die Menschen sonst außer Rand und Band geraten würden. Wenn man sich allerdings mit etwas Abstand das Geschehen auf der Welt anschaut, muß man feststellen, daß genau in den Staaten mit der härtesten Sexualunterdrückung das Rad der Gewalt außer Kontrolle geraten scheint. Wie konnte es dazu kommen, daß die körperliche Liebe, das wunderbare Geschenk der Erde an uns Menschen, sich in einem solchen Spinnennetz kaum entwirrbarer Traumata verfangen konnte?

DeMeo hat in den neunziger Jahren die These aufgestellt, daß die ersten Traumata der Menschheit durch Wüstenbildung und Hungersnöte in vorher fruchtbaren Gebieten in Nordafrika, dem nahen Osten und in Zentralasien um 4000 vor Christus entstanden. Unter dem Überlebensdruck bildeten sich patristische Gesellschaftsformen, die als ihre besonderen Kennzeichen unterdrückende Sitten und Bräuche und Krieg und Gewalt aufwiesen. DeMeo konnte durch vergleichende Kulturgeschichte nachweisen, daß es in der Frühzeit der Menschen »weltweit eine relativ friedliche Phase gab, in der Krieg, Männerherrschaft und destruktive Aggression entweder ganz fehlten oder nur in sehr geringem Ausmaß vorhanden waren.« Es war ihm möglich zu zeigen, wann und wo auf der Erde erstmalig Kulturen den Wechsel von friedlichen, quasi demokratischen und gleichberechtigten Lebensbedingungen zu gewaltvollen, kriegerischen und despotischen Lebensformen vollzogen hatten.

Vor etwa 5000 Jahren, so seine These, gab es im Großraum der heutigen Sahara weite grüne Ebenen mit einem überreichen Nahrungsangebot. Nach länger anhaltenden Trockenperioden mit verheerenden Folgen für die dort lebenden Menschen waren diese gezwungen, auszuwandern. Durch die große Hungersnot waren diese Menschen traumatisiert und schleppten dieses Trauma wie einen Virus in die Welt. Ihre emotionale Panzerung als Überlebensstrategie machte sie unsensibel für die Lebenssituation der Völker, auf die sie bei ihren Wanderungsbewegungen trafen. Sie gaben die Härte, die sie erfahren hatten, an die anderen Menschen weiter.

Werden Traumata nicht wirklich aufgelöst oder geheilt, wirken sie weiter und bringen immer wieder Unglück über die Menschen. Selbst ganze Völker schaffen es dann über lange Zeiträume nicht, sich von ihrem gestörten Verhalten zu befreien. Selber verletzt, wollen sie andere verletzen, so daß sich Trauma auf Trauma häuft.

Überall auf der Erde gibt es zur Zeit Menschen, die erkennen, wie wichtig die Heilung der alten Verletzungen ist und wie wichtig es ist, keine neuen mehr zu erzeugen, endlich aus der unheilvollen Spirale auszusteigen. Es ist an der Zeit, den Tätern zu verzeihen. Ohne Verzeihen ist keine Heilung möglich. Das heißt nicht, daß man alles toleriert, sondern es heißt, daß man sich nicht von den Dämonen des Traumas zu Racheakten treiben läßt oder alte Verletzungen immer wieder nachspielt, und es heißt, daß man die Aufträge der Elterngeneration erkennt und deren Trauer heilt, statt sich von ihr antreiben zu lassen.

Das gilt auch für die zwischenmenschlichen Beziehungen in der Partnerschaft. Auch hier gilt es, den eigenen Dämonen mutig entgegenzutreten. Sei ehrlich zu dir selbst. Hast du oft mit Menschen Streit? Tendierst du zu Unnachgiebigkeit und Härte? Oder fühlst du dich oft verletzt und ungerecht behandelt? Machst du andere zu Tätern dir gegenüber? Kein lebender Mensch ist frei von Verletzungen, entweder selbst erlebten oder ererbten.

Spüre nach, ob du immer wieder von unerklärlicher Trauer oder unverhältnismäßiger Wut überfallen wirst. Hast du öfter Gefühle, die eigentlich nicht zur Situation passen? Fühlst du dich nicht angemessen behandelt, nicht ausreichend gewürdigt, was die Psychologie narzistische Kränkung nennen würde? Ohne die Heilung der alten Verletzungen kann die Angst nicht verschwinden. Immer noch hat die Angst viele Menschen auf diesem Planeten fest im Griff. Die meisten Frauen haben Angst, wenn ihnen in der Dämmerung oder an einer einsamen Stelle ein Mann begegnet. Das Vertrauen zwischen den Geschlechtern ist dahin. Es ist unsere Aufgabe, dieses Vertrauen wieder aufzubauen.

Die Angst voreinander bewirkt, daß wir unserer Liebe nicht freien Lauf lassen und sie aus Angst vor Verletzung zurückhalten. Dies ist zu einer schlechten Angewohnheit geworden, unter der besonders die Kinder leiden. Fast jeder der heute lebenden Erwachsenen der westlichen Welt trägt ein Kindheitstrauma mit sich herum, daß in mangelnder Liebe der Eltern wurzelt. Die Eltern liebten ihre Kinder ganz gewiß, aber ihre Liebe fand im Außen aus unterschiedlichsten Gründen keinen Ausdruck. Meist wurzelt die emotionale Blockade in einer emotionalen Panzerung, die sie schon von ihren Eltern ererbt haben.

Hingebung an die Liebe erfordert Mut. Auch die Liebe zu den eigenen Kindern muß von Hingabe geprägt sein, wenn sie glaubwürdig sein soll. Meist ist das Verhältnis von Eltern und Kind jedoch von Hierarchien geprägt, die eine hingebungsvolle Liebe der Eltern verhindern. Der freie Fluß der Liebesenergie ist blockiert, und nur Ansprüche stehen sich gegenüber. Die alten Verletzungen müssen geheilt werden, sonst wiederholen die erwachsenen Menschen immer wieder die Erfahrungen ihrer Kindheit in der Hoffnung auf Erlösung.

Kindliche Verlassensängste stehen sich dann auf beiden Seiten gegenüber und verleiten die Menschen, sich gegenseitig zu verletzen. Wenn die Menschen sich in der Liebe nicht geborgen fühlen, fühlen sie sich auch auf der Erde nicht geborgen. Viele entwickeln eine gestörte Beziehung zum eigenen Körper bis hin zu einer ausgeprägten Körperfeindlichkeit. Der Terrorist Mohamed Atta schrieb unter Punkt neun seines Testamentes: »Derjenige, der meinen Körper wäscht, soll, wenn er meine Genitalien wäscht, Handschuhe tragen, damit ich nicht berührt werde.«

Reinheitsideale und das Streben nach vollständiger Vergeistigung nehmen krankmachende Züge an. Die reale Existenz wird abgewertet gegenüber einer höherwertigen Idee vom Jenseits. Diese Menschen sind anfällig für Fanatismen aller Art, die gemein haben, daß das tatsächliche Leben geopfert werden darf für eine illusionäre Idee. Die Erde verkommt zum Jammertal, die anderen sind die Bösen.

Von der Abwertung sind besonders die Frauen betroffen, denn sie repräsentieren die Materie. Bevor die Menschheit den nächsten Entwicklungsschritt machen kann, ist es wichtig, daß die alten Dämonen ihre Kraft verlieren. Hilf, indem du deine eigenen entmachtest. Im Kampf mit den eigenen Dämonen zeigt sich die wahre Meisterschaft. Löse alte Traumata auf.

Nur wenn die Menschen sich wieder liebevoll füreinander öffnen können, ist die weltweite Spirale der Gewalt zu überwinden. Nur wenn die Menschen keine Angst mehr voreinander und keine Verlassensangst mehr haben, kann das blaue Licht der Liebe und Heilung wieder fließen. Dazu müssen die Traumata der Menschen geheilt werden.

HEILUNG FÜR ANDERE

Jeder ist jetzt aufgerufen zu heilen: sich selbst, andere Menschen, die Erde. Jeder Mensch hat heilerische Fähigkeiten. Jeder Mensch heilt sich selbst in jedem Augenblick. Wir sind ständig von Krankheit bedroht und von gefährlichen Viren umgeben. Manche leben immer in unserem Körper, und unser Immunsystem hält sie in Schach. Unbemerkt haben wir ständig irgendwelche Infektionen, die unser Körper heilt. Hört der Heilungsprozeß auf, tritt der Tod ein. Vom unbewußten Heilen zum bewußten Heilen ist es nur ein kleiner Schritt. Die Absicht zählt.

Wir sind die Menschen des Übergangs in das Goldene Zeitalter. Wir haben keine leichte Aufgabe, aber wir haben uns für das Leben auf diesem Planeten alle freiwillig gemeldet, auch weil diese Zeit enorme spirituelle Wachstumschancen bietet.

Wir stehen nicht allein. Hilfreiche Kräfte stehen uns zur Seite. Sie dürfen aber nur eingreifen, wenn wir sie um Hilfe bitten. Also laßt uns die Umwandlung angehen und laßt uns alle hilfreichen Wesen um Hilfe bitten. Dann kann es gelingen, den Weg des Hasses zu verlassen und die Botschaft der Liebe zwischen Mann und Frau zu leben.

Eine wirksame Methode der Trauma-Auflösung erfolgt durch die Aktivierung des Körperbewußtseins, man könnte auch sagen die Körperintelligenz. Ich nenne sie mit japanischen Begriffen Nai Ki Do. Nai bedeutet Innenwelt, Ki steht für Vitalenergie beziehungsweise Heilungsenergie und Do für den Erkenntnisweg.

Der Körper verfügt über ein eigenes Bewußtsein – insgesamt und in jeder Zelle. Alle Erfahrungen des bisherigen Lebens und mancher vorheriger Leben sind auf der Körperebene gespeichert. Mit Nai Ki Do wird das Körperbewußtsein aktiviert und der Körper um Rat bei der Bewältigung einer Krankheit gefragt.

Der Körper weiß besser als der Verstand, was wir brauchen, um wieder heil zu werden, denn der Körper kennt keine Moral und keine gesellschaftlichen Normen. Ihm ist es nur daran gelegen, daß es ihm gut geht. Jede Blockade, sei es geistiger oder körperlicher Natur raubt ihm wertvolle Vitalkraft. Ginge es nach dem Körper, würde er alle Blockaden sofort auflösen.

Mit einer speziellen Schütteltechnik wird die Körpersprache aktiviert und Kontakt zum Körper hergestellt. Der oder die Kranke stellt dem Körper selbst die Frage, was der Körper braucht, um zu gesunden. Die Bilder, die aufsteigen werden während der Behandlung nicht kommentiert. Der Heiler oder die Heilerin bleibt lediglich im beschreibenden Gespräch mit dem Patient und begleitet ihn auf der Reise in die Innenwelt.

Diese Form der Traumbehandlung bietet hervorragende Heilungschancen, weil das Trauma nicht einfach wieder aufgerührt wird, sondern der Mensch sofort selbst sein eigenes Trauma mit seinen Mitteln heilt.

Diese kurze Beschreibung kann natürlich nicht hinreichend erklären wie ich arbeite. Dennoch können sich daraus für andere Menschen, die heilend tätig sind, wertvolle Impulse ergeben, nähere Erläuterungen findet man auf meiner Webseite unter dem Stichwort »Nai Ki Do«.

Traumaheilung

Richte dich direkt an den Körper. Aktiviere die Körpersprache, indem du reihum alle Körperteile deines Partners, der auf einer Matte am Boden liegt, leicht, aber schnell schüttelst. Bitte die Person nachzuspüren, an welcher Stelle das Schütteln besonders wohltuend ist und kehre dann an diese Stelle zurück. Wenn der Körper sich also vollkommen wahrgenommen fühlt, laß die Person ihrem Körper laut eine Frage stellen. Diese Frage sollte möglichst einfach formuliert sein, wie wenn man mit einem kleinen Kind spricht.

Die Frage könnte zum Beispiel lauten: »Wie kann ich wieder Lebensfreude aufbauen?« oder »Was kann ich tun, damit ich wieder richtig essen kann?« oder »Wieso lasse ich mich immer mit Menschen ein, die mir schaden?«

Es gibt keine Frage, auf die der Körper keine Antwort wüßte. Jedes Problem, das sich in unserer Welt zeigt, spiegelt sich auch auf körperlicher Ebene wieder.

Dann frage nach dem ersten Bild, das die Person sieht. Oft ist es einfach eine Farbe, oder ein Muster, manchmal auch eine undurchdringliche Wand aus Gummi oder Nebel. Gemeinsam mit der Person mache dich auf dem Weg zur Antwort auf die eingangs gestellte Frage. Dabei schüttele die ganze Zeit sanft weiter, auch wenn es über eine Stunde dauert. Während des Fragens nimm eine neutrale Position ein. Sei lediglich Mediator, der oder die das Gespräch mit dem Körper im Laufen hält. Immer wieder frage die Person, ob und wo sie nach der Antwort weiter suchen möchte. Begib dich ganz in die Innenwelt deines Gegenübers, bleibe im Kontakt, wohin der Weg euch auch führen mag. Biete Alternativen an, wenn die Reise stecken zu bleiben scheint. Seid ihr schließlich bei der Schlüsselszene angekommen, betretet gemeinsam die Heilungsebene. Sage der Person, daß sie jetzt auf der Zauberebene ist und die Möglichkeit hat, von dort aus die Vergangenheit zu heilen, denn Vergangenheit, Gegenwart und Zukunft sind immer gleichzeitig und beeinflussen sich gegenseitig. Auf der Zauberebene stehen alle Möglichkeiten der mehrdimensionalen Welt zur Verfügung. Heilung ist zum Beispiel möglich durch Gesang, heilende Quellen, Feuer, Wind, Licht oder Hilfswesen.

Ein junger Mann schickte zum Beispiel seinem Vater, der ihn während seiner Reise in die Vergangenheit immer wütend, dunkel und drohend ansah, einen strahlenden Stern und heilte somit die Beziehung. Oft öffnet sich dabei auch die Tür zu zurückliegenden Generationen, die auch geheilt werden wollen. So zeigte sich in dem selben Fall die Mutter des Vaters traurig über ihre Unfähigkeit Liebe zu geben. Auch dieser Frau schickte der junge Mann einen Stern, so daß sie ihren Sohn liebevoll umarmen konnte. Er ließ so lange den Stern leuchten, bis er sicher war, daß alles geheilt war.

Danach änderte sich sein Leben von Grund auf. Er, der immer Probleme hatte Bindungen einzugehen, hat jetzt eine feste Freundin, mit der er zusammen lebt und die von ihm ein Wunschkind erwartet.

Als Hausaufgabe sollte der junge Mann sich immer wieder das Gefühl wachrufen, das er hatte, als er seinen Stern der Heilung losschickte – dieses helle, warme Strahlen.

HEILUNG IN DER GRUPPE

An dieser Stelle möchte ich die Gründung eines Heilerchores anpreisen. Wir haben nach der Gründung unseres Heilerchores schon wunderbare Erfahrungen gemacht. Selbst Knochenbrüche und langjährige chronische Schmerzen konnten durch unseren Gesang in der Heilungsentwicklung enorm begünstigt werden.

Inspiriert wurde ich dazu durch meine zwölfjährige Tätigkeit in der Psychiatrie. Ich lernte im Laufe der Jahre, durch alle Kommunikationsstörungen hindurchzutauchen wie durch einen Perlenvorhang und mit der heilen Seele der Menschen zu kommunizieren. Ich sang ihnen von der Ebene, wo alles heil ist, und ihre Seelen erinnerten sich an diesen Zustand. Ich hatte mit den Patienten wunderbare Erlebnisse und einige Heilungserfolge.

Diese spezielle Form zu singen wollte ich mit einer größeren Gruppe Menschen ausprobieren. Es wurde ein glatter Erfolg. Alle Beteiligten spürten das besondere Energiefeld, das wir erzeugten. Es ist ein Feld bedingungsloser Liebe, in dem sich die Menschen ohne Vorbehalte und ohne Angst begegnen, von dem Glauben beseelt, daß wir alle uns gegenseitig helfen können, wenn wir nur mit offenen Herzen bei der Sache sind. Bei einer Frau, die unter extremer Kälte und Kreislaufschwankungen litt, drehte sich, während wir sangen, in der Teeküche sogar von selber das heiße Wasser auf. Dies war um so verwunderlicher, da der Wasserboiler nur auf lauwarm stand, um Energie zu sparen, und eigentlich gar kein dampfend heißes Wasser produzieren konnte. Für alle, die auch diese Form des Heilsingens ausprobieren wollen, hier die Beschreibung unserer Vorgehensweise:

Gründung eines Heilerchors

Zunächst setzen wir uns zu einer Tasse Tee im Kreis auf den Boden und besprechen, wie wir das letzte Treffen erlebt haben, wie wir uns heute fühlen. Wir stellen uns gegenseitig vor, wenn neue Leute dabei sind, und melden an, wer sich in die Mitte legen möchte. Dann räuchere ich jeden mit Salbei, damit alle störenden Energien draußen bleiben.

Die Menschen, die um Heilung bitten, legen sich auf den Boden in die Mitte des Kreises, schließen die Augen und entspannen sich. Zum Einsingen machen wir verschiedene Atemübungen und Übungen zur Stimmbildung und dann beginnt das eigentliche Heilsingen. Einer oder eine legt sich in die Mitte auf eine weiche Matte auf den Boden. Wir setzen uns darum herum und lassen uns das Problem nennen, das wir besingen sollen.

Danach geschieht etwas ganz Besonderes: Wir singen die Person in der Mitte heilig, das heißt, wir singen ihren Namen wie einen Choral in der Kirche. Wir singen in freier Improvisation. Damit schaffen wir ein Feld bedingungsloser Liebe. Es ist eine wunderbare Erfahrung von einer Gruppe von Menschen so bedingungslos angenommen zu sein. Man fühlt sich von der Gemeinschaft getragen.

Nach einer kleinen Pause, in der wir uns auf das Feld des Menschen in der Mitte konzentrieren, besingen wir gemeinsam das Problem. Jeder läßt die Laute aufsteigen, die ihm oder ihr angemessen erscheinen. Das können Melodien, Schnalzgeräusche, Flüsterstimmen oder auch einzelne Töne sein. Alles ist erlaubt, bloß keine Worte. In der Gruppe entsteht ein verwobener Teppich aus Klängen, wir baden im Klang unserer Stimmen und unserer Seelen. Manchmal ist unser improvisierter Gesang ganz sanft, manchmal wild. Bilder steigen auf, besonders bei den Personen in der Mitte. Wir spüren gemeinsam, wie lange unser Gesang dauern sollte. Meistens sind es etwa 15 Minuten.

Danach setzen sich die Menschen, die in der Mitte gelegen haben, wieder auf und kehren zurück in den Kreis. Jedes mal sind sie ganz verändert und haben strahlende Augen. So von Liebe getragen, fühlen sich die meisten von der Erde angenommen wie selten zuvor.

In der Abschlußrunde kann jeder, der möchte, seine Eindrücke schildern. Alle fühlen sich sehr verbunden, selbst wenn sie sich vorher nicht kannten.

Unsere Heilungsquote ist enorm. Selbst Knochen heilten schon schneller nach unserem Gesang, und chronische Krankheiten erfahren eine wunderbare Linderung. Mit derselben Methode stellen wir uns auch in die freie Natur und besingen Landschaften oder Plätze. Es ist erstaunlich, wie ähnlich die Eindrücke sind, die wir von der Umgebung empfangen, wenn wir uns nur vorbehaltlos öffnen. Ich habe diese Form des Heiligsingens schon bei verschiedenen Gelegenheiten gezeigt und mittlerweile gibt es mehrere Heilerchöre. Der jüngste entstand diesen Sommer in Berlin.

Ich wünsche mir, daß überall auf der Erde die Menschen ihre wunderbaren Stimmen dazu einsetzen, sich selbst und andere zu heilen und auch der Erde liebevolle akustische Botschaften zu senden. Ich bin mir absolut sicher, daß wir uns alle in einem einzigen großen Schwingungsfeld befinden und daß alle liebevollen Äußerungen die Harmonie des gesamten Feldes erhöhen.

HEILUNG FÜR DIE ERDE

Liebe ist das Heilungselixier, das wir Menschen der Erde geben können. Jedes Ritual, das wir aus liebevollem Herzen für die Erde improvisieren, ist ein Gewinn. Das Goldene Gitternetz ist noch nicht wieder geschlossen, so daß wir das blaue Licht der Heilung noch nicht wieder ganz um die Erde senden können, aber wir können da, wo wir leben, jederzeit liebevolle Signale zur Erde senden. Ganz sicher wirkt das *Aufstellen eines Nabelsteines* und das bewußte *Senden von Sexualenergie* (siehe unten) an die Erde heilend.

Der Nabelstein

Besorge dir einen möglichst großen abgerundeten Stein, möglichst weiß. Er soll wie ein Ei daran erinnern, daß wir alle von der Erde abstammen, gleichzeitig soll er an den gewölbten Bauch der Erde erinnern, der alles Leben hervorbringt, drittens symbolisiert er unseren menschlichen Nabel, mit dem wir mit unserer Mutter verbunden waren.

Suche dir einen geeigneten Platz in der Natur. Wenn es dir irgendwie möglich ist, nimm Kinder mit. Sie können dir helfen, während des Rituals spielerisch zu bleiben, außerdem haben sie meist noch ein unverstelltes Gefühl für gute Plätze. Also schick die Kinder los. Erkläre ihnen, daß es darum geht, einen Platz zu finden, von dem aus man gut Verbindung zur Erde aufnehmen kann. Sie werden sich nach einigen Diskussionen auf einen Platz einigen. Ich habe das schon mehrmals ausprobiert und jedes Mal positive Erfahrungen gemacht.

Besonders schön war es in diesem Sommer, als wir vier Frauen und drei Mädchen waren und sich die Einweihung des Nabelsteines fast zufällig ergab. Wir hatten einen wunderschönen Tag an einem Waldsee verbracht und waren ganz entspannt. Wir begannen mit den Vorbereitungen am Nachmittag. In der Abenddämmerung zogen wir uns aus und bemalten uns gegenseitig mit Körperfarben. Das machte uns allen einen Riesenspaß.

Eine Frau ließ einen Zettel herumgehen, auf den jede Frau und jedes Mädchen spontan eine Zeile schreiben sollte, ohne die Zeilen der anderen zu sehen. Das komplette Gedicht sollten wir erst nach dem Ritual lesen. Wir einigten uns auf einen geeigneten Platz für den Stein und die Mädchen schmückten ihn mit Blumen.

Wir räucherten uns gegenseitig mit Salbei und setzten uns alle ins Gras und sangen für die Erde und die Sterne und die Menschen. Ganz zärtlich streichelten wir den Nabelstein und segneten die Erde mit unseren Wünschen. In einer Räucherschale verbrannten wir als Geschenk getrocknete Rosenblätter, und aus einem kleinen schwarzen Gefäß von den Indianern aus dem Taos-Pueblo in New Mexiko goß ich jeder Ritualschwester etwas Wasser in die Hand, zur Reinigung und zur Erinnerung, daß wir alle aus der Quelle des Lebens stammen. Ich zeichnete mit Kohle drei schwarze Striche auf den Stein, als Symbol für die drei Wandlungsphasen des Mondes und der Frau. Zum Zeichen, daß wir mit der Erde blutsverwandt sind, ritzte sich dann jede an einem Finger mit meinem Ritualmesser und gab etwas Blut auf den Stein. Es war ein Moment voller Ernsthaftigkeit und Magie.

Sobald das Blut ins Spiel kam, war allen Beteiligten klar, daß wir eine andere Ebene betraten. Es war die Magie des Blutes. Eine Magie, die die Verbundenheit mit der Großen Mutter Erde bezeugt und unsere Entschlossenheit, uns auf sie zu beziehen, sie mit unserer Liebe zu umfangen.

Über uns leuchteten die Sterne, ein leichter Wind kam auf und streichelte unsere Haut, wie ein zärtlicher Gruß. Gemeinsam entfachten wir ein großes Feuer und tanzten singend im Kreis um die Flammen. Zum Abschluß des Rituals lasen wir unser gemeinsames Gedicht:

– Ein wunderschöner Garten im Wald besaß die ganze Energie. *(Mädchen 1)*
– Wir legen den Stein an seinen Platz. *(Mädchen 2)*
– Die bunten Blumen blühen. *(Mädchen 3)*
– Ganzheit, Weisheit, Liebe. *(Frau 1)*
– Drachenblut und Glühwürmchentanz. *(Frau 2)*
– Liebeslicht strahlt über uns und läßt uns fliegen in die Welt der Wunder. Wir sind die Sonnenkinder. *(Frau 3)*
– Sonne, Mond und Sterne. *(Frau 4)*

Gleich am nächsten Morgen fragten uns die Mädchen, wann wir so etwas Schönes noch mal machen könnten. Sie leuchteten und strahlten. Ich habe übrigens in den letzten Jahren schon mehrere Nabelsteine mit Erwachsenen und Kindern eingeweiht, und jedes Mal war es ein ergreifendes Erlebnis. Mit der Schulklasse meines jüngsten Sohnes verbrachten wir in diesem Sommer einige Tage im »Urwald vor der Stadt« (Saarbrücken). Die bunt gemischte Kindergruppe hatte keinerlei Probleme, sich die Erde als lebendiges Wesen vorzustellen. Nachdem wir den Stein gesucht, geschmückt und mit einigen Tropfen Blut geweiht hatten, legte jedes Kind ein getrocknetes Rosenblatt auf die Räucherkohle, streichelte den Stein und sagte einen Wunsch für die Erde. Sie wünschten unter anderem, daß die Menschen die Erde wieder lieben und sie auch liebevoll behandeln, daß weniger Bäume gefällt werden und niemand mehr das Wasser beschmutzt.

HEILUNG DER WEIBLICHEN SEXUALITÄT

Nachdem ich mich in meiner Rückerinnerung wieder an die Heilungszeremonie gegen sexuellen Mißbrauch erinnert hatte, wollte ich ausprobieren, ob sie auch heute noch wirkt. Ich verabredete mit einer Freundin, die in Österreich einen internationalen Kongreß für Hebammen und Geburtshelferinnen organisierte, einigen interessierten Frauen am Rande des Kongresses diese Zeremonie vorzustellen. Als Mediationsform hatte der Kongreß »Open Space«, so daß alle Referenten ihr Angebot kurz im Plenum unterbreiteten und dann die Kongreßteilnehmerinnen durch ihr Votum die Gewichtung der Themen bestimmen konnten.

Ich trat also in die Mitte, erklärte die Energie- und Stimmübungen, die ich anbieten wollte, und erzählte am Rande von der geplanten Zeremonie im kleinen Kreis. Die Entwicklung nahm einen für mich völlig überraschenden Verlauf, denn die Heilungszeremonie wurde zum Hauptprogrammpunkt am selben Nachmittag gewählt.

Meine Gefühle machten eine Berg- und Talfahrt. Einerseits freute mich das große Interesse, andererseits war ich von dem großen Bedürfnis nach Heilung betroffen. Am größten war jedoch meine Angst, der Aufgabe nicht gewachsen zu sein. Immerhin waren hier kompetente Frauen aus der ganzen Welt versammelt, die eigene Geburtsmethoden entwickelt hatten und selbst Erfahrungen in ritueller Arbeit aufweisen konnten.

Schließlich rief ich mich zur Vernunft und verbat mir jeden weiteren Gedanken. Die Kräfte hatten mich bis hierher geführt, sie würden mich schon nicht scheitern lassen. Also ging ich noch einmal vor das Konferenzgebäude, holte tief Luft und konzentrierte mich auf meine Aufgabe.

Ich fragte eine ältere, sehr sympathisch aussehende Frau spontan, ob sie mir helfen könnte, den Energiekreis zu halten. Sie sagte lächelnd zu. Später erfuhr ich, daß sie Elisabeth Davis war, eine der bekanntesten Circel-Frauen der USA, die um die Welt reist, um die Frauen zur Bildung von Frauenkreisen zu ermutigen.

Die Heilungszeremonie

Ich holte also meine Schamanentrommel, meine Räucherutensilien und einen einfachen hellgrauen Kaftan aus meinem Zimmer und ging in den vorgesehenen Saal. Viele Frauen waren schon versammelt und warteten. Die Frau, die von ihrem Mißbrauchserlebnis geheilt werden wollte, war auch schon da. Ich spürte das Vertrauen, das auf mir ruhte, und wurde ganz ruhig. In diesem Augenblick wußte ich: Wir werden es schaffen.

Ich bat die Frauen, sich im Kreis zu setzen. Einige der Frauen hatten ihre Rasseln oder Trommeln dabei. Die drei anwesenden Männer bildeten einen äußeren Schutzwall. Ich erklärte den Ablauf der Zeremonie, insbesondere die Bedeutung der vier Teile: das Heiligsingen, das Rufen des Schmerzes, das Heilen des Schmerzes, die symbolische Heilige Hochzeit auf dem Altar.

Zu Beginn räucherte ich alle Anwesenden und gab jedem aus einer Glaskaraffe etwas Wasser in die Hand. Dann legte sich die Frau, die geheilt werden wollte, in die Mitte, und wir sangen ihren Namen wie einen vielstimmigen Choral in der Kirche. Dadurch veränderte sich sofort die Atmosphäre im Raum. Wir spannten ein Feld der bedingungslosen Liebe auf. Alle wurden ruhig und gleichzeitig beseelt. Die Augen leuchteten.

Geschützt von diesem Feld der Liebe trat ich in die Mitte und ahmte mit meiner Rassel das Geräusch einer Klapperschlange nach und flüsterte bedrohlich. Alle stimmten ein. Schon nach wenigen Sekunden begann die Frau in der Mitte, sich zu winden. Sie schrie und weinte gleichzeitig. Der Dämon, ihr altes Trauma, war wieder aktiv. Ich ließ sie nicht lange leiden, sondern leitete den nächsten Teil ein, die eigentliche Heilung.

Ich gab auf meiner Trommel einen langsamen gleichmäßigen Rhythmus vor und sang tiefe, beruhigende Töne. Die Frau kam zur Ruhe und legte sich wieder auf den Rücken. Einige massierten ihr den Bauch, andere hielten den Kopf oder die Füße oder sangen mit. Alle waren sehr konzentriert.

Plötzlich mußte die Frau spucken, ein zäher Schleim kam aus ihrem Mund. Entschlossen kam eine Frau vor, nahm den Schleim mit einem Papiertaschentuch auf und verbrannte ihn sofort über einem Teller.

Von diesem Moment an wurde das Trommeln wilder, der Gesang fröhlicher, und wir konnten zur Heiligen Hochzeit übergehen. Die Frau in der Mitte wählte selbst aus, welche Frau mit ihr symbolisch die Heilige Hochzeit vollziehen sollte. Die Wahl fiel auf meine Freundin, die Organisatorin des Kongresses, die sich eigentlich mehr im Hintergrund halten wollte und zudem noch im sechsten Monat schwanger war. Aber sie stand ohne zu zögern auf und setzte sich neben die Frau, als wäre sie ein männlicher Liebhaber, der sie zum Liebesspiel verführen will.

Sie streichelten und küßten sich. Wir wurden alle immer wilder. Schließlich standen wir auf und tanzten ausgelassen und sangen. Der Bann war gebrochen.

In der Abschlußrunde zeigten sich alle von dem Erlebten tief berührt. Eine afrikanische Hebamme sagte sogar, daß sie jetzt ihren afrikanischen Kolleginnen Abbitte leisten müßte. Sie hatte die traditionellen afrikanischen Geburtshelferinnen immer belächelt. Jetzt habe sie gesehen, daß wir uns im Westen bemühen, Rituale wiederzufinden, die in ihrem Land noch Tradition sind.

(Die Musik zu dieser Heilungszeremonie findest du auf der am Schluß des Buches genannten CD.)

Das Mädchenfest

Ein weiterer Punkt ließ mich nach meinen Visionen nicht mehr los. Ich fragte mich immer wieder, wie wir der jungen Generation wieder die Huldigung der weiblichen Sexualität näherbringen könnten. Ich kam auf die Idee, für meine Tochter und einige ihrer Freundinnen ein Mädchenfest zu veranstalten. Ich suchte nach einem geeigneten Termin und kam auf Frühlingsanfang. Es war ein Freitag, also der Liebesgöttin Freya gewidmet, außerdem Vollmond und persisches Neujahrsfest.

Meine Idee fand schnell Anklang bei Freunden. Drei Mädchen im Alter zwischen 10 und 11 Jahren sollten gefeiert werden. Ich habe einen Zeitpunkt in der Vorpubertät der Mädchen gewählt, weil ich aus der Erfahrung meiner Selbstverteidigungskurse weiß, daß die Mädchen, sobald sie ihre Periode haben, schon zu verschämt sind, um ihre Sexualität noch feiern zu lassen. Jetzt freuten sie sich noch auf das Fest zu ihren Ehren.

Das Mädchenfest

Für jedes Mädchen ließ ich von einer befreundeten Künstlerin einen Thronstuhl aus festem Pappmaché bauen. Sie wählte als Motiv für jedes Mädchen den passenden Baum nach dem keltischen Baumhoroskop. Die Mädchen sollten weiße Kleidung tragen, da sie noch die reine jungfräuliche Energie der Göttin der Jagd, der weißen Frau repräsentieren, die noch frei durch den Wald streift, mit den Männern Fangen spielt und sich nicht binden läßt.

Alle Gäste kamen in rot-weißer Kleidung, um anzudeuten, daß die rote Frau schon auf die Mädchen wartet und sie bald die Freuden der Sexualität kennenlernen werden. Ebenfalls gab es nur rote und weiße Sachen zu essen. Jedes Mädchen bekam rote Geschenke und wurde mit getrockneten Rosenblättern überhäuft. Dazu gab jeder den Mädchen gute Wünsche mit auf den Lebensweg. Zum Abschluß sangen und tanzten wir gemeinsam einen Kreistanz, der der Lebenstanz genannt wird, denn die Schritte gehen immer zwei vor, eins zurück, wie im richtigen Leben, aber auch wie beim Nähen, wenn man eine Naht herstellen will, die sicher hält.

Das Fest war wunderschön. Ich bin mir sicher, wenn diese Mädchen bei ihrer ersten Periode das Blut in ihrem Schlüpfer sehen, werden sie sich an das gefeierte Rot ihres Mädchenfestes erinnern.

3. GUT UND BÖSE

In jedem Menschen halten sich die dunklen und die hellen Kräfte die Waage. Sobald man sich dieses Gleichgewichts bewußt wird, verliert man alle Gutmenschenbilder von sich selbst – es kehrt Ruhe ein. Man muß nichts mehr vorspielen.

Wir sind schon ausgeglichen. Beide Aspekte sind in jedem Menschen exakt gleich gewichtet, wie in dem klassischen chinesischen Symbol von Yin und Yang. Auf dieses Gleichgewicht haben wir keinen Einfluß. Durch alle Veränderungen hindurch bleiben wir immer gleichgewichtig hell/dunkel. Man muß lernen, das wahrzunehmen.

Was wir bekämpfen, zeigt sich verstärkt im Außen. Wütende Menschen wollen eigentlich besonders gute Menschen sein. Verzerrungen entstehen dadurch, daß wir mehr Licht als Dunkel wollen. Auch über das Jahr verteilt gibt es an jeder Stelle der Erde genau gleich viel Licht und Dunkel. Es handelt sich um ein Gleichgewicht in Bewegung. Niemals ist ein Zustand der Vollendung erreicht. Ziel ist die Wandlung in Schönheit.

Es gibt sogar eine Schönheit des Todes. Ein Wissen, das von den Kelten und den Samurai-Kriegern bewahrt wurde. Ebenso gibt es jetzt noch einige Stämme in Afrika, die diese Schönheit noch kennen. Es ist das Wissen, daß der Tod wieder ins Leben führt und der bewußte Übergang ein magischer Moment ist. Auf dem Weg der Abtrennung haben die Menschen »dunkel« dem Attribut »schlecht« gleichgesetzt. Sie fürchten die Dunkelheit und den Tod.

Den natürlichen Vorgängen wohnt stets der Tod inne. Um diese Wahrheit wieder in unser Bewußtsein zu bringen, können die Menschen aus den Überlieferungen der Kelten und den Mutterkulturen schöpfen. Die Druidinnen und Druiden der Kelten haben einen Teil unseres alten Wissens über die Zeit gerettet. Hell und Dunkel umschlingen einander im ewigen Tanz. Die Erde erschafft durch ihre Vitalkraft, aber sie braucht, damit die Kraft überhaupt fließen kann, den schöpferischen Impuls des Lichts, der himmlischen Kraft. Andererseits kann sich das Helle ohne das Dunkle nicht zeigen und sich selbst nicht sehen.

Die dunklen Kräfte geben Gestaltungskraft, zum Beispiel auch beim Singen. Die hellen Kräfte geben Inspiration. Was nutzt alle Inspiration, wenn man keine Kraft hat, sie umzusetzen?

Die Vitalkraft der Erde gehört zur dunklen Seite, durchdrungen von Licht. Durch das Zusammenwirken dieser beiden Prinzipien entsteht alle Schönheit der Erde. Dieser Planet ist einzigartig. Wir müssen die Erde nicht verbessern, sie ist gut so, wie sie ist.

Alle Versuche, sie zu verbessern, führen nur dazu, daß wir die dunklen Kräfte bekämpfen und damit zur schwarzen Magie. Die Schönheit stürzt in den Verfall.

Ebenso können wir auch uns nicht verbessern. Wir sind gut so, wie wir sind. Es geht einzig um Erkenntnis. Je mehr wir uns erkennen, um so weniger müssen wir Teile verleugnen.

Können sich die dunklen Kräfte ungehindert entfalten, entsteht Schönheit. Diese Schönheit ist die Schönheit einer Blume, die sich ungestört entfalten kann, wenn die Vitalkraft ungehindert fließt. Wir stören diese Kraft oft, und das führt zu Verkrüppelung. Dies können wir in den Veränderungen in der Natur beobachten, zum Beispiel am ungesunden Wachstum von Bäumen, aber auch besonders an uns Menschen. Wenn wir die Vitalenergie, das heißt unsere Sexualität, nicht frei fließen lassen, führt daß zu Verkrüppelungen im Körper und im Geist. Es tritt eine vorzeitige Todesstarre ein, die den Zugang zu unserer vollen Vitalität und Entfaltung versperrt.

Liebe und Leben und Sexualität sind eins. Sie sind untrennbar miteinander verbunden und können nicht getrennt werden. Jeder Versuch der Trennung führt dazu, daß ein Teil der lichten Lebensenergie zu den dunklen Kräften abtaucht und in ihrem Schutz ein Eigenleben entwickelt.

Wir sind durchdrungen von Licht und Schatten, und beide haben ihre Berechtigung. Mit dieser Behauptung habe ich schon heiße Diskussionen ausgelöst. Also bilde dir bitte deine eigene Meinung mit folgender Übung:

Yin und Yang

Setze dich im Schneidersitz auf deinen Meditationsplatz. Lege beide Hände wie zwei Schalen mit der Handfläche nach oben auf die Knie und schließe die Augen. Stelle dir vor, du seiest ein lebendes Ying- und Yang-Zeichen. Du wärst also absolut gleichwertig weiß und schwarz. Nun ordne je einer Körperseite eine Farbe zu, also zum Beispiel links sei weiß und rechts sei schwarz. Versuche nun all deine Eigenschaften entweder in die weiße oder die schwarze Schale zu legen. Also etwa Intelligenz zu weiß und Dummheit zu schwarz.

Bitte lies jetzt nicht weiter, bevor du die Übung tatsächlich gemacht hast, denn ich möchte deiner eigenen Erfahrung nicht vorgreifen. Hast du jetzt gerade keine Zeit oder keine Lust zu üben, überspring bitte den Rest dieses Abschnitts.

Ich habe diese Übung schon oft mit verschiedenen Leuten ausprobiert. Es passiert immer so ziemlich dasselbe: Zunächst beginnt man mit Leichtigkeit mit der Zuordnung. Freundlichkeit und Großzügigkeit zum Beispiel kommen schnell auf die weiße Seite, Ungeduld und Jähzorn auf die schwarze. Das geht eine kurze Weile ganz gut so, und dann wird es plötzlich schwierig.

Je tiefer man kommt, um so schwieriger wird es, den Eigenschaften einen Stempel zu verpassen. Man merkt, daß zum Beispiel die Freundlichkeit nicht immer echt war oder daß in manchen Situationen ein klares, wenn auch unfreundliches Wort, angebrachter gewesen wäre. Schon ist die Freundlichkeit nicht mehr eindeutig weiß. Die schon als schwarz abgestempelte Wut erfährt bei näherer Betrachtung auch einen Bedeutungswandel. Es fallen einem Situationen ein, in denen einem die Wut geholfen hat, klare Grenzen zu ziehen.

Je länger man dieses Spiel treibt, um so weniger ist man noch in der Lage, grundsätzlich zu werten. Man spürt, daß alle diese Energien einen durchdringen und durchaus je nach Situation ihre Berechtigung haben können. Selbst die Zuordnung von schwarz und weiß auf die Körperhälften läßt sich nicht mehr aufrechthalten. Wir verlieren die Fähigkeit zu spalten. Unser festes Wertesystem von Gut und Böse läßt sich nicht mehr halten. Alle scheinbar schlechten Eigenschaften anderer Menschen sind auch Teil von uns.

Das Yin-und-Yang Zeichen weist eigentlich schon darauf hin, daß alle scheinbaren Polaritäten Ergänzungspaare sind, die perfekt zueinander passen. Es zeigt außerdem, daß alles von allem durchdrungen ist, in einer fließenden Wellenbewegung im Kreis, denn in jedem Feld befindet sich ein Punkt der anderen Farbe. Die beiden Wellen drehen sich gegen den Uhrzeigersinn umeinander. Welle folgt auf Welle. Alle Trennung und scheinbare Fortentwicklung ist Illusion. Weiß und schwarz wechseln sich ab in einem unendlichen Spiel. Wollten wir nur das Weiß, würde das Fließen aufhören.

Durch diese Übung können wir auch endlich alles Gutmenschentum fahren lassen. Wir sind und bleiben, wie alles auf diesem Planeten, exakt gleichwertig hell und dunkel. Wir sind schon perfekt ausgeglichen, wir können nicht »besser« werden. Wir können lediglich bewußter werden. Bewußtheit ist das Ziel der menschlichen Entwicklung. Je mehr wir uns selbst kennenlernen, um so angemessener können wir auf die Anforderungen des Lebens reagieren. Je weiter sich unser Bewußtsein entwickelt, um so weiter dehnen sich auch unsere Persönlichkeitsgrenzen aus. Andere Menschen, Wind und Sterne werden Teil von uns. Wir werden weiter und weiter. Die Trennung hört auf.

Übrigens: Für die Kelten begann der Tag mit der Nacht. Sie feierten also ihre Festtage in der Regel in der Nacht vor dem eigentlichen Festtag. Für uns zählen nur die hellen Stunden, Tag bedeutet für uns hell, das Dunkel zählt nicht dazu. Es entsteht eine interessante Perspektive, wenn man sich vorstellt, daß der Tag nicht um 6 Uhr morgens, sondern um 6 Uhr abends beginnt…

4. DIE LEBENDIGE ERDE

Den Menschen ist die Spiritualität angeboren, sie wollen sich von Natur aus einschwingen in All-das-was-ist, auch auf die Welt hinter den sichtbaren Dingen.

Sie haben die Götter, die Paradiesvorstellung nicht erfunden, weil sie Angst vor dem Tod hatten oder sich Naturvorgänge nicht erklären konnten, wie einige behaupten. Das Bewußtsein, daß es eine höhere oder weitere Dimension gibt als die dreidimensionale Realität, ist den Menschen angeboren. Wir haben als Spezies die Begabung, diese Ebene wahrzunehmen. Unser Bewußtsein reicht auf die andere Ebene und erinnert uns immer wieder daran, daß es mehr gibt als die scheinbar so viel Aufmerksamkeit fordernde dreidimensionale Realität.

Allen Spezies dieses Planeten ist das tief verwurzelte Bedürfnis eigen, sich auf all das, was sie umgibt, einzuschwingen. Nichts kann auf diesem Planeten überleben, wenn es sich nicht auf seine Umgebung einschwingt. Das ist ein grundlegendes Prinzip dieses Planeten. Jede Spezies, und sei sie noch so klein und in unseren Augen unterentwickelt, »weiß«, daß sie nicht *gegen* ihre Umgebung existieren kann. Mit einer Antihaltung zu dem Medium, in dem man lebt, kann man nicht weiterwachsen. Eine solche Haltung führt zum Siechtum.

Also schwingt sich alles, was auf diesem Planeten kreucht und fleucht, auf seine Umgebung ein – und zwar sehr zielstrebig. Alles versucht, in Harmonie mit seiner Umgebung zu leben. Keine Existenzform fühlt sich wohl in Disharmonie. Es kann auch mal Zeiten der Konkurrenz geben, aber die beziehen sich nur auf bestimmte Situationen.

Grundsätzlich gilt das auch für uns Menschen. Wir streben nach dem Einklang, und da wir von unserem Bewußtsein her auch in der Lage sind, die Welt hinter den realen Dingen wahrzunehmen, strebt unser Wesen danach, uns auch damit einzuschwingen. Daraus entstanden ganz natürlich Rituale mit Musik und Tanz. Die Menschen tanzten kosmische Zusammenhänge auf die Haut der Erde und spiegelten sie wider in der Musik. Rituale waren dazu da, sich einzulassen auf den wirbelnden Strom des Lebens, die Lebensenergie anzufachen und das Leben in all seiner Pracht zu feiern. Stumpfe Gleichförmigkeit war unbekannt, und es konnte kosmischer Wandel im Kreislauf des Lebens entstehen. Über diesbezügliche Rituale gibt es schon viel Literatur. Ich möchte mich daher auf die folgende Übung beschränken.

Der orgiastische Bogen

Stelle dich an einen Ort in der Natur, der dir als Kraftplatz erscheint. Ich stehe hier auf dem Bild vor der ältesten Eiche Europas in der Nähe von Fürstenfeld bei Graz. Laß dich von dem Energiefeld erfassen und gib dich ihm ganz hin. Öffne die Arme weit und biege deinen Oberkörper so weit nach hinten, wie es geht, ohne umzufallen. Öffne dich, öffne dich, öffne dich und lächle dabei. Genieße es, die Kontrolle zu verlieren und dich von der Energie des Platzes ergreifen zu lassen. Deine Körpergrenzen werden sich auflösen, und du wirst ein Gefühl ungeahnter Weite in dir spüren. Nimm dieses Gefühl mit zu deinem Geliebten oder deiner Geliebten und gib dich ihnen genauso freudevoll hin, in freudevoller Spannung. Versuche, dieses geöffnete Gefühl in alle Lebensbereiche strahlen zu lassen. Sobald ein Gefühl von Enge in dir aufsteigt, versuche es in die Weite zu nehmen. Wenn's eng wird, weiten!

KONTAKT ZUM KIND IM BAUCH

Falls dir diese Übung gelingt, wirst du dich direkt mit der Vitalkraft der Erde verbunden fühlen. Ich bin »per Zufall« darauf gestoßen, daß wir auch mit noch ungeborenen Kindern eine telepathische Verbindung aufnehmen können. Das war vor etwa zwei Jahren im Frühling. Meine schwangere Freundin war bei mir für einige Tage zu Besuch. Wir machten Rituale in der Natur, besuchten Kraftplätze, badeten in einer Heilquelle.

Eines Abends lagen wir ziemlich erschöpft nebeneinander im Bett und unterhielten uns. Mit fiel auf, daß ich noch gar nicht meine Hand auf ihren prächtigen Bauch gelegt hatte, in dem mein Patenkind heranwachsen sollte. Also legte ich meine Hand auf, zur Kontaktaufnahme. Wir fühlten beide, wie sich das Kind im Bauch zu meiner Hand drehte und sich mit dem Rücken gegen meine Handfläche drückte und zwar so fest, daß meiner Freundin fast die Luft wegblieb. Plötzlich spürte ich durch meine Hand das langsame Pulsen eines starken Energiestromes. Ich spürte die pure Vitalkraft der Erde durch uns drei pulsen. Es war kein menschlicher Herzschlag, dafür war er viel zu langsam. Die Intensität war so groß, daß ich das Gefühl hatte, immer weiter gedehnt zu werden.

Nach etwa zwei Minuten hörte das Pulsen auf. Ich fragte meine Freundin, ob sie gerade dasselbe gespürt hatte, und sie sagte: »So etwas habe ich noch nie vorher gespürt. Gut, daß du es auch fühlst.« Spontan waren wir beide der Ansicht, daß

das ungeborene Baby mit uns Kontakt aufgenommen hatte, um uns an die Verbindung zur Lebenskraft der Erde zu erinnern. Meine Freundin bekam noch zwei Mal telepathische Botschaften von ihrem ungeborenen Kind. Sie pflegte diesen Kontakt bewußt, auch indem sie ihm besondere, ausgewählte Musikstücke vorspielte oder ihm vorsang. Diese Musik begleitete das Baby auch während der Geburt und in den ersten Lebensmonaten. Also falls du mit einer schwangeren Frau befreundet bist oder selber das Glück hast, schwanger zu sein, kannst du mit der Kontaktaufnahme zu einem Ungeborenen experimentieren, per Telepathie, Musik oder Berührung.

5. HILFE FÜR DIE ERDE UND FÜR UNS

Laßt es uns mit Magie versuchen! Die nun folgenden Übungen dienen der *Erweiterung deines magischen Bewußtseins* und der *Einbeziehung der liebevollen Sexualmagie.* Dies ist, neben der Weisheit der Anbindung, der größte Wissensschatz, der uns aus unserer scheinbaren Vergangenheit vor 5000 Jahren entgegenleuchtet. In der Zeit der Vorgeschichte waren uns unsere magischen Fähigkeiten so selbstverständlich wie lieben und atmen. Es gab keine Machtansprüche und damit auch keinen Anreiz, magische Fähigkeiten zu mißbrauchen. Die Menschen waren sich ihrer magischen Fähigkeiten bewußt, und sie nutzten diese bewußt, zum Beispiel bei der Jagd, aber auch um das Wachstum von Pflanzen positiv zu beeinflussen. Die Kommunikation über große Distanzen erfolgte ebenfalls auf der magischen Ebene, und auch die Wahl des optimalen Zeitpunktes für Rituale oder die Errichtung von Steinmonumenten wurde von magischen Gesichtspunkten beeinflußt.

Es mag später Kulturen gegeben haben, denen es nicht möglich war, auf Machtmißbrauch zu verzichten, doch damals nutzten die Menschen ihre magischen Fähigkeiten noch ohne Scheu. Jetzt ist eine neue Zeit angebrochen. Alte karmische Verstrickungen, Banne und Schwüre und schwarzmagische Verletzungen aus vergangenen Leben können leicht gelöst werden. Der anstehende Entwicklungsschritt wird uns befähigen, die wunderbaren Möglichkeiten zu erkennen, die die Nutzung unserer magischen Fähigkeiten bietet, wenn wir aus einem Gefühl der Anbindung und Liebe heraus handeln. Allerdings müssen wir dazu den Weg der Transformation beschreiten. Viele bisher selbstverständliche Anschauungen werden wir hinter uns lassen müssen. Sichere Gewohnheiten gilt es aufzugeben.

Mut und Ausdauer sind hier gefragte Eigenschaften, und noch mehr Geduld und Hingabe. An diesen Eigenschaften wirst du geprüft werden, immer wieder, bis dein gesamtes energetisches Feld wie die Farben des Regenbogens leuchtet.

Mut wirst du brauchen, wenn es gilt, alte Überzeugungen hinter dir zu lassen, *Ausdauer* wirst du brauchen, wenn du glaubst, schon so viel gelernt zu haben und die Reise immer noch weitergeht, *Geduld* wirst du brauchen mir dir selbst und anderen, wenn die Fortschritte sich langsamer zeigen als erwartet, und *Hingabe* wirst du brauchen, um die großen Mysterien der Liebe und des Lebens erfahren zu können.

Also du siehst, ein heldenhafter Weg liegt vor dir. Hast du ihn betreten, gibt es kein Zurück. Du wirst liebgewonnene Gewohnheiten, Umstände und Menschen zurücklassen müssen, wenn es nicht an ihrer Zeit ist, dir bei deiner Transformation zu folgen. Aber mache dir keine Gedanken über die Kinder, die sind meist schneller als du, denn Wandel und Wachstum ist ihr Wesen. Wenn sie spüren, daß du dich Richtung Lebendigkeit bewegst, werden sie dir gerne folgen.

NICHTS IST WIE ES SCHEINT

Du bewegst dich in einem Feld möglicher Wahrscheinlichkeiten. Die ganze Welt besteht aus nichts anderem als eingerasteten möglichen Wahrscheinlichkeiten, die man aber auch wieder in den Fluß der Möglichkeiten zurückgeben kann. Du warst dir in einem anderen Zeitalter schon einmal deiner magischen Fähigkeiten bewußt. Nutze sie jetzt, um dir selbst und der Erde zu helfen.

Ich konnte den Wissensstrahl aus der Vergangenheit in die Zukunft verankern, weil ich wußte, daß Vergangenheit, Gegenwart und Zukunft immer auch gleichzeitig existieren. Unsere Zukunft ist nicht vorherbestimmt. Auch wenn einige schamanische Prophezeiungen uns düsterste Zeiten vorhersagen, können wir noch etwas verändern. Prophezeiungen sehen auch nur mögliche Wahrscheinlichkeiten der Zukunft. Wir können das Raumschiff Erde an die Wand fahren, ohne Zweifel, wir können aber auch noch die Kurve kriegen. Allerdings haben wir dazu nicht mehr sehr viel Zeit. Genaugenommen ist unsere Zeit sogar schon abgelaufen. Im Reich der Magie ist aber einiges möglich, was der Verstand für unmöglich hält. Jeder, der dieses Buch in die Hände bekommt, ob als Geschenk, Leihgabe oder selbst gekauft, und es bis hierher gelesen hat, ist bereits offen für Veränderung.

Gestalte die Wirklichkeit

Sei dir bei jeder Handlung und Situation bewusst, dass du dich in einem Feld möglicher Wahrscheinlichkeiten bewegst. In jedem Moment triffst du eine Entscheidung und legst dich fest, auch wenn du nicht handelst. Also halte inne und mach dir klar, was du verwirklichen willst und mach dich zum Ursprung der Wirklichkeit, die du anstrebst.

Magie der Schönheit

Sieh dich um. Öffne deine Augen, jetzt wo du gerade bist. Umgibt dich Schönheit? Bist du vielleicht Architekt oder Architektin, dann schau dir deine letzten Konstruktionszeichnungen an. Zeigen sie dir Schönheit? Wenn du nicht sicher bist, so frage dein Herz. Das weiß die richtige Antwort.

Der Verstand will dir vielleicht weismachen, das letzte Gebäude sei schön, weil es so geradlinig war. Bedenke, daß die Natur nur wenige gerade Linien kennt, meist liebt sie geschwungene Formen, Ausnahmen macht sie nur bei den Kristallen. Die Chinesen nennen die gerade Linie die Linie des Teufels, weil sie lebensfeindliche Energie transportiert, das Sha. Die gewundene Linie hingegen fördert nach ihrer Ansicht das lebensspendende Chi. Frage dich, ob du dich als kleines Kind in deinem Haus wohlfühlen würdest. Kinder haben noch ein feineres Gespür für wirkliche Schönheit. Intellektuelle Verbrämungen sagen ihnen wenig. Sie lieben, was sie lieben und das war's.

Wo bist du gerade? Sitzt du zu Hause auf deinem Bett? Ist es dort schön? Was tust du, damit es schön wird oder bleibt? Sieh dich selbst an. Bist du schön gekleidet? Wie ist deine Haltung? Was drückst du mit deinem Körper aus? Ist dein Körper ein lebendiges Symbol für Schönheit?

Betrachte dein Gesicht. Leuchten deine Augen? Strahlst du Zuversicht aus? Sind deine Gesichtszüge entspannt?

Oder sitzt du gerade an einem öffentlichen Platz? Ist es ein Park? Ist dieser schön oder eher zubetoniert mit Wegen und Schildern, daß man die Rasenflächen nicht betreten darf? Sitzt du gerade im Zug? Wie sieht es dort aus?

Wenn alles um dich herum trist ist, dann sei du selbst ein Lichtblick, ein leuchtendes Vorbild. Laß nicht zu, daß traurige oder kraftraubende Gedanken den Weg nach außen zu den anderen Menschen finden, damit raubst du ihnen Kraft. Strahle sie an. Lebe Schönheit vor. Sende positive Strahlen aus, was immer sich auch in deinem Leben ereignen mag.

Eine schwere Übung, aber sehr kraftvoll: Auf schönem Platz Schönheit aufnehmen, auf häßlichem Platz Schönheit ausstrahlen.

Magie der Gestalt

Betrachte deine Mitmenschen. Welche Frau wirkt auf dich, als würde sie sich auf der Erde als Frau willkommen fühlen? Welcher Mann wirkt auf dich, als würde er sich auf der Erde als Mann willkommen fühlen? Suche die Gesellschaft der strahlenden Wesen. Sei geduldig mit den anderen, aber laß dich von ihrer Bedürftigkeit nicht anstecken.

Vermeide jedes Gespräch, in dem über Zustände gejammert wird. Ändere sie! Wenn du sie nicht ändern kannst, so jammere nicht darüber. Wenn du eine Frau bist, so gehe ganz in deine Weiblichkeit. Genieße sie und mache daraus kein Hehl. Wenn du ein Mann bist, so gehe ganz in deine Männlichkeit. Genieße sie und mache davon kein Aufhebens. Sei ganz Mann oder Frau, aber sei! Hast du zweigeschlechtliche Ambitionen, so genieße den Freiraum deiner Möglichkeiten.

Versuche spielerischer auf die Definition der Geschlechter zu schauen. Bei den Ägyptern wurden acht verschiedene Geschlechter unterschieden, nicht nur zwei. Wenn du so auf die Geschlechter schaust, hebt das die starren Definitionen und damit die Trennung auf. Du mußt dich nicht mehr besser fühlen als ein homosexueller oder lesbischer Mensch und brauchst dich auch nicht mehr zu schämen, wenn du solche Tendenzen in dir selbst verspürst. Liebe kann sich in einer viel größeren Variationsbreite zeigen, als unser heutiges patriarchal gefärbtes Gesellschaftsmodell von Mann und Frau uns vorgaukelt. Bei den Griechen galt Homosexualität als besonders edle Form der Liebe.

»...wenn du die Liebe die ganze Nacht gefangenhältst... dein Finger auf den Spitzen ihrer Brüste wie ein Vergißmeinnicht auf einer offenen Hand, so werden wir draußen warten und singen von dir und ihrer Liebe – doch sobald du wieder wach wirst, geh und laß auch uns zum Schlafen kommen.«

Sapho, Lesbos, um 580 v. Chr.

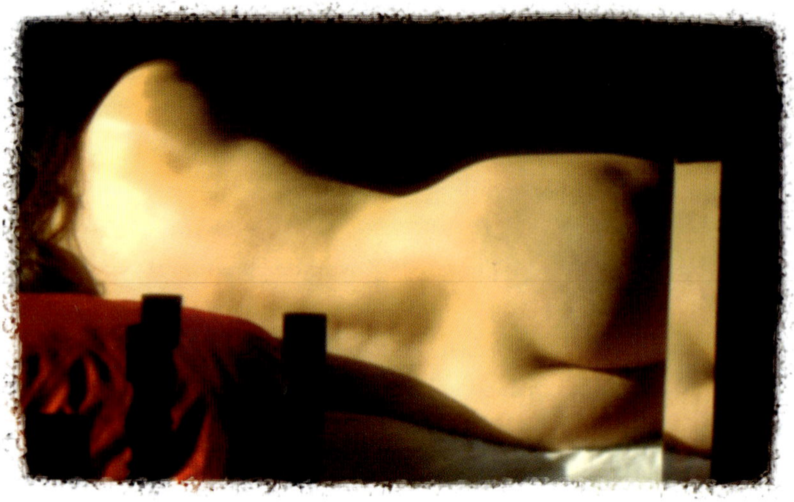

Beim Liebesspiel könnte auch mal die Frau die Position des Mannes ausprobieren und ihn mit heftigen Beckenbewegungen stoßen, oder er könnte weit die Beine öffnen und sich ihren Bewegungen hingeben. Das gegenseitige Durchdringen kann als Wechselspiel so lange hin und her gehen, bis die alten Rollenbilder sich aufgelöst haben und nicht mehr klar ist, wer Mann und wer Frau ist. Vorbedingung dazu ist gegenseitiges Vertrauen und spielerische Neugier.

Stelle deine Bilder über dich auf den Kopf. Wechsle in deiner Vorstellung das Geschlecht und das Alter, bleib flexibel, vermeide starre Konzepte. Halte dich beweglich. Erkenne, daß du dich selbst nach deinem eigenen Bild von dir gestaltest. Alle negativen und positiven Bilder von dir selbst über dich gestalten ganz konkret dich und deinen Körper. Denke positiv über dich, liebevoll, nicht streng.

Wasser ändert seine Struktur, je nach dem, welcher Information es ausgesetzt wird. Selbst Gedanken haben Einfluß auf die Wasserqualität. Wir alle bestehen zu einem hohen Prozentsatz aus Wasser. Was du über dich selber denkst, prägt deinen Körper. Hast du ein negatives Menschenbild, fühlst du dich als mangelhaftes Wesen, wirst du diesen Mangel materialisieren.

Immer wieder wird gesagt, daß man die Destruktivität und Gewaltbereitschaft der Menschen als naturgegeben akzeptieren müßte. Damit wird im Bewußtsein der Menschen zementiert, daß sie von Natur aus zerstörerisch seien. Wer immer so etwas über die Menschen sagt, trägt dazu bei, daß sie ihrer eigenen Liebesfähigkeit mißtrauen. Solche Gedanken wirken wie schwarze Magie.

Kein Lebewesen auf diesem Planeten ist »destruktiv«. Alles, was auf diesem Planeten lebt, kann nur wachsen in Gemeinschaft. Entwirf ein strahlendes Bild von dir und programmiere damit deinen Körper, so wie manche Menschen Rosenquarz in eine Wasserkaraffe legen, um die positive Information des Heilsteines auf das Wasser zu übertragen.

Halte deinen Alterungsprozeß auf, indem du dich innerlich immer wieder an das Gefühl von »Jungsein« erinnerst. Verlasse Gedanken, die dir vorgaukeln, du wärst zu alt, zu schwach oder zu unbedeutend, um deinem Leben eine grandiose Wendung zu geben. Strahle, strahle, strahle!

Zur Einstimmung könntest du dir den Film »What the Bleep do we (k)now« ansehen. Du wirst dich wundern.

MAGIE DER SEXUALITÄT

Erkunde deine ursprüngliche Sexualität. Dieser Weg führt durch viele Schichten von Bildern und Vorstellungen zum Urgrund deines Seins. Was du dort finden wirst, ist deine unverstellte Sexualität. Dort findest du die Urkraft deines Körpers und – du wirst dich wundern – auch einen ganz natürlichen Zugang zur Spiritualität.

Der energetische Kern

Wenn du ein Mann bist, so versuche jedes Mal, wenn du mit einer Frau schläfst, ihren energetischen Kern zu erreichen. In der hier gezeigten Zeichnung von Leonardo da Vinci kannst du sehr gut erkennen, wie tief du als Mann in die Frau eindringen kannst, wenn du den richtigen Winkel erwischst. Dazu mußt du dich aus dem Steißbein heraus bewegen, das heißt, deine Stöße müssen von ganz tief unten kommen und nicht aus dem unteren Rückenbereich. Nur wenn die Spitze deines Penis den Kern der Frau berührt, könnt ihr gemeinsam ihre heilige Höhle betreten und dort zu anderen Dimensionen der Sexualität vorstoßen.

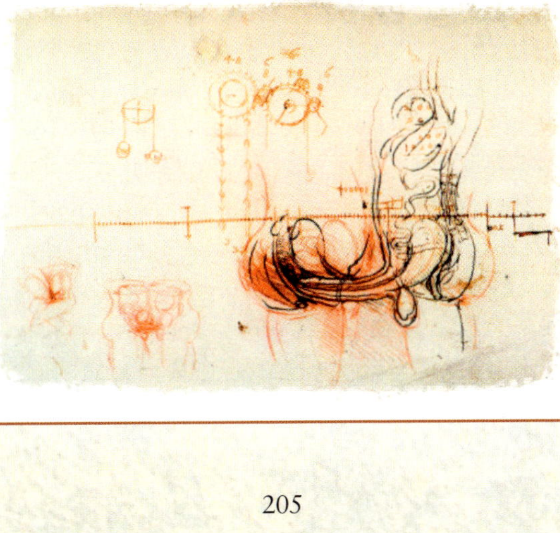

Warte, bis die Frau dich einlädt, ihren Kern zu berühren. Seid ihr auf der Herzebene verbunden und trennen euch keine alten Traumata, so wird sie dich ganz von selbst auf den richtigen Weg führen und sich dir öffnen. Benutze deinen Penis nicht wie einen Dildo aus Hartgummi, sondern fühle mit seiner ganzen Länge die Wände der Vagina, ihre Beschaffenheit und wie sie an dir saugt. Mit der Spitze deines Penis wirst du, wenn die Frau tief erregt ist, in ihrem Kern energetische Bewegungen wie Wirbel und Spiralen spüren.

Du kannst ihre Orgasmen miterleben, als wären es deine eigenen, ohne daß du ejakulierst. In diesem Zustand gelingt es dir ganz leicht, die Frau stundenlang energetisch zu halten. Natürlich braucht man dazu etwas Übung und vor allen Dingen Zeit. Im Grunde ist es ganz einfach. Die beiden Körper wissen selbst den Weg, der zur Ekstase führt.

Allerdings darf man den Körpern nicht den Weg verbauen, indem man zu viel im Kopf ist. Das heißt konkret: Versuche, während du mit deinem Partner Liebe machst, nicht zu denken, sondern nur zu fühlen, ganz im Hier und Jetzt zu sein. Es ist wie Meditation in der Bewegung. Hilfreich ist, wenn du immer wieder aussprichst, was du gerade fühlst. Fehlen dir dafür die Worte, dann rufe doch manchmal deinen Liebespartner an, um mit ihm oder ihr Telefonsex zu machen, das erhöht das Vokabular ungemein. Außerdem könnt ihr euch in der Gegenwart verankern, indem ihr ganz bewußt gemeinsam atmet.

Wenn du eine Frau bist, so öffne dem Mann den Weg zu deinem energetischen Kern. Er liegt oberhalb der Vagina im Bauch. Paulo Coelho nennt diese Stelle: »Im ersten Stock, Fenster ganz hinten.«

Wenn du dich dem Mann ganz öffnest, kann dich seine männliche Energie ganz durchfluten. Natürlich mußt du dazu dem Mann vertrauen können. Wenn dich noch alte Verletzungen daran hindern, so bitte den Mann an deiner Seite, mit einem noch nicht ganz erigierten Penis in dich zu kommen. Überlaßt euch der gemeinsamen Atmung, bis du Vertrauen schöpfen kannst. Bewußtes gemeinsames Atmen kann Wunder bewirken.

Erzwinge nichts und laß dir Zeit. Der Mann sollte warten, bis du ihn in dein innerstes Geheimnis einlädst. Ohne dein Zutun kann er dich dort ohnehin nicht erreichen. In dem Moment, in dem dich der Mann in deinem innersten Geheimnis berührt, kannst du dich nicht mehr verstecken. Er erkennt dich ganz. Genau darin liegt die größte Möglichkeit zur Heilung. Alle alten versteckten Traumata kommen ans Licht und können aufgelöst werden.

Diese Übung ist wohl die schwerste, die es für einen Menschen gibt, denn sie bedeutet, trotz aller Enttäuschungen und Verletzungen, bedingungslos »Ja!« zum Leben zu sagen, sich nicht vor ihm zurückzuziehen. Kein anderer Mensch kommt dir so nah wie dein Sexualpartner, besonders dann, wenn du dich ganz öffnest und er dich tief berührt.

Als Frau bedeutet das Schutzlosigkeit, als Mann, daß du dich in der Weite der Frau verlierst. Beides kann bedrohlich, aber auch befreiend sein, denn beides erfordert völlige Hingabe, im Vertrauen darauf, daß der andere dich trägt. Zu Beginn wirst du bei dieser Übung immer wieder enttäuscht werden, denn alle alten Ängste aus der Kindheit werden durch sie aktiviert. Hier hilft uns nur Mut und Ausdauer weiter und die Entschlossenheit, dir und deinem Partner immer wieder eine Chance zu geben.

Natürlich muß du gleichzeitig darauf achten, daß dein Partner deine Integrität nicht verletzt und *beiden* muß daran gelegen sein, die alten Traumata aufzulösen. Beide müssen aus dem alten Spiel aussteigen wollen. Ist nur einer von euch beiden bereit zur Transformation, werdet ihr euch auseinanderentwickeln und irgendwann trennen. Aber das ist auch kein Beinbruch. Menschen entwickeln sich nun einmal unterschiedlich. Das gilt besonders für das Zeitalter des Übergangs, in dem wir gerade leben.

VERTRAUEN – DER WEG IN DAS PARADIES DER SEXUELLEN ERFÜLLUNG

Mann und Frau können sich nur in der heiligen Höhle der Frau begegnen, wenn sie sich gegenseitig vertrauen. Die Männer des Goldenen Zeitalters geben sich voller Freude in die Vagina der Frau und fühlen sich dort aufgehoben und nicht verloren. Sie müssen nichts beweisen und nichts gewinnen. Sie haben nicht das Gefühl, ihre Identität zu verlieren, sondern sie erweitern ihr Erfahrungsfeld. Sie dehnen sich in die Weite der Frau aus. Mit dieser inneren Haltung können sie sich von der Frau im Zeitpunkt der Ekstase selbst durch die Erfahrung des Todes in die Wiedergeburt führen lassen.

Für die Frauen bedeutet Vertrauen ein hohes Risiko. In ihrem innersten Kern sind sie die Hüterinnen der kostbaren Lebensenergie. Haben sie sich dem Mann so weit geöffnet, sind sie sehr verletzbar. Trotzdem führt kein Weg daran vorbei, dem Mann vertrauensvoll den Weg zu weisen. Du spürst als Frau selbst sehr genau, welcher Mann dein Vertrauen verdient. Ebenso wirst du, wenn du darauf achtest, spüren, wo alte Traumata am Werk sind, die dich verleiten wollen, alte Verletzungen mit einem neuen Mitspieler wieder aufleben zu lassen.

Wir alle, Frauen und Männer haben nur dann eine Chance, uns wieder mit Mutter Erde zu verbinden, wenn wir unsere alten, teilweise ererbten Traumata auflösen.

Sei vor allen Dingen vertrauensvoll dir selbst gegenüber. Vertraue deiner eigenen Wildheit. Lerne deine Wildheit kennen mit folgender kleiner Übung:

Der Lustgarten

Lasse in dir deine Vorstellung eines wunderbaren Lustgartens aufsteigen. Wie sieht es dort aus, was machst du dort? Vielleicht siehst du einen kleinen Lusttempel mit blühenden Blumen oder eine üppige tropische Landschaft mit süß duftenden feuchten Pflanzen. Gestalte alles genau so, wie es dir am besten gefällt, und tue dort, was dir gefällt. Absolute Erfüllung.

Nimm beim nächsten Treffen mit deinem Geliebten diesen mit in deinen Lustgarten. Erzähle von deinen Wünschen, von deiner Vision erfüllter Liebe. Laß ihn daran teilhaben. Versuche dann im zweiten Schritt deinen Lustgarten mit der Landschaft deines Herzens zu verbinden, so daß dein Lusttempel vielleicht auf einem grünen Hügel am Meer steht, wo immer frischer Wind weht oder deine tropische Landschaft sich plötzlich auf der Weite eines unendlichen Hochplateaus befindet. Du wirst sehen, beide Landschaften passen gut zusammen.

Das ist deine innere Wildheit – weite, schöne, ungebändigte Natur. Erst durch die Erfahrung, daß unsere innersten sexuellen Wünsche eben nicht Sodom und Gomorrha gleichen, können wir uns ganz gehenlassen, unserem tiefsten Inneren vertrauen und es die Führung übernehmen lassen. In der Erfüllung werden wir an diesen Planeten angebunden.

Wir können einen Lustpfad in unserem System anlegen – so wie manche Menschen einen Schmerzpfad angelegt haben – und ohne äußeren Grund immer wieder freudvolle Erfahrungen haben. Je öfter du mit deinem Partner lustvoll Liebe machst und dabei die freudvollen Energiebahnen im Körper bewußt wahrnimmst, um so leichter kannst du in Zukunft diesen Pfad betreten, und irgendwann ist es sogar möglich, das Energierad durch die bloße Erinnerung hervorzurufen.

Übrigens ist es auch homosexuellen oder lesbischen Paaren möglich, liebevolle sexuelle Energie durch ihre Körper zur Erde zu schicken. Weibliche und männliche Energieströme gibt es in jedem Körper. Allerdings müssen diese Paare energetisch erfahrener sein als heterosexuelle Paare, da sie nicht die Unterstützung ihrer Körper haben. Die Kombination von Penis zu Penis und Vagina zu Vagina läßt nicht quasi von selbst durch die Geschlechtsorgane die männliche Energie zur weiblichen strömen. Zunächst einmal begegnen sich zwei gleichgerichtete Pole.

Allerdings können auch diese Paare, indem sie sich bewußt auf die rezeptive oder expansive Seite begeben, die jeweilige sexuelle energetische Qualität entwickeln und diese zu einem Kreis schließen; so wie auch Mann und Frau spielerisch einmal die Rollen tauschen können und dadurch die Drehrichtung des Energiekreises verändern.

Ich bin mir sicher, daß die Erde sich über jede Form der liebevollen Energieübertragung freut.

DIE QUELLE DES LEBENS

Alles Lebendige braucht Feuchtigkeit, aus der Feuchtigkeit, dem Uterus der Großen Mutter, kommt alles Leben. In den Quellheiligtümern sprudelte diese Energie aus der Tiefe empor. Die Frauen setzten sich an den Rand der Quelle, um von dieser lebensspendenden Energie zu empfangen.

Die Große Mutter gebiert Leben aus sich selbst heraus, sie ist die Fruchtbarkeit selbst. Sie verströmt diese Fruchtbarkeit wie einen segenspendenden Strom über die Erde und all das, was ist. Wir fühlen uns in diesem Strom geborgen. Wir wissen, daß diese Quelle des Lebens niemals versiegt. Wir fühlen uns mit allem verbunden und aufgehoben im Strom des Lebens.

Viele Menschen denken, daß die Quelle des Lebens eine Metapher sei für die lebensspendende Kraft der Mutter Erde. Das stimmt zwar auch, doch eigentlich gibt es diese Quelle ganz konkret in jeder Frau. Nur bei den wenigsten Frauen beginnt diese Quelle wirklich jemals zu sprudeln. Bis zu 0,1 Liter Ejakulat kann eine erregte Frau dem Mann entgegenspritzen. Welch ein Zeichen von Lebenslust! Doch dazu muß sie wirklich tief berührt und erregt werden.

Hier fängt das Dilemma meist schon an. Die wenigsten Männer wissen, wie »Mann« am besten die Lust der Frau steigert. Sie haben eine mechanistische Sicht auf die Frau: Hier die Brustwarzen drücken, da die Klitoris reiben, tiefer Zungenkuß und los geht's. Das kann klappen, aber um zu einer ekstatischen Erfahrung zu gelangen, bedarf es einfach einer energetischen Dimension. Das Zauberwort heißt *Entspannung*.

Damit meine ich das Gegenteil von Druck. Wenn einer der Partner auf den anderen in irgendeiner Form Druck ausübt, und sei es »nur« Erwartungsdruck, ist der optimale Energiefluß schon gestört. Lebt die Frau in einem patriarchalen System, in dem sie glaubt, immer beweisen zu müssen, eine »richtige« Frau zu sein, verspannt sich automatisch ihre Vagina. Lebt der Mann in einem patriarchalen System, in dem er glaubt, immer beweisen zu müssen, ein »richtiger« Mann zu sein, wird er Erektionsprobleme bekommen oder zu früh ejakulieren.

Wenn wir Druck spüren, sei er gesellschaftlicher Art oder direkt durch das Verhalten eines Menschen, bekommen wir Angst. Unbewußt spannen wir unseren Körper an und damit auch die Genitalregion. Bei Frauen verengt sich die Scheide und bei Männern verhärtet sich der ganze untere Lendenwirbelbereich. Starre auf beiden Seiten. Durch hektische Bewegungen kann man diese Starre zwar überspielen, doch die feineren Energien können nicht wahrgenommen und nicht gelenkt werden.

Um sich zu entspannen, brauchen beide Vertrauen. Das gelingt meist besser, wenn sich beide Partner schon besser kennen. Es gehört viel Mut dazu, die gesellschaftlichen Bilder über Männer und Frauen loszulassen.

Die wenigsten Frauen kennen den Urgrund ihrer eigenen Sexualität und gestehen sich und ihrem Partner ein, wie wild sie im Grunde ihres Herzens wirklich sind. Wild heißt aber nicht automatisch grob. Feste, harte Berührungen überdecken die zarteren Empfindungen. Die Energie wird eher blockiert als gefördert.

Leichtigkeit heißt ein weiteres Zauberwort. Eine durchlässige Umarmung kann man stundenlang aufrechterhalten. Nur in der Leichtigkeit kann man den Energieaustausch zwischen den Energiekörpern spüren. Die Frau empfängt die Energie vom Mann, leitet sie durch ihren Körper und gibt sie dem Mann wieder zurück. Wenn der Mann verstanden hat, wie er mit dem Körper der Frau kommunizieren kann, können sich beide wie zwei freie Adler in die Lüfte erheben und gemeinsam ihre Kreise in spirituellen Weiten ziehen.

Ich behaupte, daß sich dann die meisten Erektionsprobleme der Männer von selbst auflösen. Selbst ein weicher Penis kann in die Frau eingeführt werden, wenn diese bereit ist, und dann kann Mann in aller Ruhe beobachten, wozu die Frau mit ihrer Vagina in der Lage ist. Sie kann ihn nämlich durch sanfte Saugbewegungen zu ihrem Kern locken. Er muß nicht drängen, er kann folgen. Wenn dann noch beide sanft ihre Becken bewegen, mit Impulsen vom untersten Ende der Wirbelsäule, und sie dann noch gemeinsam tief atmen, werden sie den Energiestrom entfachen.

Vertraut euren Körpern, sie wissen wie's geht.

Mit dieser inneren Haltung können der Mann und die Frau mehrere Orgasmen haben. Der Mann kann ejakulieren und trotzdem danach steif bleiben oder Orgasmen erleben, ohne daß er ejakuliert. Alles ist möglich, wenn die Konzepte im Kopf sich auflösen. Es gibt keinen richtigen oder falschen Sex. Folgt euren innersten Bildern.

Ich halte den Mythos, daß der Mann durch die Ejakulation kostbare Lebensenergie verliert, für völlig überzogen. Ich glaube eher, daß liebloser oder einsamer Sex irgendwie traurig macht, denn die Sexualenergie erreicht dann nicht die Zellen, sie können sich nicht aufladen. Der Körper hat sich angestrengt, bekommt aber nicht die richtige Belohnung. Die wenigen Minuten Orgasmuszuckungen sind ihm zu wenig. Er will seine Zellen verjüngen.

Seit der Zulassung von Viagra haben weltweit etwa 35 Millionen Männer dieses Medikament angewendet. In der Werbung heißt es immer wieder: »Er wird hart wie ein Dildo, und du kannst es ihr die ganze Nacht besorgen.« Genau mit dieser Einstellung wird der Mann die Frau niemals in ihrem Kern berühren. Ein Penis, der hart wie ein Dildo ist und ebenso hart benutzt wird, ist nicht in der Lage, die Beschaffenheit der Scheidenwände zu spüren. Er kann nicht Verspannungen durch leichte Berührung lösen und Vertrauen entstehen lassen. Er verschafft sich mit Nachdruck Bahnfreiheit.

Das bereitete der Frau Schmerzen. Viele Männer wollen rücksichtsvoll sein und ihrer Partnerin keine Schmerzen zufügen. Sie halten sich immer zurück, aus Angst, die Frau zu sehr zu bedrängen und als Vergewaltiger zu gelten. Leider kommen sie dabei aber nicht ganz in ihre männliche Kraft, und die Frau wird letztendlich auch nicht ganz befriedigt.

Es führt meiner Ansicht nach kein Weg daran vorbei, daß der Mann lernt, mit seinem Penis die Frau in ihrem Inneren zärtlich zu berühren, bis diese sich ihm ganz öffnet und ihn dann in ihren Kern lockt. So geweitet, kann sie jeden seiner Stöße lustvoll aufnehmen, und er braucht sich nicht mehr zurückzuhalten. Im Gegenteil ist es für die Frau dann besonders erregend, seine volle männliche Kraft in sich zu spüren. Sie fühlt die gewaltige Urenergie in sich aufsteigen, weitet sich noch mehr und läßt ihre eigene Wildheit los.

Barry Long hat in seinem Buch »Sexuelle Liebe auf göttliche Weise« wunderbar die heilende Wirkung eines solchen liebevollen Penis beschrieben. Ein liebevoller Penis ist wirklich ein göttliches Geschenk für eine Frau.

DAS ENERGETISCHE RAD

In jedem Menschen fließt Vitalenergie so lange er oder sie lebt. Bei der Frau fließt diese Energie von ihrer Vagina nach oben zu den Brüsten. Bei der sexuellen Vereinigung wird dieser Energiefluß verstärkt. Mit der Vagina nimmt die Frau die Energie des Mannes auf. Hier ist sie eher rezeptiv, obwohl, wie wir von den Priesterinnen der Vorgeschichte wissen, die Frau auch aktiv werden und die Energie ansaugen kann. Von der Vagina leitet sie die Energie weiter. Diana Richardson beschreibt in ihrem schönen Buch »Zeit für Weiblichkeit« dieses Fließen der Energieströme sehr anschaulich und stellt auch zahlreiche Übungen vor.

Das erste energetische Rad

Hier zirkuliert die Energie vorwiegend auf der Ebene der Genitalien. Die Frau nimmt sie mit dem untersten Chakra, dem Sakralchakra auf und gibt sie durch das zweite Chakra, das etwas unterhalb der Bauchnabels sitzt, wieder zurück. Der Orgasmus, der dabei entsteht, schenkt ein kurzes, angenehmes Zucken. Die Begegnung zwischen Mann und Frau gleicht einer Gipfelerstürmung. Dieses Orgasmuserleben ist für beide Körper gesund. Das Immunsystem wird gestärkt. Spannung wird abgebaut. Doch die Wirkung ist nur kurzfristig. Das ist die erste Stufe unserer magischen Reise. Ab jetzt betreten wir Neuland.

Das zweite energetische Rad

Wie wir in der Zeichnung von Leonardo da Vinci sehen können, besteht die Möglichkeit, wenn Mann und Frau sich tief genug berühren, ein energetisches Rad anzutreiben. Die Menschen der Frühgeschichte waren sich dieses Rades sehr wohl bewußt, war es doch Teil aller Rituale im Fruchtbarkeitskult. Die menschliche Sexualkraft wurde während dieser Rituale in verschiedene Richtungen gelenkt.

Das kleinste Rad dreht sich nur in den Sexualorganen. Jetzt erweitern wir den Kreis. Der Mann treibt das Rad durch tiefe Stöße aus dem Becken an, genauer gesagt, vom tiefsten Punkt seiner Wirbelsäule aus. Viele Männer stoßen aus dem ganzen unteren Rücken. So können sie die Frau niemals tief berühren. Aber auch die Frauen brauchen optimalerweise impulsivere Bewegungen aus der Tiefe ihres Beckens. Besonders die Lendenwirbelsäule sollte ganz beweglich sein. Nun sind bei beiden Geschlechtern die Muskeln im unteren Rückenbereich oft chronisch verkrampft, weil den Menschen die Angst nicht nur im Nacken sitzt, sondern sie zudem auch noch ihren nicht vorhandenen Schwanz einziehen, beziehungsweise den Hintern zusammenkneifen.

Wahrscheinlich ist es am besten, wenn die Frau zunächst auf dem Mann sitzt, denn dann fällt es ihr am leichtesten, ihr Becken locker zu lassen und die Energien zu lenken.

Von Adams erster Frau Lillith wird berichtet, daß sie Adam verlassen hat, weil er immer wollte, daß sie unten liegt. In dieser Überlieferung wird wahrscheinlich abgebildet, daß die ursprüngliche Sexualität der Frauen freier und selbstbewußter war, und ich vermute, daß Lillith aus gutem Grund manchmal auf Adam reiten wollte: So kann die Frau am leichtesten bewußt die Sexualenergie lenken.

Indem die Frau den Penis mit ihrer Vagina tiefer in sich einsaugt, kann sie den Fluß der Energie erhöhen und die Sexualkraft in sich emporsteigen lassen. Du kannst als Frau immer wieder üben, deine Vagina rhythmisch nach innen und oben zu ziehen, bis du das feine Zusammenspiel deiner Muskeln willentlich beeinflussen kannst. Damit erhöhst du das natürliche Saugen der Vagina am Penis.

Der Mann fühlt sich von dir fest umschlossen, und du kannst ihm helfen, tiefer in dich einzudringen. Sollte dich der Penis beim Eindringen schmerzen, bitte deinen Partner, mit dem Penis sanft an den schmerzenden Stellen auszuharren. Sie werden durch die sanfte Berührung des Penis gedehnt und geben irgendwann ganz von selbst ihre Spannung auf. Ich denke, es wird jetzt auch deutlich, daß der Mann seinen Penis sehr gefühlvoll in der Partnerin bewegen muß, um überhaupt die unterschiedlichen Qualitäten der Vaginawände zu erspüren.

Das zweite Rad dreht sich in Höhe des Herzens und fließt durch beide Körper, in der Frau von unten nach oben und im Mann von oben nach unten. Sobald beide ihre Liebe und Sexualität ins Herz nehmen, weiten sich die Herzen und dehnen sich aus. Ein Feld bedingungsloser Liebe entsteht. Diese Stufe ist nur möglich, wenn die beiden Partner sich in diesem Augenblick vertrauen. Es mag Momente geben, in denen alte Traumata dich zu alten Emotionen verführen und dunkle Kräfte rufen. Mit der Kraft des Herzens ist es möglich, Licht dorthin zu senden und die alten Emotionen aufzulösen wie einen Alptraum.

Wenn ihr euch gut kennt, könnt ihr sogar kraft eurer Sexualität alte Traumata heilen.

Nun leitet die Frau die Vitalenergie bewußt zu ihrem Herzen. Das Herz der Frau ist von seiner Qualität her eher Yang. Es hat sonnengleiche Strahlkraft. Durch ihr Herz gibt die Frau dem Mann diese Energie weiter. Er nimmt sie durch sein Herz auf und lenkt sie wieder nach unten zu seinem Penis, der diese Liebesenergie wieder in die Frau gibt.

Eigentlich ist das nicht schwer. Die Körper wissen, wie es geht und streben diesen Zustand von selber an, wenn unser Kopf alle anderen Bilder von Sexualität losläßt. Für die Körper bedeutet diese Form von Sexualität höchste Lebendigkeit. Die Zellen beginnen zu pulsen und von innen heraus zu strahlen. Unser gesamtes energetisches Feld wird leuchtender. Wir betreten gemeinsam die spirituelle Dimension und fühlen unendliche Weite.

Beim Mann stellt sich ein Gefühl des Zur-Ruhe-Kommens ein und bei der Frau ein Gefühl der Erfüllung.

Das dritte energetische Rad
Das dritte Rad wächst über beide hinaus. Es strömt aus dem Scheitelchakra zurück zur Erde, kann aber auch in einem großen Bogen aus der Frau wie ein großer Regenbogen rückwärts zurück zur Erde fließen. Die Erde tritt sofort in Resonanz und antwortet mit größerer Fruchtbarkeit. Zur Zeit der Fruchtbarkeitskulte erweckten die Priesterin und ihr männlicher Partner auf dem Altar das dritte Rad zum Leben.

Dies ist das *Ziel* unserer magischen Reise. Wir schicken bewußt liebevolle Sexualenergie bzw. sexuelle Liebesenergie zur Erde. Eure Körper wissen, wie das geht. Sie haben diese Erfahrung genauso in ihrem Zellbewußtsein gespeichert wie alle traumatischen Verletzungen.

In diesem Zustand erfahrt ihr die ultimative Anbindung an die Erde, das sichere Gefühl auf der Erde gut aufgehoben und geborgen zu sein. Jede Todessehnsucht hört auf.

Eure Aufgabe besteht darin, eure Körperintelligenz zum Wirken zu bringen. Das heißt konkret: keine Kontrolle, kein Druck, entspannte Atmosphäre, alle Störfaktoren meiden. Zu denen gehören auch gedankliche gesellschaftliche Konzepte und Bilder von »richtigem Sex«. Es gelingt am besten, wenn ihr immer wieder in euch hineinspürt, ob ihr euch einfach wohlfühlt. Besonders Frauen neigen dazu, sich immer der Sexualität des Mannes anzupassen, statt nach den eigenen Wünschen zu forschen.

Ich habe dieses Ritual schon oft im Freien auf bestimmten Plätzen vollzogen. Immer antwortete der Platz mit größerer Fruchtbarkeit. Mal schossen Fliegenpilze

aus dem Boden, oder der Holunder trug besonders viele Früchte. Einmal stellten sogar Kindergartenkinder in der Vorweihnachtszeit auf meinem Ritualplatz, nachdem ich ihn mit meinem Geliebten eingeweiht hatte, eine kleine Fichte auf und schmückten sie mit Früchten und Nüssen für die Waldtiere im Winter. Jetzt war er wie verzaubert.

So stand dann mitten im Schnee plötzlich ein heidnisches Symbol des Lebens und der Fruchtbarkeit, und die Waldtiere kamen, um sich daran zu laben.

DIE MAGIE DER SELBSTLIEBE

Liebe deinen Körper. Das Lenken von Energien findet durch deinen Körper statt. Er ist das Instrument auf dem du spielst. Laß dich auf deinen Körper ein. Schau, was an ihm schön ist. Mit einem Körper, den du nicht liebst, kannst du keine Freude schenken, weder dir noch anderen. Du hast außerdem keine andere Wahl, denn dein Körper ist das Raumschiff, das dich durch diese Existenzform trägt.

Meditationsübung: Setze dich wieder in einer meditativen Haltung hin, am besten im Lotussitz auf dem Boden und lege deine Hände wie geöffnete Schalen auf deine Knie. Jetzt schließe die Augen und verteile in beide Schalen, was du an deinem Körper schätzt und was nicht. Werde dir der liebevollen Unterstützung deines Körpers bewußt. Er gibt sein bestes, obwohl du oft nicht auf ihn hörst. Dann meldet er sich mit Störungen. Dafür könntest du ihm dankbar sein...

Nun zum magischen Zweck dieser Übung: Es gibt die mögliche Wahrscheinlichkeit, daß auf der Erde in Kürze gravierende Veränderungen vor sich gehen. Ich bete zwar oft, daß die Transformation möglichst sanft vor sich gehen möge, aber das liegt auch an der Einsichtsfähigkeit der Masse der Menschen, und da bin ich etwas skeptisch. Treten die vorausgesagten Veränderungen ein, werden unsere Körper einer starken Belastungsprobe ausgesetzt. Das heißt, wir müssen gut mit unseren Körpern verbunden sein und sie vorher stärken. Spüre daher in Zukunft immer wieder nach, was dein Körper braucht, sei es bei der Nahrung, der Erholung, den körperlichen Freuden oder beim Sport.

Wir befinden uns in einer Dehnungsfuge zwischen zwei Zeitaltern. Gebraucht werden Menschen, die in der Lage sind, diese Belastung auszuhalten und gleichzeitig als Orientierung für andere zu dienen. Es kann sein, daß sich während der Wandlungsphase Tausende von Menschen an dir orientieren müssen, weil sie selbst den Überblick verloren haben. Es kann außerdem sein, daß du zu bestimmten Zeitpunkten ganz auf dich alleine gestellt bist und niemanden um Rat fragen kannst, bis die Verbindung wieder hergestellt ist. So lange mußt du ohne Panik in dir selber ruhen können. Löse dich von den alten Konzepten, bevor sie sich vor deinen Augen auflösen und du vergeblich versuchst, dich an sie zu klammern.

Die Zeit der großen Umwälzungen hat bereits begonnen. Diejenigen, die während dieser Zeit die Verbindung zur anderen Ebene für viele andere aufrechthalten wollen, brauchen eine liebevolle Haltung und Vertrauen zu sich selbst – und zu ihrem Körper.

Du kannst in deiner nächsten Meditation Verbindung zu den göttlichen Kräften aufnehmen und sie bitten, deinen Körper auf die bevorstehende Transformation vorzubereiten. Dazu solltest du deinen Geist ganz leeren und dich auf »Empfang« einstellen. Wenn du die Erlaubnis gibst, wird deine Zellstruktur verändert werden, so daß du die Zeitenwende besser überstehst. Manche Menschen berichten von Hitzewallungen oder anderen außergewöhnlichen Körperreaktionen, andere fühlen sich einfach völlig entspannt dabei. In jedem Fall solltest du verschiedene Atemtechniken lernen. Sie helfen dir, auch in unübersichtlichen Situationen zentriert zu bleiben.

DIE MAGIE DER LEBENSBEJAHUNG

Wir können den Transformationsprozeß nur mitmachen, wenn wir unsere alten Traumata aufgelöst haben, wenn die Todessehnsucht in uns keine Verbündeten mehr findet. Daher ist es wichtig, jetzt durch unser Verhalten nicht noch neue Traumata zu produzieren. Vermeide daher die Schaffung schwarzmagischer Felder.

Sag kompromißlos »Ja!« zum Leben. Eifersucht ist ebenso wie Geiz und Neid eine der gefährlichsten Emotionen. Auf die destruktive Wirkung von Geiz und Neid bin ich schon in meinem Buch »Macht und Magie des Geldes« eingegangen. An dieser Stelle möchte ich die Eifersucht beleuchten. Was passiert mit unserem Energiefeld, sobald wir ein Gefühl von Eifersucht in uns aufsteigen lassen? Laß die letzte Situation in dir aufsteigen, in der du von Eifersucht betroffen warst. Wie fühlt sich das an? Wie fühlt sich der Eifersüchtige, wie fühlt sich das Opfer? Wer ist überhaupt das Opfer? Der Eifersüchtige sieht sich selbst als Opfer, obwohl er sehr negative Energie aussendet.

Er aktiviert den schon bekannten Kreislauf aus Kontrolle/Druck und Liebesentzug/Trennung. Er oder sie sieht sich selbst »im Recht« und raubt sich damit selbst und anderen kostbare Lebensenergie. Während die Wut eher leicht verraucht, kann die Eifersucht zu einem Dauerzustand werden und ein lähmendes schwarzmagisches Feld erzeugen.

Auf den ersten Blick kann Eifersucht sogar als etwas Positives gedeutet werden, denn sie zeigt ja auch, daß dir der andere wichtig ist, daß du ihn liebst und nicht verlieren willst. Leider erzeugt man in den allermeisten Fällen mit der Eifersucht ein so destruktives Feld, daß dies die Beziehung mehr belastet als der eigentliche Seitensprung.

Unsere Liebesbeziehungen haben sich seit dem Leben vor 5000 Jahren sehr gewandelt. Wir legen mehr Wert auf Individualität und wollen von unserem Geliebten in all unserer Eigenheit gesehen werden. Wir wollen unsere Sexualität meist an eine bestimmte Person binden. Sexualität ist nicht mehr überpersönlich. Schon bei unseren Vorfahren, den Kelten, gab es die feste Paarbindung, allerdings wurde diese zu bestimmten keltischen Feiertagen gelockert, so daß ein Partnertausch im rituellen Rahmen möglich und sogar erwünscht war.

An Beltane sollte die neu erwachende Vitalkraft des Frühlings angefacht werden, und gleichzeitig konnte man sich in einem definierten Zeitraum mit einem neuen Partner den Liebesfreuden hingeben. Die nach Veränderung drängende Vitalkraft der Menschen konnte so ritualisiert ausgelebt werden. Diesen Brauch der Lockerung der sexuellen Bindung gab es auch bei uns noch lange, nämlich an Fasching im Frühling und zur Kirmes im Spätsommer. Der Name Kirmes leitet sich ab von Kerwe, das meint Furche und zwar die Ackerfurche, in die sich die Liebespaare mehr oder weniger heimlich zum Liebesspiel zurückzogen.

Taucht nun heute ein Nebenbuhler auf, so haben wir dafür keinen rituellen Rahmen mehr. Der neue Mensch bricht in die Beziehung ein und erschüttert gleichsam ihre Grundfesten. Wir brauchen als Menschen stabile soziale Beziehungen, und da wir heutzutage keinen Mutterclan mehr haben, der uns stützt, bleiben nur noch unsere Freunde und unser Liebespartner als soziales Umfeld. Wir wollen uns auf unseren Partner verlassen können.

Außerdem wollen wir als Individuum gesehen und geliebt werden. Unser Partner gibt uns die Bestätigung, daß wir gut sind. Durch einen Seitensprung wird unser Gefühl der Einzigartigkeit empfindlich gestört. »Bin ich etwa austauschbar?« Enttäuschung macht sich breit. Plötzlich ist man scheinbar nicht mehr das Zentrum des Universums des anderen. Da nützt es auch nichts, wenn der oder die Geliebte ihre Liebe versichert.

Für einen selbst ist der Traum der Märchenliebe zerbröselt. Die Prinzessin hat einen anderen Frosch geküßt, der Prinz ein anderes Schneewittchen aus dem Glassarg befreit. Und jetzt? Wie gehen wir mit der Situation um? Welche Gedanken gehen uns durch den Kopf? Wenn du deiner Eifersucht nachspürst in einer Meditation, dann wirst du einige interessante Zutaten entdecken. Die Eifersucht nährt sich nämlich aus einem bunten Cocktail verschiedener Ängste.

Zunächst ist da die *Verlassensangst*. Wovor hast du Angst? Vor dem Alleinsein? Vielleicht will der andere gar nicht von dir weg, sondern hatte einfach nur ein schönes Erlebnis. Und wenn der andere wirklich weg wollte, was wäre dann? Kann du das mit deiner Eifersucht verhindern? Hast du dir gerade ein gemütliches Nest gebaut, das du nicht verlassen willst? Fürchtest du um deine Bequemlichkeit? Leben bedeutet Veränderung. Gestatte auch deinem geliebten Menschen, Veränderung in seinem Leben zuzulassen.

Häufig vertreten ist auch die *Angst, nicht liebenswert zu sein*, irgendwie mangelhaft. Alle anderen sind scheinbar irgendwie glücklicher, schöner, besser drauf. Dieses Gefühl mischt sich mit der Angst, vor anderen das Gesicht zu verlieren, als der oder die Verlassene dazustehen, als Betrogene oder als Gehörnter. Ein Strudel von Emotionen kann uns zu sehr unüberlegten Handlungen verleiten. So schwer es fallen mag, versuche auch die Gefühle deines geliebten Menschen zu verstehen.

Versetze dich in seine Situation. Was hat er oder sie davon, einen weiteren Menschen in sein Leben zu lassen? Wenn der andere etwas geben würde, das du selbst nicht hast, wäre das keine schöne Ergänzung? Du kannst den dritten im Bunde zwischen dich und deinen Geliebten stellen oder ihn als interessante Veränderung in deinem Leben ansehen. Tatsächlich ist er ja nicht unbedingt eine Bedrohung für dich, so lange du ihn nicht dazu machst.

Was spricht dagegen, erst mal die Veränderung zu beobachten, statt gleich mit Druck zu reagieren? Ist es Liebe oder Selbstsucht, die dich an den Partner bindet?

Versuche ein solch vertrauensvolles Feld aufzubauen, daß dein Partner keine Angst haben muß, dir seine Gefühle mitzuteilen. Und auch du solltest offen über deine Ängste reden. Steigen Wut und Eifersucht in dir hoch, suche nach dem Urgrund dieser Emotionen.

Du hast niemals das Recht, andere mit deinen verletzten Ego-Anteilen zu belasten. Wirst du jedoch von einem anderen angegriffen oder beleidigt, so ziehe eine deutliche Grenze. Laß deinen Geliebten frei! Beurteile ihn oder sie ausschließlich danach, ob er oder sie liebevoll zu dir ist.

Spüre der Liebe zwischen euch beiden nach. Wo fließt sie und wo fließt sie nicht? Bei welchen Gelegenheiten steigen dunkle Emotionen in dir hoch? Verdränge sie nicht, sie hatten zu einem bestimmten Zeitpunkt ihre Berechtigung, aber jetzt ist ihre Zeit vorbei. Du bist vielleicht von deinen Eltern nicht ausreichend geliebt worden, wie dir scheint, aber jetzt steht dir ein anderer Mensch gegenüber. Vermeide alle Projektionen aus der Vergangenheit ins Jetzt, sonst versperren dir deine eigenen Dämonen den Blick auf den geliebten Menschen.

Wenn wir alle durch goldene Fäden verbunden sind, wo ist dann noch Raum für Eifersucht?

6. DAS GÖTTLICH WEIBLICHE

Bei dieser Übung handelt es sich um eine *Erweiterung des Gottesbegriffes*. Bisher wird Gott meist eher außerhalb der Erde und außerhalb von uns selbst gesehen.

Das göttliche Prinzip manifestiert sich aber *in* der Erde, wird *durch* die Erde erst lebendig. Das Licht durchdringt die Materie, und die Materie gibt dem Licht Gestalt. Die Erde ist die Gestaltungsform des Göttlichen. Sie symbolisiert das weiblich schöpferische Prinzip, der Himmel das männlich schöpferische Prinzip und wir Menschen, durch unsere Liebe zu beidem, die Verbindung. In unseren Herzen kann die große Heilige Hochzeit der Transformation stattfinden. Das Göttliche möchte sich selbst gebären, Gestalt annehmen. Zur Materialisation benutzt es seine dunklen Kräfte, die die kosmische Schwingung so weit bündeln und nach unten oktavieren, bis diese zu Materie wird.

Wir Menschen wiederum nehmen diese Gestalt wahr. Ohne unsere Wahrnehmung würde das göttliche Prinzip nicht gesehen und könnte sich selbst nicht sehen, in uns kann es sich spiegeln.

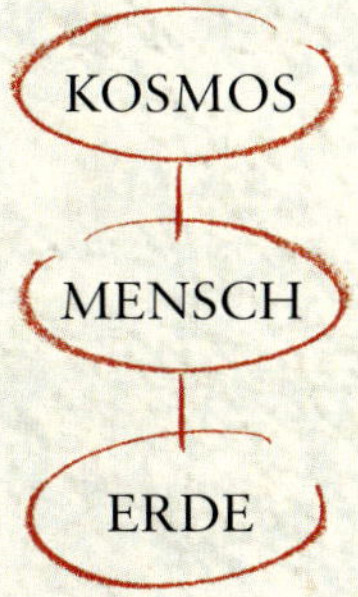

Diese drei Elemente sind die heilige Dreifaltigkeit. Sie bedingen einander. Sie entsprechen beim Menschen:

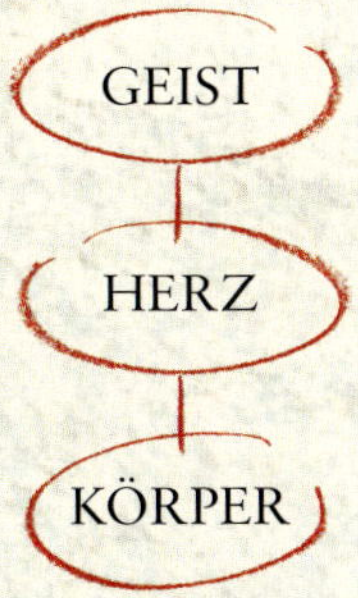

Das Herz ist die Verbindung zwischen Geist und Körper.

Meditation für die Erde

Vergegenwärtige dir die Schönheit der Erde, ihre Berge und Täler, Flüsse und Seen. Laß Bilder von glühenden Sonnenuntergängen in dir aufsteigen, von weiten Ebenen und felsigen Küsten an blauen Meeren. Erfreue dich der Schönheit von Pflanzen und Tieren. Laß dich verzaubern von ihrer Fülle. Sieh alles neu.

Meditation für den Kosmos

Vergegenwärtige dir die Schönheit des Kosmos. Betrachte die Sterne und ihren Tanz. Verfolge die Phasen des Mondes. Erfreue dich der Bewegung der Sonne. Versuche, die Rhythmen zu spüren, die von dort auf dich wirken und dich wie eine himmlische Symphonie einhüllen. Stimme dich in deinem Verhalten auf den Kosmos ein.

Bei den sibirischen Schamanen werden den drei Ebenen des Menschen die drei Himmelskörper zugeordnet, die das Leben des Menschen am meisten bestimmen: Mond, Sonne, Erde. Sie werden von Schamaninnen und Schamanen Sibiriens mit folgenden Symbolen dargestellt.

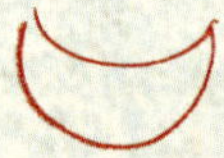

Mond

Sonne

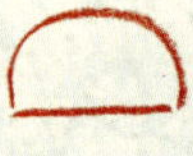

Erde

Deutlich erkennt man beim **Mond** die Öffnung des Geistes nach oben. Hier begegnen uns auch wieder die Stierhörner der frühen Kulte der Menschheit. Der Mond öffnet für uns das Tor, aus schamanischer Sicht zur anderen Ebene, oder lenkt, aus religiöser Sicht, unsere Aufmerksamkeit zum Kosmos oder zum Göttlichen.

Die **Sonne** strahlt mitten in unser Leben und sollte als Herzenssonne auch durch uns strahlen. Wir sollten wie sie leuchten und Licht auf die Erde bringen.

Die **Erde** wiederum ist als Hügel dargestellt, oben rund, nach unten gerade. Dadurch wird die Verwurzelung der Erde betont. Stabil steht sie da, wie ein Fels in der Landschaft, und so sollten auch wir im Leben stehen, gut geerdet.

Alle drei Ebenen sollten ausgeglichen sein. Du kannst spontan nachspüren, wie viel Prozent »Auslastung« du deinen drei Ebenen zuordnen würdest. Gibst du dir zum Beispiel für deine geistige und spirituelle Entwicklung 85 % »Auslastung«, für dein Herz 70 % und deine Erdverbundenheit 20 %, bist du eindeutig nicht ausgewogen. Deine Aufgabe wäre, noch weitere Persönlichkeitsanteile zu integrieren, bis du ausgewogen bist. Grundsätzlich stellt sich sogenannte Weisheit durch die Ausgewogenheit auf allen drei Ebenen ein.

Ein Mensch, der auf allen drei Ebenen 20 % Bewußtheit besitzt, ist höchstwahrscheinlich besser in der Lage, förderliche Entscheidungen für sein Leben zu fällen, als ein Mensch mit 85 % auf der einen, 70 % auf der anderen und 20 %. Gerade spirituelle Menschen neigen dazu, ihr oberstes Zentrum überzubewerten, und vergessen, daß sie mit einem dreidimensionalen Körper auf einer dreidimensionalen Ebene leben, mit dreidimensionalen Spielregeln.

Die Überbewertung des Spirituellen kann nicht zu Erfüllung führen. Wir sind nun einmal Menschen und keine Engel. **Ein erfüllter Mensch zu sein, der anderen Menschen aus dem Herzen in Fülle begegnet, ist Aufgabe genug.** Alles Übermenschentum führt in die Irre.

Meditation für die Verbindung aus dem Herzen

Vergegenwärtige dir die Schönheit, die in menschlichen Ritualen stecken kann, wenn sie mit einer Haltung bedingungsloser Liebe durchgeführt werden. Stell dir vor, wie es wäre, die kosmischen Prinzipien im Kreis anderer Menschen auf die Erde zu tanzen oder die himmlische Musik selbst mit der eigenen Stimme oder mit Instrumenten nachzuempfinden. Sieh dich selbst, wie du mit einer Räucherung eine Verbindung zum Kosmos herstellst oder das, was der Kosmos für dich bedeutet, mit Steinkreisen auf der Erde abbildest. Spüre, daß das göttliche Prinzip in allen drei Ebenen wirkt, daß sie nicht voneinander zu trennen sind. Göttliches Prinzip, Mensch und Erde sind eins. Praktiziere Sexualität als innere Umarmung, die dich mit dir selbst, deinem Partner und dem Göttlichen verbindet. So kannst du die Wahrhaftigkeit der göttlichen Durchdringung auf allen drei Ebenen mit deinem Körper im Hier und Jetzt erfahren.

Löse dich von der Vorstellung, daß das Göttliche ein Mann sei, der zudem noch streng auf dich herabschaut. Gott ist Mann *und* Frau, Heilige und Hure, König und Bettler, die Vereinigung aller scheinbaren Gegensätze.

Das Göttliche hat viele weibliche Eigenschaften wie Barmherzigkeit, Fülle und Hingabe, und all diese weiblichen Eigenschaften sind auch in jedem Mann, so wie alle männlichen Eigenschaften auch Teil jeder Frau sind. Wir haben viel mehr Ähnlichkeiten, als wir ahnen.

Mann und Frau und Gott sind eins.

Meditation über dic Liebe

Liebe ist kein Gefängnis. Im Gegenteil, Liebe ist ein offener Hafen, in dem immer frischer Wind weht – pure Lebendigkeit.

Fühlt sich deine Liebe an wie ein offener Hafen, weht frischer Wind, herrscht pure Lebendigkeit?

Wir sollten nicht glauben, die Liebe festhalten zu können. Wenn wir versuchen, die Liebe zu halten, nehmen wir ihr die Luft zum Atmen, und sie stirbt.

Klammerst du dich an deine Liebe? Liebst du verzweifelt und atemlos?

Wahrhaftige Liebe ist frei und fließt wohin sie will. Sie hat keine Grenzen und läßt sich nicht begrenzen. Sie grenzt nicht ein und schließt nicht aus. Sie fordert nicht ein und erzwingt sich nichts. Sie ist das Strömen des Lebens selbst.

Läßt du deine Liebe frei strömen oder schließt du jemanden oder etwas aus? Gibst du deine Liebe ohne Bedingung oder ziehst du sie zurück, wenn es nicht so läuft wie du willst?

Sie ergießt sich in jede Form und läßt jede Form materialisieren.

Erkennst du das Wirken der Liebe in all dem, was dir auf der Erde begegnet?

Sie öffnet unsere Augen für die Schönheit des Lebens und unsere Körper für Gefühle und Empfindungen, die wir sonst nie wahrnehmen würden.

Kannst du mit den Augen der Liebe auf die Welt schauen? Kannst du deinen Körper von Liebe durchströmen lassen?

Liebe ist das Elixier des Lebens, unser kostbarstes Gut. Sind wir großzügig damit und verschenken es reichlich, so wird es reichlich zu uns zurückkehren. Sind wir aber sparsam und vorsichtig damit, wollen wir es horten und schützen, so wird der Fluß unserer Liebe versiegen. Wir werden austrocknen, und kümmerlich wird unser Leben sein.

Versuchst du deine Liebe aufzusparen für den richtigen Menschen oder den richtigen Zeitpunkt? Liebe kann man nicht horten. Sie existiert nur im lebendigen Tun, immer im Jetzt.

Seien wir also strahlend und freigiebig in unserer Liebe. Öffnet wir unsere Herzen weit. Unsere Herzen sind stark, sie wollen gefordert sein – sie wollen lieben. Unsere Herzen haben keine Angst vor der Liebe, sie fürchten nur unsere Kleinlichkeit.

Hast du Angst verletzt zu werden? Du bist schon geborgen. Wirf dich in den Fluß der Liebe. Sie wird dich tragen. Hab keine Angst vor den Wellen.

Also öffnen wir uns und fürchten uns nicht. Wenn wir uns wahrhaftig öffnen, wird uns geholfen werden.

Begegnest du der Welt mit offenen Armen? Nimmst du sie an, nimmst du das Leben an? Alle hilfreichen Gaben können nur in deine geöffneten Arme gelegt werden.

Du kannst diese Übung wiederholen, indem du den Begriff »Liebe« durch »Vitalkraft« und dann durch »Sexualität« ersetzt. **Liebe, Vitalkraft und Sexualität sind eins.**

Nachwort

Ich bin mir sicher, daß uns in allernächster Zukunft auf der Erde große Veränderungen bevorstehen. Der Fluß des Lebens wird über die Ufer treten und hoch aufschäumen. Wir können lernen, mit diesem wilden Strom zu schwimmen. Das Zauberwort heißt Anbindung. Je besser wir angebunden sind an All-das-was-ist, um so leichter fällt uns der notwendige Transformationsprozeß. Ich bin mir völlig sicher: Diese Transformation geht nicht an der Erde vorbei. Uns ist jetzt die Aufgabe gestellt, uns wieder mit der Erde zu verbinden.

Einige esoterische Strömungen gehen davon aus, daß wir die dreidimensionale Wirklichkeit völlig verlassen und gleichsam unseren Aggregatzustand ändern. Das mag sein. Das ändert jedoch nichts an der Tatsache, daß wir uns nicht wie Diebe von der Erde schleichen können, wenn es uns hier zu ungemütlich wird. Unser Schicksal ist mit dem Schicksal dieses wundervollen Planeten verbunden. Das Schicksal der Erde wird unser Schicksal sein. Wenn es uns nicht gelingt, uns wieder auf die Erde einzuschwingen und sie aus ganzem Herzen zu lieben, haben wir unseren spirituellen Auftrag nicht erfüllt. Wir sind alle auf die Erde gekommen, weil wir das wollten. Wir alle wollten die Wandlung miterleben. Also laßt uns uns wandeln!

Marion Ritz-Valentin

Literaturhinweise

Neben den schon im Text zitierten Werken habe ich bei meinen Forschungen viele andere Bücher herangezogen. Besonders hinweisen möchte ich auf folgende Titel –

zum Thema ***Matriarchat:***

Dieter Duhm, »Die heilige Matrix«, 2001

Heide Göttner-Abendroth, »Das Matriarchat I – Geschichte einer Erforschung«, Kohlhammer, 1988

Zeitschrift »Die weibliche Stimme«, Ausgabe 2/2000, *Sind Matriarchate eine Alternative?*

Hanspeter Seiler, »Spiralform, Lebensenergie und Matriarchat« in: *Nach Reich*, Zweitausendeins 1997

zum Thema ***Leben vor 5000 Jahren:***

Marija Gimbutas, »Die Sprache der Göttin«, Zweitausendeins, 1995

M. Gimbutas, »Die Zivilisation der Göttin«, Zweitausendeins, 1996

Sabine Lichtenfels, »Traumsteine – Reise in ein Zeitalter sinnlicher Erfüllung«, Hugendubel 2000

zum Thema ***Göttinnenkult*** *und* ***Verdrängung der Göttin:***

Heide Göttner-Abendroth, »Die Göttin und ihr Heros«, Verlag Frauenoffensive, 1980

E. O. James, »Der Kult der großen Göttin«, edition amalia, 2003

Layne Redmond, »Frauen Trommeln – eine spirituelle Geschichte des Rhythmus«, Hugendubel Verlag, 1999

Barbara G. Walker, »Das geheime Wissen der Frauen«, Zweitausendeins, 1993

Gerda Weiler, »Ich brauche die Göttin«, Ulrike Helmer Verlag, 1997

zum Thema ***Sexualität:***

Barry Long, »Sexuelle Liebe auf göttliche Weise«, MB-Verlag

Diana Richardson, »Zeit für Weiblichkeit«, Innenwelt-Verlag, Köln

Margot Anand, »Magie des Tantra«, Mosaik-Verlag 2003

»Nach Reich, Sexualökonomie – Die Entdeckung der Orgonenergie«, herausgegeben von James DeMeo und Bernd Senf, Zweitausendeins 1997

Bildnachweise

Die weitaus größte Zahl der Bilder wurde von der Autorin selbst oder von Freunden auf ihren Studienreisen aufgenommen. In Museen und Ausstellungen mußte sie versuchen, jene Einschränkungen zu überwinden, die heutzutage das Fotografieren erschweren. Wenn ihr das nicht gelang oder sie an das Original nicht herankam, mußte sie auf Fremdaufnahmen zurückgreifen.

Im Folgenden wird auch die fremde Hilfe genannt, die in Anspruch genommen wurde.

Seite

10, 32, 122, 164: aufgenommen in Nordsibirien von Sarina Tatchibaiwa

14: Pressefotos Roger

15: aufgenommen auf dem Ritualplatz der Autorin von Alvis Gaußmann

16: S. Woiciechowsky/digitalstock.de

28: A. Leischner/digitalstock.de

38: verfremdete Aufnahme der alten Eiche bei Fürstenfeld, Österreich

45: aufgenommen im Zoo von Saarbrücken

50: Gerd von Natzmer, »Die Kulturen der Vorzeit«, 1955, S. 32

51: aufgenommen in Blieskastel, Saarland

52: Alvis Gausmann

54: aufgenommen in Berlin, Prenzlauer Berg

57: aus der Einladung zu einem Doula-Kongress

58 o.: Kathedrale von Chartres

58 u.: Nachbildung eines Mutteridols aus Bulgarien, 3000 v. Chr.

72: Abbildung in einem alten Kinderliederbuch

73: Spirale der Zeit,12/2007, budrich-verlag, S. 4

74: aufgenommen im Schaufenster eines Geschäftes in Paris, Montmartre

75: Labyrinth auf einer Münze, Kreta, 1.Jahrtausd. v. Chr., Nachbildung

76: Spirale der Zeit, s. o., S. 14

77: Politeia-Matri-Kalender 2007, ARCult Media Verlag, S. 25

78 o.: Der keltische Taore-Stein steht in Irland in der Nähe von Galway, er ähnelt mit seinen Schlangenmotiven sehr dem Omphalos in Delphi aus dem 3. Jahrhundert v. Chr. Ausschnitt einer Postkarte, da der Originalstein in ein kleines Holzhaus gesperrt war, als die Autorin ihn fotografieren wollte. Der Schlüssel war in Dublin.

78 u.: zeitgenössischer Wandschmuck

80 o.: Mariengrotte, Saarland

80 u.: Kamasutra, S. 42

81: Maria Verkündigung, Schmuckkarte
82: beide Innenstadt Graz, Österreich
83: Ritualfeuer, privat
92: Politeia-Matri-Kalender 2007, s. o., S. 26
94 o.: Gerd von Natzmer, s. o., S. 35
94 u.: ebenda, S. 47
95: »Kreta, Thera und das mykenische Hellas«, Hirmer Verlag 1986, S. 153
97: Schlangengöttin, ebenda, S. 71
111: Sündenfall, Wilhelm-Hack-Museum Ludwigshafen, Katalog Kunst des Mittelalters S. 185
112: Nachbildung des keltischen Vegetationsgottes Cernunnos als Kultgegenstand, nach der Innenseite des Kessel von Gundestrup, Dänemark
116: Gerd von Natzmer, s. o., S. 80
126: »Numen – Das Heilige in der Kunst der Religionen«, Verlag Kegel, 1997, S. 184
127: Katalog: »Musica«, Staatl. graphische Sammlung München, 1999, S. 159
128: ebenda, S. 179
144: Ritzzeichnung auf einem Knochen, zeremoniell gekleidete männliche Gestalt, ca. 15000 v. Chr., aufgenommen Sommer 2008, Naturkundemuseum Kassel
164: aufgenommen in Nordsibirien von Sarina Tatchibaiwa
168 - 202: Autorin
203: Sappho, Spirale der Zeit, s. o., S. 30
204: Autorin
205: K. R. Eissler, »Leonardo da Vinci«, Stroemfeld, 1992, S. 161
214: Alvis Gaussmann

Danksagung

Mein erster Dank gilt meiner Freundin Eva Dahl und dem Graphiker Hans-Dieter Kuhn. Ohne ihre Unterstützung bei der Sichtung der Materialflut und der Einbindung der Bilder wäre ich irgendwann im Meer der Informationen versunken.

Ebenso danke ich meinem Verleger Andreas Lenz und seiner Frau Johanna Lenz für die Anregungen zum Kürzen und Strukturieren des Buches und ihren Mut dieses Thema zu verbreiten.

Ohne meinen Geliebten Alvis Gaußmann wären meine Visionen niemals Wirklichkeit geworden. Ihm besonderen Dank.

Außerdem danke ich all meinen Freunden, denen ich seit vier Jahren immer wieder von meinen Visionen und dem Buch erzählen durfte und so eine Sprache für das Erlebte fand.

Zum Schluß

Noch ganz unter dem Eindruck der ersten Visionen habe ich eine CD aufgenommen. Eine Freundin hatte für mich die Botschaft empfangen, ich solle ein Liebeslied an die Erde schreiben. So entstand »Erde, du Schöne«. Während ich mich der anderen Ebene öffnete, um Inspiration für dieses Lied zu empfangen, spürte ich, daß dort noch mehr Musik zu diesem Thema wartete. Ich rief einen befreundeten Musiker an und erzählte ihm kurz, daß ich Visionen gehabt hätte, die ich musikalisch ausdrücken wolle. Er stellte mir für den nächsten Tag sein Tonstudio zur Verfügung und bot sich an, die Tontechnik zu übernehmen. Ich breitete im gesamten Studio meine Weltmusikinstrumente aus und ließ mich von der anderen Seite führen. Das Ergebnis war, neben dem Liebeslied an die Erde, die musikalische Beschreibung einer Heilungszeremonie und eine Lobpreisung der Fülle der Erde in ihren verschiedenen Gestalten der Berge, Flüsse, Pflanzen und Tiere und schließlich die göttliche Präsenz in All-dem-was-ist.

Die gesamte Session dauerte drei Stunden. Ich spielte ohne Pause alleine alle Instrumente und alle Gesangsspuren ein. Ich war wie in Trance. Eine junge Auszubildende meines Musikerfreundes, die vom Technikraum aus zuhörte, ohne zu wissen, was ich vorhatte, meinte spontan: »Du solltest unbedingt das Buch ›Das Sakrileg‹ lesen. Da geht es am Ende auch um eine Heilige Hochzeit.«

Wer sich für diese CD interessiert, kann sie über meine Homepage unter www.marion.ritz-valentin.de bestellen.

PS: Einige Kapitel, die aus Platzgründen aus dem Buch gestrichen wurden, können auf derselben Website unter dem Stichwort »Das Goldene Zeitalter« nachgelesen werden.

Ausserdem in unserem Programm:

Oh, das liebe Geld. Weniges beherrscht unsere Gedanken, unser Tun und Lassen, unser Lieben und Hassen so wie das Geld. Sich aus dieser Herrschaft zu befreien und das Geld für die eigenen, die wirklichen Bedürfnisse und für das Wohl des Ganzen zu verwenden, dazu gibt dieses Buch die Grundlagen und die magischen Anweisungen.

Barbara Stern
Macht und Magie des Geldes
Das »Sterntalerprinzip«
Paperback, 128 Seiten
ISBN 978-3-89060-048-2

Als isländische Elfenbeauftragte – eine in der Welt einmalige Institution – ist Erla weltweit bekannt geworden. Seit Kindheit hellsichtig, kann sie aber nicht nur von Elfen und Ortskräfte berichten. In diesem Buch erzählt sie aus Ihrem Leben, von ihren Begegnungen in der Astralwelt, ihren Erfahrungen mit Heilgebeten und regt die Leser mit praktischen Übungen immer wieder an, die eigene Wahrnehmung zu erweitern, denn die Realität ist so viel umfassender und vielfältiger.

Erla Stefánsdóttir
Lifssyn min
Lebenseinsichten der isländischen Elfenbeauftragten
Gebunden mit Lesebändchen,
duchgehend mit farbigen Bildern, 208 Seiten
ISBN 978-3-89060-264-6

Dieser Buch nähert sich der Wiedererweckung des Goldenen Zeitalters aus einer ganz anderen Richtung, nämlich der Ethnobotanik. Die Eibe, heutzutage wegen ihrer Giftigkeit und ihrer weiten Verbreitung auf Friedhöfen vorwiegend als »Baum des Todes« bekannt, entpuppt sich bei der Rückverfolgung ihrer Religionsgeschichte schnell als »Baum des Lebens«, insbesondere der Geburt. Die großen Göttinnen der Bronze- und Eisenzeit – Isis-Demeter, Aphrodite-Venus, Kybele, Artemis, Freya – hatten alle enge Beziehungen zu diesem Baum, z. B. wurden der Hekate geweihte Stiere mit Eibenzweigen bekränzt. Die Eibe war der Weltenbaum und die Göttin der Geist in diesem Baum, oft auch symbolisiert in Form der Taube. Auch beim Ritual der Heiligen Hochzeit fehlte die Eibe nicht. Und noch weiter in der Vergangenheit (Mittlere Steinzeit!) finden wir Artefakte, die die Vulva der Großen Mutter mit Eibenzweigen geschmückt zeigen.

In diesem reich illustrierten Farbband präsentiert Fred Hageneder (bekannt durch »Der Geist der Bäume«) eine Fülle neu entdeckten und bisher unveröffentlichten Materials zur Geschichte der Großen Göttin und des Weltenbaumes.

Fred Hageneder
Die Eibe in neuem Licht
Urbaum, Weltenbaum, Hüterin der Erde
Gebunden mit Schutzumschlag,
320 Seiten, durchgehend farbig
ISBN 978-3-89060-077-2

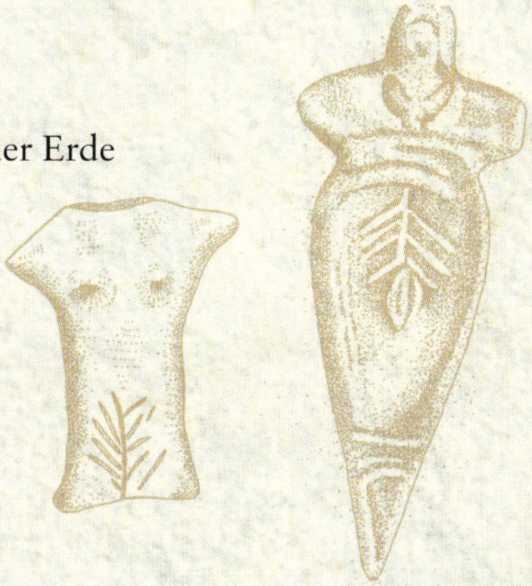

Im vorchristlichen Europa wie in allen anderen Teilen der Welt wurde die ganze Erde als ein atmendes Wesen gesehen, erfüllt von sichtbaren und unsichtbaren Lebensformen. Bäume waren in dieser heiligen Landschaft hochangesehene Pforten der Einweihung. Die Kraft und Energie heiliger Haine und einzelstehender alter Bäume half den Kelten, Germanen, Römern und Griechen, aber auch schon den Menschen der Bronzezeit und der Jüngeren Steinzeit, die Grenzen ihres Bewußtseins zu erweitern und Kontakt mit dem Unsichtbaren aufzunehmen.

Fred Hageneder
Der Geist der Bäume
Eine ganzheitliche Sicht ihres unerkannten Wesens
4. Auflage, gebunden mit Schutzumschlag, 416 Seiten,
17 x 24 cm, reich illustriert, viele Farbabbildungen
ISBN 978-3-89060-472-5

Heilige Quellen, Gesundbrunnen, Jungbrunnen, das Wasser des Lebens – seit Menschengedenken spielen sie eine zentrale Rolle für die Menschen, spiegeln sich in ihren Mythen und Bräuchen. In diesem Buch werden anhand von vielen exemplarischen Beispielen die vielfältigen Kulte und Überlieferungen rund um Dorf- und Marktbrunnen, um Wunschbrunnen und Heilquellen aufgefächert. Eine wunderbare Reise!

Wolfgang Bauer, Sergius Golowin, Clemens Zerling
Heilige Quellen, Heilende Brunnen
Paperback, 160 Seiten,
mit vielen teils farbigen Abbildungen
ISBN 978-3-89060-275-2

Jedes Jahr besuchen Tausende Menschen die Kathedrale von Chartres, einen heiligen Ort, der seit seiner Erbauung im 13. Jahrhundert nichts von seiner Anziehungskraft verloren hat. Die geistigen Kräfte und Mächte der Kathedrale und dieses heiligen Ortes lassen niemanden unberührt. Welche Geheimnisse dieser Tempel in sich birgt, hat der Autor nachgerechnet und so die Bestätigung vieler mathematischer und geometrischer Figuren und Symbole erhalten, wie der Siebenstern oder das Pentagramm, die in dieses meisterhafte Spiel der Architektur eingewoben sind. Chartres ist ein Tempel des Einweihungsweges des heiligen Grals, eine Einweihungsstätte mitten in Frankreich, gebaut auf den heiligsten Hain der Druiden.

Kurt Walchensteiner
Die Kathedrale von Chartres
Ein Tempel der Einweihung
Paperback, 256 Seiten
ISBN 978-3-89060-246-2

Dem stark gewachsenen Bedürfnis vieler Menschen, sich mehr der Natur und der Erde, dem sichtbaren Ausdruck der Großen Göttin, zu öffnen und anzunähern, trägt dieses Buch Rechnung mit seinen Anleitungen für Rituale und Feiern. Magie ist kein Hokuspokus, sondern die Arbeit mit wirkenden Naturkräften. Dieses Buch ist eine praktische Anleitung für den Umgang mit diesen Kräften – allein oder in der Gruppe.

Morgaine
Hexenfeste
Das Rad mit den acht Speichen
Paperback, 160 Seiten, mit 17 Abbildungen
ISBN 978-3-89060-063-9

Aus der Praxis für die Praxis: Wie wir in der Natur mit der Erde Feste feiern, Zeremonien begehen und uns wieder einstimmen auf den Lauf des Jahres, dazu gibt dieses Buch zahllose Anregungen. Sie sind nicht geprägt durch eine bestimmte Weltanschauung, sondern atmen den freien Geist des allgemein Menschlichen, das sich wieder mehr mit der Natur und den Zyklen der Erde verbinden muß, wenn wir als Menschen überleben wollen.

Ilse Rendtorff
Jahreszeitenfeste
Lebendiges Feiern im Jahreskreis
Paperback, 144 Seiten
ISBN 978-3-89060-080-2

Die Natur ist die älteste »Heilige Schrift« der Menschheit. Aus ihr las sie das Wissen um die kosmischen und irdischen Gesetze ab. Die wirkenden Kräfte wurden als »Götter« und »Göttinnen« personifiziert und als solche erfahren. Die große Göttin der Kelten war Ceridwen in ihren Erscheinungen als Jungfrau, Mutter und alte Weise. Für den Autor ist die erneute Hinwendung zu dieser Urkraft eine Frage des Überlebens der Menschheit.

Manfred Böckl
Ceridwen
Die Rückkehr der dreifaltigen Göttin der Kelten
Paperback, 224 Seiten, 20 Fotos
ISBN 978-3-89060-065-9

»Jeder Mensch kann leicht lernen zu malen, davon bin ich überzeugt. Natürlich hat nicht jeder Mensch den Wunsch, zu malen. Wenn du jedoch ganz tief in dir Sehnsucht danach verspürst, dann wisse: In dir ist ein geheimer Zaubergarten der Kunst. Er wartet nur darauf, von dir entdeckt zu werden! Dieses Buch möchte dir helfen, diesen geheimen Garten zu finden. Das ist viel leichter und müheloser, als du glaubst.«

Marija Schwarz

Marija Schwarz
Im Zaubergarten der Kunst
Entdecke dein künstlerisches Talent!
Paperback, 144 Seiten, Großformat,
mit zahlreichen farbigen Abbildungen
ISBN 978-3-89060-525-8

Vergessen Sie die »Nebel von Avalon«, hier kommt »Orkneys Söhne«, ein Roman mit dem Saft und der Kraft der kampferprobten Krieger des alten Britannien. Hier schreibt Mordred – Artus Sohn und »Schurke« in den Überlieferungen – sein Leben auf: »Das Schicksal ist niemals gnädig mit mir gewesen.« Exzellent aus ältesten Quellen recherchiert, räumt dieser Roman mit vielen Legenden und Romantisierungen auf, brillant geschrieben, erweckt er eine Zeit und ihre Figuren zum Leben, zu einem Leben, so dramatisch, verwickelt, tragisch und gefühlvoll, wie es nur die Wirklichkeit selbst schreiben kann.

Anja Thieme
Orkneys Söhne
Die Lebenserinnerungen des Mordred of Orkney
Efalin mit Schutzumschlag, 640 Seiten
ISBN 978-89060-321-6

Die große Roman-Quadrologie aus der Zeit, als Stonehenge und Avebury Kultplätze waren.

Im Britannien der Bronzezeit entdeckt die junge Kyra ihre übersinnlichen Fähigkeiten und muß sie zur Rettung ihres Dorfes einsetzen. Wissen und Liebe können ohne Gewalt siegen.

Moyra Caldecott
Steinzauber: Die hohen Steine
Ein Roman der Bronzezeit
Kartoniert, 256 Seiten
ISBN 978-3-89060-351-3

Menschen und Bäume

Liebe

Wenn Sie Menschen fragen, warum sie zu dem Ort gezogen sind, wo sie leben, werden sie oft antworten: »Ich habe mich in diese Gegend verliebt.« Es beginnt mit einer zärtlichen Romanze mit der Natur, den Bergen und den Flüssen, den Wäldern und Wiesen, den Bäumen und den Menschen. Es ist in Ordnung, sich in die Natur zu verlieben; es muß niemanden in Verlegenheit bringen. Im Gegenteil, eine Beziehung mit der Natur aufzubauen, ist eine heilende Grundlage für Menschen und Gemeinschaften, ihre Angelegenheiten auf ökologische Weise zu regeln.

Überdies bemerkt eine wachsende Zahl von Menschen, daß sich etwas ändern muß, nachdem die Menschheit den Planeten über Jahrhunderte ausgebeutet hat. Gier ist normal geworden. Es ist Zeit, unser Verhalten zu ändern. Der Mißbrauch der Erde erschafft Ödland. Die Schwingung der Erde zu erhöhen, ist unser aller Aufgabe.

Indem die **»Freunde der Bäume«** die alte weltweite Tradition Heiliger Haine (wieder) einführen, hoffen sie, ihren Teil zu jener Veränderung beizutragen, die notwendig ist, um die weltweite ökologische Krise zu meistern.

Was ist ein »Heiliger« Hain?

In den alten Kulturen Griechenlands, Roms und Ägyptens genauso wie bei den keltischen Stämmen der Waldländer oder den Angelsachsen gab es Bäume mit einem heiligen Status, die vor jedem Schaden beschützt wurden und die von den damaligen Menschen, die ein tieferes Verständnis zur Natur hatten, respektiert wurden. Es waren Plätze der Feiern und Freuden, die nichts Beängstigendes hatten. Manchmal wurden Geschenke oder Opfergaben gebracht (Blumen, Früchte, Kerzen, um die Äste gebundene Bänder), um gegenüber der Quelle allen Lebens **Dankbarkeit** auszudrücken.

Dies waren natürliche Tempel, Plätze mit einer starken und friedvollen Atmosphäre. Man muß nicht religiös sein, um dies zu spüren. Jeder wird solch einen Platz als besonderen Ort erfahren. Solche Orte gibt es heute noch in Indien und Japan.

Ein Heiliger Hain ist ein besonderer Ort, aber ohne die Architektur: ohne Kathedrale oder Tempel. Ohne diesen historischen und kulturellen Kontext sind dort Hindus, Buddhisten, Moslems, Christen oder Juden gleichermaßen willkommen. All diese Religionen haben ihre Heiligen Bäume in ihren eigenen Traditionen.

zusammenbringen

Die **»Freunde der Bäume«** möchten solche Plätze von Besinnung, Frieden und gegenseitiger Freundschaft in der Natur zu schaffen:

• friedvolle und ruhige Plätze, wo Sie sich wohlfühlen und mit sich und Ihrem Umfeld ins Reine kommen.

• Plätze, die uns etwas über wahre Ökologie lehren und wo wir Kraft finden, die wir der Natur **zurückgeben** können auf unsere eigene Weise.

• Orte für praktischen Umweltschutz.

• Plätze, wo wir Inspiration, Entspannung und Heilung finden können. Orte, die uns den Zugang zu etwas Größerem eröffnen mögen.

»Freunde der Bäume« wurde im Mai 2002 als gemeinnütziger Verein gegründet, das englische Pendant **»Friends of the Trees«** im März 2003. Am Steytrisch im Elsaß entsteht die erste Baumpflanzung mit drei Bereichen:

DER HAIN DER HEILUNG mit Vertretern aller heimischen Baumarten.

DER HAIN DER STILLE als Ort der Besinnung.

DER HAIN DER SCHREINE, ein Baumkreis, der die Verbundenheit aller Religionen mit dem Baum dokumentieren soll.

Der englische Verein sucht einen alten Wald in Britannien und setzt sich für den Schutz der alten Eiben ein.

Mehr Informationen:
www.freunde-der-baeume.de
www.FriendsOfTheTrees.org.uk

Freunde der Bäume

Freunde der Bäume e.V. · Cecilienstr. 29 · D-66111 Saarbrücken
Tel: 0681 938 7077 · Fax: 0681 390 4102 · *info@freunde-der-bäume.de*

Bücher von NEUE ERDE im Buchhandel

Im deutschen Buchhandel gibt es mancherorts Lieferschwierigkeiten bei den Büchern von NEUE ERDE. Dann wird Ihnen gesagt, dieses oder jenes Buch sei vergriffen. Oft ist das gar nicht der Fall, sondern in der Buchhandlung wird nur im Katalog des Großhändlers nachgeschaut. Der führt aber allenfalls 50% aller lieferbaren Bücher. Deshalb: Lassen Sie immer im VLB (Verzeichnis lieferbarer Bücher) nachsehen, im Internet unter **www.buchhandel.de**

Alle lieferbaren Titel des Verlags sind für den Buchhandel verfügbar.

Sie finden unsere Bücher in Ihrer Buchhandlung oder im Internet unter **www.neue-erde.de**

Bücher suchen unter: **www.buchhandel.de**. (Hier finden Sie alle lieferbaren Bücher und eine Bestellmöglichkeit über eine Buchhandlung Ihrer Wahl.)

Bitte fordern Sie unser Gesamtverzeichnis an unter

NEUE ERDE GmbH
Cecilienstr. 29 . D-66111 Saarbrücken
Fax: 0681 390 41 02 . info@neue-erde.de

NEUE ERDE